广视角 · 全方位 · 多品种

权威 · 前沿 · 原创

皮书系列为
“十二五”国家重点图书出版规划项目

中国农村经济形势分析与预测
（2012~2013）

ANALYSIS AND FORECAST ON CHINA'S RURAL ECONOMY
(2012-2013)

中国社会科学院农村发展研究所
国家统计局农村社会经济调查司 / 著

图书在版编目(CIP)数据

中国农村经济形势分析与预测. 2012~2013/中国社会科学院农村发展研究所，国家统计局农村社会经济调查司著. —北京：社会科学文献出版社，2013.4
（农村绿皮书）
ISBN 978-7-5097-4454-3

Ⅰ.①中… Ⅱ.①中… ②国… Ⅲ.①农村经济发展-分析-中国-2012~2013 ②农村经济发展-经济预测-中国-2012~2013 Ⅳ.①F323

中国版本图书馆CIP数据核字（2013）第061398号

农村绿皮书
中国农村经济形势分析与预测（2012~2013）

著　　者／中国社会科学院农村发展研究所
　　　　　国家统计局农村社会经济调查司

出 版 人／谢寿光
出 版 者／社会科学文献出版社
地　　址／北京市西城区北三环中路甲29号院3号楼华龙大厦
邮政编码／100029

责任部门／皮书出版中心（010）59367127　　责任编辑／任文武
电子信箱／pishubu@ssap.cn　　责任校对／张成海
项目统筹／邓泳红　　责任印制／岳　阳
经　　销／社会科学文献出版社市场营销中心（010）59367081　59367089
读者服务／读者服务中心（010）59367028

印　　装／北京季蜂印刷有限公司
开　　本／787mm×1092mm　1/16　　印　　张／19.25
版　　次／2013年4月第1版　　字　　数／268千字
印　　次／2013年4月第1次印刷
书　　号／ISBN 978-7-5097-4454-3
定　　价／59.00元

本书作者

2012 年农业农村经济形势	李国祥
2013 年农业农村经济形势展望与预测	李国祥
农业、农村经济与国民经济	张元红
农业投入与产出	汪传敬
粮食生产持续增长的特点与存在的问题	黄加才　宋勇军
农产品市场供求与价格	胡冰川
农产品对外贸易发展及其特点	翁　鸣
农村居民收入与生活	唐　平
农村区域经济发展	孙腾蛟
农村生态环境与可持续发展	孙若梅
农垦经济形势分析与展望	彭剑良　李红梅
中国生态建设进展的评价	李　周
森林生态建设的进展与展望	包晓斌
草原生态建设的进展与展望	尹晓青
湿地生态建设的进展与展望	操建华
荒漠生态建设的进展与展望	杨维西
耕地生态建设的进展与展望	孙若梅

课题主持人

李　周　中国社会科学院农村发展研究所所长

张淑英　国家统计局农村社会经济调查司司长

杜志雄　中国社会科学院农村发展研究所副所长

黄秉信　国家统计局农村社会经济调查司副司长

全书由李周、朱钢统稿

摘要

1. 本摘要概括了本书所描述的2012年中国农业农村经济发展的一些主要指标和变化，以及对2013年中国农业农村经济形势的一些展望和预测。

2. 2012年，由农村各部门创造的国内生产总值（以现价计）的比重为43.45%，比2011年下降0.34个百分点。其中，第一产业所占比重为10.09%，比2011年上升0.05个百分点；农村第二产业所占比重为20.91%，比2011年下降0.61个百分点；农村第三产业所占比重为12.45%，比2011年提高0.22个百分点。

3. 2012年，国内生产总值实际增长7.8%。在国内生产总值增长中，农村部门贡献了3.05个百分点，贡献率为39.05%，比2011年提高0.24个百分点。在农村部门中，第一产业贡献了0.38个百分点，贡献率为4.89%，比2011年提高0.78个百分点；农村第二产业贡献了1.84个百分点，贡献率为23.53%，比2011年下降2.32个百分点；农村第三产业贡献了0.83个百分点，贡献率为10.62%，比2011年提高1.77个百分点。

4. 2012年，第一产业增加值达到52377亿元（包括农林牧渔服务业增加值），比2011年实际增长4.5%。在第一产业增加值中，农业比重为57.67%，林业比重为4.37%，畜牧业比重为25.10%，渔业比重为10.04%。

5. 2012年，东部、中部、西部和东北地区农林牧渔业现价总产值分别为31591亿元、23760亿元、23598亿元和10517亿元，分别比2011年实际增长4.0%、4.9%、6.0%和5.7%。

6. 2012年，粮食种植面积11126.7万公顷，比2011年增加69.4

万公顷，增长0.6%；棉花种植面积469.7万公顷，下降6.8%；油料种植面积1397.5万公顷，增长0.9%；糖料种植面积203.4万公顷，增长4.5%。

7. 2012年，粮食总产量58957万吨，比2011年增长3.2%；棉花产量684万吨，增长3.8%；油料产量3476万吨，增长5.1%；糖料产量13493万吨，增长7.8%。

8. 2012年，粮食单产为5299公斤/公顷，比2011年增长2.6%；单产提高对粮食增产的贡献率达80.5%。棉花单产达到1455公斤/公顷，增长11.1%。

9. 2012年，肉类总产量8384万吨，比2011年增长5.4%，其中猪肉产量5335万吨，增长5.6%；牛、羊肉产量分别为662万吨和401万吨，分别增长2.3%和2.0%；禽肉产量1823万吨，增长6.7%；牛奶产量3744万吨，增长2.3%；禽蛋产量2861万吨，增长1.8%；水产品产量5906万吨，增长5.4%。

10. 2012年，农产品生产价格比2011年上涨2.7%，其中农业产品生产价格上涨4.8%，林业产品生产价格上涨1.2%，畜牧业产品生产价格下跌0.3%，渔业产品生产价格上涨6.2%。粮食生产价格上涨4.8%，棉花生产价格下降1.9%，油料生产价格上涨5.2%，糖料生产价格上涨5.0%；生猪生产价格下跌4.1%。

11. 2012年，农业生产资料价格比2011年上涨5.6%，其中化肥价格上涨6.6%，农用机油价格上涨4.2%，农业生产服务价格上涨8.3%。

12. 2012年，全国平均每亩粮食生产投入费用为343元，比上年增长6.7%。其中，物质投入费用为252元，比上年增长5.8%；生产服务支出为91元，比上年增长9.7%。在物质投入中，化肥费用为139元，增长7.4%。在生产服务支出中，外雇机械作业费用为76元，比上年增长10.8%。

13. 2012年，农民人均纯收入7917元，比2011年增加939元，实际增长10.7%，增速比2011年下降0.7个百分点。农民人均纯收入中，家庭经营纯收入3533元，比2011年增加311元，增长9.7%，其中第一产业纯收入人均2722元，增长8.0%。工资性收入人均3448元，增加484元，增长16.3%。财产性收入人均249元，增加21元，增长9.0%。转移性收入人均687元，增加123元，增长21.9%。

14. 2012年农民人均纯收入中，家庭经营纯收入占44.6%，工资性收入占43.6%，财产性收入占3.1%，转移性收入占8.7%。

15. 2012年，东部、中部、西部和东北地区农民人均纯收入分别为10817元、7435元、6027元和8846元，分别比2011年增长12.9%、13.9%、14.9%和13.6%。

16. 2012年，农村居民内部收入分配差距有所缩小，农民人均纯收入的基尼系数为0.3867，比上年缩小0.003。

17. 2012年，城乡居民收入差距有所缩小，收入差距比由2011年的3.13∶1下降到3.10∶1。

18. 2012年，农村居民人均生活消费支出5908元，比2011年增加687元，实际增长10.4%。农村居民人均生活消费支出中，食品消费支出2324元，增长10.3%，恩格尔系数为39.3%，比2011年下降1.1个百分点；衣着支出396元，增长16.1%；居住支出1086元，增长13.0%；家庭设备及用品支出342元，增长10.6%；交通及通信支出653元，增长19.3%；文教娱乐支出445元，增长12.4%；医疗保健支出514元，增长17.6%。

19. 2012年，东部、中部、西部和东北地区农村居民人均生活消费支出分别为7683元、5469元、4798元和5941元，分别比2011年增长12.1%、13.9%、14.9%和13.6%。

20. 预测2013年第一产业增加值约5.8万亿元，较2012年实际增长4.5%；按当年价格计算的第一产业增加值占国内生产总值的比重约10%。

21. 预测2013年粮食总产量可达到5.94亿吨，在不发生严重自然灾害情况下，也有可能超过6亿吨；油料产量增加到3500万吨，糖料产量增加到1.36亿吨，棉花产量下降到600万吨。

22. 预测2013年在不发生重大动物疫情情况下，肉类总产量将达到8700万吨，其中，猪肉产量约5500万吨，牛肉产量约680万吨，羊肉产量约410万吨，禽肉产量2000万吨，禽蛋产量约2900万吨，牛奶产量约3850万吨。

23. 预测2013年农产品生产价格上涨约8%，其中种植业产品生产价格上涨约10%，粮食生产价格上涨约9%，林业产品生产价格上涨约6%，畜牧业产品生产价格上涨约5%，渔业产品生产价格上涨约11%。

24. 预测2013年食品消费价格上涨7%，其中，粮食消费价格上涨8%，油脂消费价格上涨6%，蔬菜消费价格上涨10%，肉禽及其制品消费价格上涨7%，水产品消费价格上涨7%。

25. 预测2013年农业生产资料价格上涨约8%。

26. 预测2013年农民人均纯收入将达到9000元，实际增长率能够达到8%。城乡居民收入差距继续缩小。

Abstract

1. This abstract outlines some major indexes and changes of China's agriculture and rural economic development in 2012, and makes some forecasts about agriculture and rural economic situation in 2013.

2. In 2012, rural sectors produced 43. 45 percent of China's GDP (at current price, the same below), decreased by 0. 34 percentage point from that of 2011. Of China's GDP, primary industry accounted for 10. 09 percent, increased by 0. 05 percentage point from 2011; rural secondary industry accounted for 20. 91 percent, decreased by 0. 61 percentage point from that of 2011; rural tertiary industry accounted for 12. 45 percent, increased by 0. 22 percentage point.

3. In 2012, China's GDP increased by 7. 8 percent in real term. The contribution of rural sectors to GDP growth was 3. 05 percentage points and the share of the contribution of rural sectors to the increase of the GDP was 39. 05 percent, increased by 0. 24 percentage point from that of the previous year. The contribution of primary industry to GDP growth was 0. 38 percentage point and the share of the contribution of primary industry to the increase of the GDP was 4. 89 percent, increased by 0. 78 percentage point. The contribution of rural secondary industry to GDP growth was 1. 84 percentage points and the share of the contribution of rural secondary industry to the increase of the GDP was 23. 53 percent, decreased by 2. 32 percentage points. The contribution of rural tertiary industry to GDP growth was 0. 83 percentage point and the share of the contribution of rural tertiary industry to the increase of the GDP was 10. 62 percent, increased by 1. 77 percentage points.

4. In 2012, value added of primary industry reached 5237. 7 billion

Yuan (value added of service in farming, forestry, animal husbandry, and fishery is included), increased by 4. 5 percent from that of 2011 in real term. Of the value added of primary industry, farming accounted for 57. 67 percent, forestry accounted for 4. 37 percent, animal husbandry accounted for 25. 10 percent, fishery accounted for 10. 04 percent.

5. In 2012, gross output value of farming, forestry, animal husbandry and fishery in the eastern, central, western and northeast region was 3159. 1 billion Yuan, 2376. 0 billion Yuan, 2359. 8 billion Yuan and 1051. 7 billion Yuan respectively, increased by 4. 0 percent, 4. 9 percent, 6. 0 percent and 5. 7 percent in real term respectively from that of the previous year.

6. In 2012, the sown area of grain crops was 111. 267 million ha., increased by 0. 694 million ha., or 0. 6 percent from that of 2011; the sown area of cotton was 4. 697 million ha., decreased by 6. 8 percent; the sown area of oil-bearing crops was 13. 975 million ha., increased by 0. 9 percent; the sown area of sugar crops was 2. 034 million ha., increased by 4. 5 percent.

7. In 2012, the total output of grain crops was 589. 57 million tons, increased by 3. 2 percent from that of 2011; output of cotton was 6. 84 million tons, increased by 3. 8 percent; output of oil-bearing crops was 34. 76 million tons, increased by 5. 1 percent; output of sugar crops was 134. 93 million tons, increased by 7. 8 percent.

8. In 2012, yield of grains per ha. was 5299 kg., increased by 2. 6 percent from that of the previous year; yield of cotton per ha. was 1455 kg., increased by 11. 1 percent.

9. In 2012, total output of meats was 83. 84 million tons, 5. 4 percent higher than that of 2011. Of which, output of pork was 53. 35 million tons, increased by 5. 6 percent; output of beef and mutton was 6. 62 and 4. 01 million tons respectively, increased by 2. 3 and 2. 0 percent respectively; output of poultry was 18. 23 million tons, increased by 6. 7 percent. Output of cow milk was 37. 44 million tons, increased by 2. 3

percent. Output of poultry eggs was 28. 61 million tons, increased by 1. 8 percent. Output of aquatic product was 59. 06 million tons, increased by 5. 4 percent.

10. In 2012, the producer price of farm products went up by 2. 7 percent from that of 2011. Of which, the producer price of planting products went up by 4. 8 percent; the producer price of forestry products and fishery products went up by 1. 2 percent and 6. 2 percent respectively; the producer price of animal husbandry products went down by 0. 3 percent. The producer price of grain crops increased by 4. 8 percent; the producer price of cotton went down by 1. 9 percent; the producer price of oil-bearing crops went up by 5. 2 percent; the producer price of sugar crops went up by 5. 0 percent. The producer price of pig went down by 4. 1 percent.

11. In 2012, prices of means of agricultural production went up by 5. 6 percent from that of 2011. Of which, the price of chemical fertilizer went up by 6. 6 percent from that of 2011; the price of oil for farm machinery went up by 4. 2 percent; the price of service for agricultural production went up by 8. 3 percent.

12. In 2012, the costs of agricultural inputs for grain production were 343 Yuan per mu on average, increased by 6. 7 percent. Of which, the costs of physical inputs were 252 Yuan, increased by 5. 8 percent; the costs for production service were 91 Yuan, increased by 9. 7 percent. Of the costs of physical inputs, the costs for chemical fertilizer were 139 Yuan, increased by 7. 4 percent. Of the costs of production service, the costs for hiring agricultural machinery were 76 Yuan per mu, increased by 10. 8 percent from that of previous year.

13. In 2012, per capita net income of rural households was 7917 Yuan, increased by 939 Yuan from that of the previous year or 10. 7 percent in real term. This growth rate was 0. 7 percentage point lower than that of the last year. Of which, per capita net income from household management was 3533 Yuan, increased by 311 Yuan or 9. 7 percent. Of

the income from household management, per capita net income from primary industry was 2722 Yuan, increased by 8. 0 percent. Per capita income from wages and salaries was 3448 Yuan, increased by 484 Yuan or 16. 3 percent. Per capita income from properties was 249 Yuan, increased by 21 Yuan or 9. 0 percent; Per capita income from transfers was 687 Yuan, increased by 123 Yuan or 21. 9 percent.

14. In 2012, per capita net income from household management accounted for 44. 6 percent of per capita net income of rural households, income from wages and salaries accounted for 43. 6 percent, income from properties accounted for 3. 1 percent, and income from transfers accounted for 8. 7 percent.

15. In 2012, per capita net income of rural households in the eastern, central, western and northeast region was 10817 Yuan, 7435 Yuan, 6027 Yuan, and 8846 Yuan respectively, increased by 12. 9 percent, 13. 9 percent, 14. 9 percent and 13. 6 percent respectively.

16. In 2012, income difference among farmers narrowed slightly. The Gini coefficient of farmers 'net income was 0. 3867.

17. In 2012, income gap between urban residents and rural residents reduced from 3. 13 : 1 in the previous year to 3. 10 : 1.

18. In 2012, per capita consumption expenditure of rural households was 5908 Yuan, increased by 687 Yuan or 10. 4 percent in real term from that of the previous year. Of the per capita consumption expenditure of rural households, expenditure of food was 2324 Yuan, increased by 10. 3 percent, and the Engle coefficient was 39. 3 percent, 1. 1 percentage points down from the previous year; expenditure of clothes was 396 Yuan, increased by 16. 1 percent; expenditure of residence was 1086 Yuan, increased by 13. 0 percent; expenditure of household facilities and articles was 342 Yuan, increased by 10. 6 percent; expenditure of transport and communications was 653 Yuan, increased by 19. 3 percent; expenditure of culture, education and recreation was 445 Yuan, increased by 12. 4 percent; expenditure of health care and medical service was 514 Yuan,

increased by 17.6 percent.

19. In 2012, per capita consumption expenditure of rural households in the eastern, central, western and northeast region was 7683 Yuan, 5469 Yuan, 4798 Yuan and 5941 Yuan respectively, increased by 12.1 percent, 13.9 percent, 14.9 percent and 13.6 percent respectively.

20. It is estimated that the value added of primary industry will reach about 5800 billion Yuan in 2013, increase by 4.5 percent in real term. The proportion of the value added of primary industry in GDP will be about 10 percent in 2013.

21. It is estimated that the total output of grain crops will be 594 million tons or may be above 600 million dons without serious natural disaster in 2013; the total output of oil-bearing crops increases to 35 million tons; the total output of sugar crops increases to 136 million tons; the total output of cotton decreases to 6 million tons.

22. It is estimated that the total output of meats will be 87 million tons without serious animal epidemics in 2013; the output of pork will be about 55 million tons, the output of beef will be about 6.8 million tons, the output of mutton will be about 4.1 million tons, the output of poultry will be about 20 million tons, the output of poultry eggs will be about 29 million tons, the output of cow milk will be about 38.5 million tons.

23. It is estimated that the producer price for farm products increases by about 8 percent in 2013; producer price for planting products increases by about 10 percent; producer price of grain crops increases by 9 percent; producer price for forestry products increases by about 6 percent; producer price for animal husbandry products increases by about 5 percent; producer price for fishery products increases by about 11 percent.

24. It is estimated that the consumer price for food increases by 7 percent in 2013; consumer price for grain increases by 8 percent; consumer price for oil or fat increases by 6 percent; consumer price for vegetables increases by 10 percent; consumer price for meat, poultry and processed products increases by 7 percent; consumer price for aquatic

products increases by 7 percent.

25. It is estimated that prices of means of agricultural production increases by about 8 percent in 2013.

26. It is estimated that the per capita net income of rural households will be above 9000 Yuan, and will increase by above 8 percent in real term in 2013. The income gap between urban residents and rural residents will be further reduced.

目录

CONTENTS

前　言

《中国农村经济形势分析与预测》（简称：农村绿皮书），是由中国社会科学院农村发展研究所和国家统计局农村社会经济调查司共同撰写的每年一卷的系列研究报告，这项工作已经持续地开展了21年。在双方的共同努力下，农村绿皮书的成果得到了越来越多的人的认可。农村绿皮书所追求的视野的宏观性、体系的完整性、方法的连续性、数据的权威性、预测的可靠性和结论的前瞻性的风格正在逐步形成。受到政府决策部门、农村经济理论和实际工作者以及国外相关学术研究机构的重视，引起了主要新闻媒体的关注，在国内外产生了较大的反响。

本年度的绿皮书主要有三个变化：应出版社的要求，在形式逻辑上将原来的章节结构改为专题结构；为了增强对新的一年“三农”发展态势的把握，把预测列为一个单独的专题；围绕农村生态建设设置了一批专题，对改革开放以来的农村生态建设进行了较为系统的梳理，以呼应党的十八大提出的建设美丽中国的新举措。课题组成员虽然在有限的时间内尽其所能，但疏漏和差误仍在所难免，尚望读者不吝赐教，使农村绿皮书越来越好。

本年度农村绿皮书由中国社会科学院农村发展研究所和国家统计局农村社会经济调查司共同完成，撰写工作由中国社会科学院农村发展研究所所长李周、国家统计局农村社会经济调查司司长张淑英、中国社会科学院农村发展研究所副所长杜志雄、国家统计局农村社会经济调查司副司长黄秉信共同主持，组织与协调工作由朱钢研究员、侯锐处长承担。

本书的顺利出版得到了社会科学文献出版社的大力支持与帮助，在此表示衷心的感谢。

李　周

2013年3月15日

G.1

2012 年农业农村经济形势

2012 年，我国粮食生产连续第 9 年丰收，总产量近 5.9 亿吨，农产品普遍增产，进口明显增加，粮食安全保障条件进一步改善。农产品供求关系改善，市场秩序良好，价格整体趋稳；农村劳动力转入城镇和第二、三产业就业的规模进一步扩大，农民收入连续第 9 年较快增长，人均纯收入近 8000 元。农业农村经济发展为国家宏观调控目标的实现和国民经济健康运行发挥了重要支撑作用，缓解了农产品需求增长矛盾，有效地应对了国际农产品市场波动对国内的冲击。

一　主要农产品生产

2012 年，在有利的气候条件和有效的政策措施影响下，通过粮食结构调整和单产水平提高，粮食又获丰收。在强劲市场需求和相对较高价格刺激下，玉米增产最为显著，产量首次超过稻谷，成为第一大粮食作物品种。

（一）粮食

2012 年，全国粮食总产量 58957 万吨，[①] 比 2011 年增产 1836 万吨，增长 3.2%。粮食增产的特点表现为，玉米增产贡献大、单产贡献大、主产区增产贡献大，秋粮比重进一步提升。

1. 三大粮食作物增产情况

2012 年，稻谷、小麦和玉米产量分别达到 20429 万吨、12058 万

① 本文数据除特别说明来源外，均来自国家统计局。

吨和20812万吨，分别比上年增长1.6%、2.7%和8.0%。三大粮食品种产量合计为53299万吨，占粮食总产量比重自改革开放以来首次超过90%，达到90.4%，比2011年提高了0.9个百分点。

三大粮食品种新增产量达到2180万吨，比粮食增产总量高出18.7%。其中，玉米增产贡献最大，比上年增产1534万吨，对粮食增产总量的贡献率达到83.5%；稻谷增产328万吨，对粮食增产贡献率为17.9%；小麦增产318万吨，对粮食增产贡献率为17.3%（见表1）。

表1　三大粮食作物播种面积和单产及其对粮食增产贡献率情况*

单位：万公顷，公斤/公顷，%

年份	稻谷			小麦			玉米		
	播种面积	单产	贡献率	播种面积	单产	贡献率	播种面积	单产	贡献率
2008	2924.1	6562.6	21.6	2361.7	4762.0	11.7	2986.4	5555.7	50.2
2009	2962.7	6585.3	151.8	2429.1	4739.0	125.5	3118.3	5258.4	-91.9
2010	2987.3	6553.1	4.2	2425.7	4748.4	0.4	3250.0	5453.7	84.8
2011	3005.7	6687.3	21.2	2427.0	4837.3	9.0	3354.2	5747.5	62.8
2012	3029.7	6742.9	17.9	2413.9	4995.2	17.3	3494.9	5955.0	83.5

*贡献率指该粮食品种增产在粮食增产总量中的百分比。

资料来源：《中国统计年鉴2012》；《2012年全国粮食生产再获丰收》，2012年11月30日。

2. 粮食种植面积与单产水平情况

2012年粮食增产，既有播种面积扩大的贡献，又有粮食单产水平提高的贡献。2012年，全国粮食播种面积11126.7万公顷，比2011年增加69.4万公顷，增长0.6%。因粮食播种面积扩大增加的粮食为358万吨，对粮食增产总量的贡献率为19.5%。全国粮食作物每公顷平均产量达到5299公斤，比2011年增加133公斤，增长2.6%。因单产提高增产粮食1478万吨，对粮食增产总量的贡献率达到80.5%。

2012年，粮食增产主要来源于粮食作物结构调整，高产作物种

植面积扩大。高产作物种植比重增加，进一步促进了粮食单产水平提高。2012 年，稻谷和玉米播种面积分别达到 3029.7 万公顷和 3494.9 万公顷，分别比 2011 年增加 24 万公顷和 140.7 万公顷；稻谷和玉米每公顷产量分别达到 6743 公斤和 5955 公斤，分别比 2011 年增加 55 公斤和 207 公斤。高产粮食作物种植面积扩大的同时，单产水平相对较低的粮食作物种植面积有所缩小。2012 年，小麦和大豆播种面积分别为 2413.9 万公顷和 717.7 万公顷，分别比 2011 年减少 13.1 万公顷和 71.2 万公顷。但是，小麦等单产水平相对较低的粮食作物，单产水平也有所提高。小麦每公顷产量为 4955 公斤，比 2011 年增加 55 公斤。

3. 不同地区粮食增产情况

从全国不同省份来看，2012 年多数省份粮食播种面积相对稳定，但是有 7 个省份粮食播种面积比 2011 年减少。13 个粮食主产省份粮食产量达到 44610 万吨，比 2011 年增产 1188 万吨，对全国粮食增产的贡献率为 64.7%；占全国粮食总产量的比重达到 75.7%，其中黑龙江、河南和山东粮食产量居全国前 3 位，在全国粮食总产量中占比分别为 9.8%、9.6% 和 7.7%。

4. 不同季节粮食增产情况

从分季粮食产量来看，秋粮增产多，在粮食生产中地位进一步提高。2012 年，夏粮产量 12995 万吨，比上年增加 368 万吨，增长 2.8%，对粮食增产贡献率为 20.0%；早稻产量 3329 万吨，比上年增加 53 万吨，增长 1.6%，对粮食增产贡献率为 2.9%；秋粮产量 42633 万吨，比上年增加 1415 万吨，增长 3.5%，对粮食增产贡献率达到 77.1%。秋粮产量在粮食总产量中占比增加到 72.3%，比上年提高 0.1 个百分点，而夏粮和早稻在粮食总产量中占比分别减少到 22.0% 和 5.6%，均比 2011 年下降 0.1 个百分点（见图 1）。秋粮相对较大增产，对于缓解我国粮食品种供求关系发挥了重要作用。

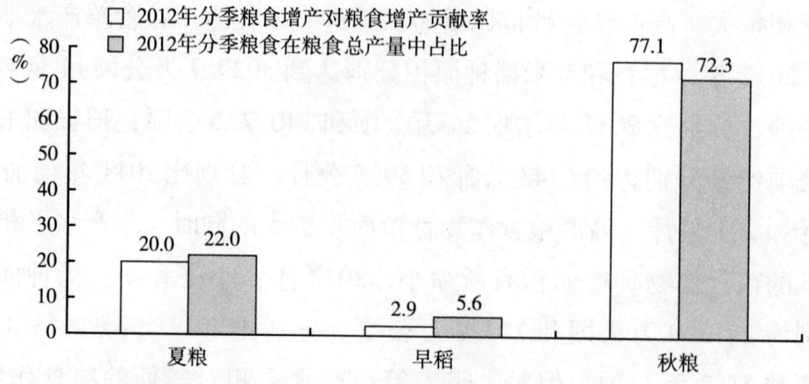

图1　2012 年分季粮食产量贡献率与比重

5. 粮食增产的政策因素

粮食单产提高对增产贡献大，一个重要原因是高产创建发挥积极作用。据农业部信息，2012 年中央财政安排 20 亿元支持高产创建，在示范区集成推广优良品种和配套栽培技术，挖掘增产潜力。

2012 年粮食增产，也可能与中央财政进一步加大农业补贴力度，提高小麦和稻谷最低收购价等托市收购政策有关。2012 年，国家继续对种粮农民安排 151 亿元粮食直补资金，农业生产资料综合补贴 1078 亿元，良种补贴 220 亿元，农机具购置补贴约 200 亿元，4 项合计补贴规模约 1600 亿元。2012 年，国家将白小麦、红小麦和混合麦每 50 公斤最低收购价格均提高到 102 元，比 2011 年分别增加 7 元、9 元和 9 元，提高幅度分别为 7.4%、9.7% 和 9.7%；将早籼稻、中晚籼稻、粳稻最低收购价格分别提高到每 50 公斤 120 元、125 元和 140 元，比 2011 年分别增加 18 元、18 元和 12 元，提高幅度分别为 17.6%、16.8% 和 9.4%。

（二）油料、棉花、糖料

2012 年，油料种植面积 1398 万公顷，比上年增加 12 万公顷；油料产量 3476 万吨，比上年增产 5.1%；油料单产 2486 公斤/公顷，

比上年增长2.4%。全年棉花种植面积470万公顷，比上年减少34万公顷；棉花产量684万吨，比上年增产3.8%；棉花单产1455公斤/公顷，比上年增长11.1%。全年糖料种植面积203万公顷，比上年增加9万公顷；糖料产量13493万吨，比上年增产7.8%；糖料单产67吨/公顷，比上年增长3.4%。

（三）畜产品

受消费需求增长较快影响，2012年肉类产量增加较多、增长较快。全年肉类产量突破8000万吨，达到8384万吨，比上年增加426万吨，增长5.4%。其中，禽肉和猪肉产量增长相对较快，牛肉和羊肉增长相对较慢。全年禽肉产量达到1823万吨，比上年增长6.7%；猪肉产量达到5335万吨，增长5.6%；牛肉产量662万吨，增长2.3%；羊肉产量401万吨，增长2.0%。

2012年，猪肉产量增长的贡献主要来源于当年生猪补栏和年内生猪出栏量。全年出栏生猪69628万头，比上年增长5.2%；平均每头生猪产肉量76.6公斤，比上年增长0.4%。全年没有发生重大动物疫情，尽管全年生猪生产价格比2011年下跌，但是多数生猪养殖者保持较高的积极性。年末生猪存栏47497万头，比上年增长1.6%。

近年来我国鸡蛋产量和牛奶产量增量与增速基本趋于稳定。2012年，禽蛋产量2861万吨，比上年增加49.6万吨，增长1.8%，增速与上年基本相同；牛奶产量3744万吨，比上年增加86.2万吨，增长2.3%，增速与上年基本持平。

（四）水产品

受到水产品需求增长和价格高位运行影响，国内积极发展渔业生产，2012年水产品产量继续保持较快增长。全年水产品产量5906万吨，比上年增长5.4%，增速比2011年提高1.1个百分点。其中，养殖水产品产量4305万吨，增长7.0%，增速比2011年提高1.9个百分点；捕捞水产品产量1601万吨，增长1.3%。远洋渔业继续增长。据农业部信息，全年我国远洋渔业产量约120万吨，比上年增长2.8%。多年来，我国水产品产量增长主要来自人工养殖业发展。2012年人工养殖水产品产量占全部水产品总产量的比重达到73%，比上年提高1个百分点。水产品产量持续较快增长，为满足国内居民对水产品消费需求和扩大水产品出口规模创造了条件。

（五）农业气象灾害

2012年主要农产品普遍增产与全国主要农业气象灾害总体偏轻并针对主要灾害及时防灾抗灾减灾直接相关。全年农作物受灾面积2496万公顷，比上年下降23.1%，其中绝收183万公顷，比上年下降36.9%。气象灾害给农业生产造成的损失总体上不大。

2012年，全国虽然没有发生大范围严重的农业干旱，但是全国多地发生了持续阴雨寡照天气，这虽然没有造成严重的大宗农作物减产，但是影响了蔬菜等设施农业和经济作物生产以及市场均衡供应，也导致小麦和玉米病虫害偏重发生，收获困难，影响了粮食等农作物品质，给农牧业生产造成了一定损失，加剧了部分农产品市场季节性波动，收获的霉变粮食加工成饲料后恶化了畜牧业生产风险。

据国家气象局监测，2012年1～3月，南方多数地方降水日数达到40～60天，5月下旬至7月中旬，西南地区东部降水日达到35～45天，日照明显偏少，导致一些农作物长势缓慢，病害严重，小麦和油菜等农作物收获时霉变问题突出；年初西北部分地区出现重度雪灾，导致一些牲畜棚圈和设施大棚倒塌，饲料短缺，牲畜走失或死亡。

2012年，全国多地发生了不同程度的病虫害。据国家气象局监测，4月下旬至5月，北方麦区曾发生较大面积的小麦蚜虫；4～6月南方多地曾发生偏重的稻飞虱；7～8月，北方部分地区曾发生偏重的三代黏虫灾害。针对偏重发生的病虫害，各地防控及时有效，总体上没有对粮食等农作物总产量造成冲击。

二　农产品进出口

2012 年，我国农产品进出口规模进一步扩大，进口首次超过 1000 亿美元，逆差近 500 亿美元。① 据农业部资料，全年农产品进出口总额为 1757.7 亿美元，比上年增加 201.5 亿美元，增长 12.9%。其中，进口达到 1124.8 亿美元，比上年增加 176.1 亿美元，增长 18.6%；出口总额 632.9 亿美元，比上年增加 25.4 亿美元，增长 4.2%。农产品国际贸易逆差达到 491.5 亿美元，比上年增加 150.7 亿美元，增长 44.2%。

从进口品种来看，大豆进口份额最大。据农业部和海关资料，2012 年，大豆进口额为 349.9 亿美元，比上年增长 17.6%。大豆进口额在农产品进口总额中所占比重为 31.1%，比 2011 年提高 4.7 个百分点。大豆进口扩大主要是大豆进口数量增加。全年大豆进口 5838.5 万吨，比上年增长 10.9%；进口大豆每吨平均价格 599.3 美元，比上年增长 6.0%。

进口额超过百亿美元的除大豆外，还有畜产品和棉花。据农业部资料，2012 年，畜产品进口额为 149 亿美元，比上年增加 13.2%；畜产品进口额在农产品进口总额中所占比重为 13.2%，比 2011 年提高 1.3 个百分点。全年棉花进口额为 120 亿美元，比 2011 年增长 24.0%；棉花进口额在农产品进口总额中所占比重为 10.7%，比上年提高 2.1 个百分点。棉花进口量达到 541.3 万吨，比 2011 年增长 51.8%。棉花进口量大幅度增加，与国内产量仅相差 143 万吨。

2012 年，谷物及谷物粉进口额 48 亿美元，比上年增长 134.2%；

① 由于农产品进出口数据来源以及科目和统计口径略有不同，因此，本文与其他部分有关农产品进出口的部分数据略有差异。

进口量1398万吨，比上年增长156.7%。食用植物油进口额97亿美元，[①] 比上年增长25.6%；进口量845万吨，比上年增长28.7%。

如果按照我国粮食包括谷物、豆类和薯类口径计算，2012年进口粮食7237万吨，占当年新增供给粮食（粮食总产量+谷物进口量+大豆进口量）的10.9%，这表明我国粮食自给率已经下降到90%以下。粮食自给率下降，是否意味着粮食安全水平下降？根据国际上评价国家粮食安全所用的国内粮食生产能力和进口能力指标来看，我国粮食进口增加而出现的粮食自给率下降并不必然表明我国粮食不安全风险上升。

我国粮食产量连续多年增长，2012年粮食总产量已远远超过5.5亿吨，表明粮食国内生产能力在不断提高。随着我国多年保持外贸顺差，国家外汇储备充足，农产品进口能力显著提高。据农业部和中国人民银行资料，2012年，我国食用农产品进口额（农产品进口总额扣除棉花进口额）约为1005亿美元，仅占当年末国家外汇储备余额的3%，比上年提高0.4个百分点。外汇并不构成我国农产品进口的约束因素，单纯地用粮食自给率衡量我国粮食安全状况是片面的。

从出口品种来看，水产品出口份额最大。据农业部资料，2012年，水产品出口189.8亿美元，比上年增长6.7%；水产品出口额在农产品出口总额中所占比重为30.0%，比上年提高0.7个百分点。蔬菜出口100.1亿美元，比上年减少14.8%；蔬菜出口额在农产品出口总额中所占比重下降到15.8%，比上年减少3.5个百分点。畜产品出口64.4亿美元，比上年增长7.5%，畜产品出口额在农产品出口总额中所占比重为10.2%，比上年提高0.3个百分点。水果出口61.8亿美元，比上年增长12.0%；水果出口额在农产品出口总额中所占比重为9.8%，比上年提高0.7个百分点。

随着我国农产品进出口规模的扩大，我国农业对外依存度进一步

---

① 本文食用植物油进口数据与农业部网站公布的数据不一致，特此说明。

提高。按照农产品进出口总额与第一产业增加值百分比计算对外依存度，以及中国人民银行公布的年末人民币汇率数据，2012 年，我国农产品对外依存度达到 21.1%，比上年提高了 0.4 个百分点。其中农产品进口与第一产业增加值百分比为 13.5%，比上年提高了 0.9 个百分点；农产品出口与第一产业增加值百分比为 7.6%，比上年降低了 0.5 个百分点。

三 农产品生产价格与食品消费价格

（一）农产品生产价格

2012 年，农产品生产价格涨幅不仅总体上明显回落，而且种植业、林业和渔业产品生产价格普遍不同程度回落，只有极少数农产品生产价格同比涨幅在极短时间内略有扩大，畜牧业产品，特别是生猪等生产价格同比基本呈现下降态势。

2012 年，农产品生产价格总体水平比上年上涨 2.7%，涨幅比 2011 年回落 13.8 个百分点。其中，种植业产品生产价格上涨 4.8%，涨幅回落 3 个百分点；林业产品生产价格上涨 1.2%，涨幅回落 13.7 个百分点；畜牧业产品生产价格下跌 0.3%，涨幅回落 26.5 个百分点；渔业产品生产价格上涨 6.2%，涨幅回落 3.8 个百分点。

分季节来看，第一、二季度，农产品生产价格同比虽然整体上仍然保持上涨的态势，但是涨幅呈现明显的缩小，第三、四季度农产品生产价格同比整体上基本稳定。第一至第四季度农产品生产价格同比整体上分别上涨 9.2%、3.0%、0.1% 和 0.3%。

分农产品种类来看，2012 年粮食生产价格普遍继续保持上涨态势，但是涨幅都有所回落，稻谷同比涨幅回落最大。全年粮食生产价格比 2011 年上涨 4.8%，涨幅回落 4.2 个百分点。其中，稻谷生产价格上涨 4.1%，涨幅回落 9.2 个百分点；小麦生产价格上涨 2.9%，涨幅回落

2.3 个百分点；玉米生产价格上涨 6.6%，涨幅回落 3.3 个百分点。比较而言，2012 年稻谷和小麦生产价格涨幅都低于最低收购价提高幅度。

在主要农作物中，除了粮食生产价格涨幅回落外，其他多数品种涨幅也呈现回落态势，但是蔬菜生产价格涨幅出现了扩大。2012 年，油料生产价格同比上涨 5.2%，涨幅比 2011 年回落 6.9 个百分点；糖料生产价格上涨 5.0%，涨幅回落 20.5 个百分点；水果生产价格上涨 3.9%，涨幅回落 2.3 个百分点；蔬菜生产价格上涨 9.9%，涨幅扩大 6.5 个百分点。

2012 年，生猪生产价格出现下跌，其他多数畜牧业产品生产价格同比继续保持上涨，但涨幅不同程度地回落，活牛生产价格同比涨幅扩大。全年生猪生产价格同比下跌 4.1%，比 2011 年回落幅度高达 41.1 个百分点；活牛生产价格上涨 16.8%，涨幅比 2011 年扩大 8.7 个百分点；活羊生产价格上涨 7.8%，涨幅回落 7.9 个百分点；活禽生产价格上涨 3.8%，涨幅回落 8.2 个百分点；禽蛋生产价格上涨 0.5%，涨幅回落 12.1 个百分点；奶类生产价格上涨 3.9%，涨幅回落 4.2 个百分点。

值得指出的是，我国生猪市场实行严格的预警调控，但从近年来生猪生产价格大幅度波动来看，生猪生产价格明显地高于畜牧业生产价格波动幅度，生猪生产价格调控成效不明显（见图 2）。

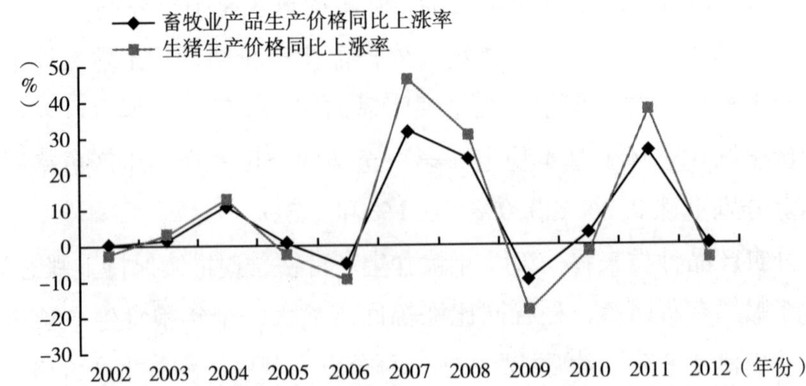

图 2　2002 年以来我国生猪与畜牧业产品生产价格同比上涨率比较

（二）食品消费价格

2012 年，城乡居民食品消费价格继续保持上涨态势，但是涨幅比 2011 年明显回落。全年食品消费价格同比上涨 4.8%，比 2011 年回落7 个百分点。其中，粮食消费价格上涨4%，涨幅比2011 年回落8.2 个百分点；油脂消费价格上涨 5.1%，涨幅回落 8.3 个百分点；肉禽及其制品消费价格上涨 2.1%，涨幅回落 20.5 个百分点；禽蛋消费价格上涨 2.9%，涨幅回落 11.3 个百分点；水产品消费价格上涨 8.0%，涨幅回落 4.1 个百分点。

鲜菜消费价格明显上涨，水果消费价格小幅下跌。2012 年城乡居民鲜菜消费价格比 2011 年上涨 15.7%，涨幅比 2011 年扩大 15.4 个百分点；鲜果消费价格结束了明显上涨的态势，比上年下跌 1.2 个百分点，比 2011 年回落幅度达到 17.6 个百分点。近年来，受到不同季节极端灾害天气影响，蔬菜、水果消费价格季节性波动明显。

2012 年，部分季节主产区受连续多日阴雨（雪）及其寡照低温等光温不足气象灾害影响，蔬菜、水果等生产受挫，短时间供应偏紧，在现有蔬菜、水果产销组织方式下，这一期间往往会出现蔬菜、水果消费价格短时间涨幅迅速扩大的情形，价格高位运行，季节性波动十分明显。

分月份来看，2012 年，城乡居民食品消费价格与上年同月相比涨幅由 1 月份的 10.5% 波动地回落到 10 月份的 1.8%，11 月份和 12 月份涨幅又开始扩大。相比其他类食品消费价格来说，2012 年鲜菜消费价格不同月份波动更加明显。2012 年上半年蔬菜消费价格涨幅逐月回落，而 7 月和 8 月份逐月扩大，9 月和 10 月份逐月回落，11 月和 12 月份则又出现逐月扩大。其中，5 月份鲜菜消费价格比上年同月涨幅曾达到 31.2%，而 10 月份鲜菜消费价格比上年同月涨幅仅有 1.1%（见图 3）。鲜菜消费价格上涨最高峰高于整体食品消费价格，鲜菜消费价格上涨最低谷低于整体食品消费价格。同样，鲜菜消费价格在年度内不同月份涨跌也十分明显。

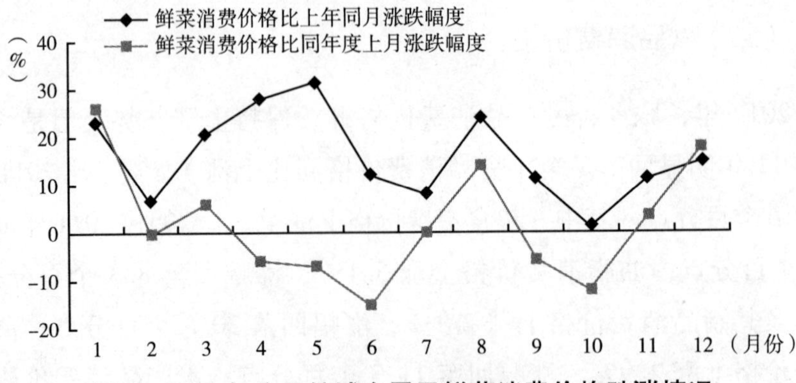

图3　2012 年分月份城乡居民鲜菜消费价格跌涨情况

（三）农产品生产价格与食品消费价格波动比较

与农产品生产价格相比，2012 年食品消费价格同比涨幅高出 2.1 个百分点。近年来，人们通常能够感受到主产区农产品生产价格与主销区食品消费价格差距过大和波动高度不一致。通过 2008 年以来农产品生产价格以上年为 100 的指数与城乡居民食品消费价格以上年为 100 的指数比较，不难发现年度农产品生产价格与食品消费价格波动方向多数情况下基本一致，甚至有时波动幅度也比较接近（见表2）。

表2　农产品生产价格指数与食品消费价格指数比较（上年 =100）

年份	2008	2009	2010	2011	2012
农产品生产价格指数	114.1	97.6	110.9	116.5	102.7
食品消费价格指数	114.3	100.7	107.2	111.8	104.8
粮食生产价格指数	109.6	103.7	113.3	109.0	104.8
粮食消费价格指数	107.0	105.6	111.8	112.2	104.0
蔬菜生产价格指数	104.7	111.8	116.8	103.4	109.9
鲜菜消费价格指数	110.7	115.4	118.7	100.5	115.9
禽蛋生产价格指数	112.2	102.8	107.5	112.6	110.5
禽蛋消费价格指数	104.3	101.5	108.3	114.2	102.9
渔业产品生产价格指数	111.2	99.0	107.6	110.0	106.2
水产品消费价格指数	114.2	102.5	108.1	112.1	108.0

资料来源：《中国统计年鉴 2012》；国家统计局《2012 年国民经济发展稳中有进》，2013 年 1 月18 日。

2012 年，粮食消费价格同比涨幅低于粮食生产价格 0. 8 个百分点，鲜菜消费价格涨幅高出蔬菜生产价格 6 个百分点，禽蛋消费价格涨幅低于禽蛋生产价格 7. 6 个百分点，水产品消费价格涨幅高出渔业产品生产价格 1. 8 个百分点。农产品生产价格与食品消费价格波动不一致并不能得到统计数据的支撑。

（四）农产品生产价格和食品消费价格涨幅回落的主要原因

2012 年，我国农产品生产价格和食品消费价格整体涨幅回落，与我国宏观经济形势、气候条件整体有利、农产品供求关系由紧张转为比较宽松和农产品价格波动周期性规律等因素有关。

随着我国宏观经济增长不断趋稳，货币供给增长常态化和中性化，管理通胀预期效应不断显现，社会上对农产品价格涨幅扩大的预期通常会基本消除。2012 年，我国国内生产总值比上年实际增长 7. 8%，年末广义货币供应量（M2）比上年末增长 13. 8%，狭义货币供应量（M1）增长 6. 5%，流通中现金（M0）增长 7. 7%。宏观经济环境和货币供给等因素对农产品及其食品价格走势的影响整体上呈现弱化的态势。2012 年 7 月份虽然受到国际市场部分农产品价格大幅度上涨和我国局部地区严重自然灾害和病虫害的冲击，但是并没有改变我国农产品价格涨幅回落的态势，表明农产品价格上涨预期已经不再成为社会主流。

在外部经济环境和宏观经济政策对农产品价格走势不产生明显冲击的情况下，农产品价格运行态势在更大程度上由实际的供求关系决定。一些农产品供给相对过剩，生猪和猪肉等价格出现下跌，而一些生产周期相对较短的蔬菜和鸡蛋等农产品，市场供给易受天气和禽流感等动物疫情冲击，但是生产能力扩张也相对容易，年度内不同季节波动明显。而粮食虽然受到连续多年增产和供求关系相对宽松的影响，但在国家托市政策的作用下，短期内粮价下跌态势很快得到了遏制。

四　农业生产资料价格

2012年，农业生产资料价格比上年上涨5.6%，其中，化肥和饲料等价格上涨是农业生产资料价格上涨的主要拉高因素。上半年，针对化肥等农业生产资料价格连续多月上涨的情况，国家及时出台政策，加强化肥生产原料供应，及时调控，整顿化肥市场秩序，稳定化肥等农业生产资料价格。上半年化肥价格比2011年同期上涨9.4%，而全年化肥价格比2011年上涨6.6%，这可能与国家鼓励化肥生产和增加化肥进口政策有关。

2012年，我国农用氮磷钾化肥折纯产量7432.4万吨，比上年增长10.9%。为了更好地稳定农业生产资料价格，国家也鼓励农药企业扩大生产，增加供应。全年化学农药原药（折有效成分100%）产量354.9万吨，比上年增长19.0%。同时，化肥、农药进口规模继续扩大。据海关资料，2012年，全国进口肥料843万吨，比上年增长6.1%；进口农药6.9万吨，比上年增长30.3%。

2012年，随着国内玉米等饲料粮的增产，大豆和油菜子进口规模的扩大，以及直接大量进口玉米酒糟蛋白，国内饲料原料供给大幅度增加，国内饲料价格整体上呈现稳定回落态势。全年进口饼粕104.7万吨，比2011年下降45.6%，而进口玉米酒糟蛋白238.2万吨，比2011年增长41.3%。在饲料来源充足的情况下，全年饲料价格上涨5.7%，涨幅比2011年回落1.9个百分点。

近年来我国农业机械化进程加快，在国家不断加大农机具购置补贴积极作用下，农民购买农机具积极性高涨，农机工业加快发展，农机具供给结构不断调整。2012年，随着我国农机具购置补贴政策的调整，农机专业合作社、种养大户等优先享受农机具购置补贴政策，对大型拖拉机需求增长强劲。受此影响，大型拖拉机产量大幅度增加，2012年产量为5.6万台，比上年增长42.4%；而中型和小型拖

拉机产量则出现了不同程度的下滑，2012 年产量分别为 40.7 万台和 178.7 万台，比上年分别减少 3.7% 和 13%。随着农机具购置补贴规模的增加，农机具供给结构的调整，农机具价格涨幅稳步回落。2012 年机械化农机具价格比上年上涨2.1%，涨幅比2011 年回落2.5 个百分点。

五　农民收入

2012 年，农民人均纯收入达到 7917 元，比上年增加 939 元，名义增长 13.5%，实际增长 10.7%，这是农民人均纯收入实际增长率连续第 3 年超过两位数，农民人均纯收入增长速度快于城镇居民人均可支配收入增长速度，城乡居民收入差距缩小。

2012 年，农民人均纯收入四大来源都保持较快增长。其中，转移性收入增长最快，工资性收入继续保持相对较快增长。全年农民人均工资性收入为 3448 元，比上年名义增长 16.3%；农民家庭经营人均纯收入 3533 元，比上年名义增长 9.7%；财产性收入 249 元，比上年名义增长 9.0%；转移性收入 687 元，比上年名义增长 21.9%。

按照农民人均纯收入的四大来源来看，人均工资性收入对增收的贡献率最大。农民人均工资性收入比上年增加 484 元，对农民人均纯收入增长的贡献率达到 51.5%，比家庭经营纯收入贡献率高出 18.3 百分点，比财产性收入高出 49.3 个百分点，比转移性收入高出 38.4 个百分点。

2012 年，农民工数量增加和月工资水平提高对工资性收入增长都作出了贡献。全年农民工数量达到 26261 万人，比 2011 年增长 3.9%。其中，外出农民工数量为 16336 万人，比上年增长 3.0%。外出农民工平均月工资为 2290 元，比 2011 年增长 11.8%（见表 3）。比较而言，农民工平均工资水平提高对农民工资性收入增长的贡献更大。

表 3　农民工资性收入和农民工情况

年份	农民人均工资性收入		农民工数量		外出农民工平均月工资	
	元	增长(%)	万人	增长(%)	元	较上年增长(%)
2008	1853. 7		22542		1340	
2009	2061. 3	11. 2	22978	1. 9	1417	5. 7
2010	2431. 1	17. 9	24223	5. 4	1690	19. 3
2011	2963. 4	21. 9	25278	4. 4	2049	21. 2
2012	3448. 0	16. 3	26261	3. 9	2290	11. 8

资料来源：《中国住户调查年鉴 2012》；国家统计局《2012 年国民经济发展稳中有进》，2013 年 1 月 18 日；国家统计局《2011 年我国农民工调查监测报告》，2012 年 4 月 27 日。

2012 年，尽管农民工资性收入保持较快增长，对农民增收贡献最大，但是农民人均工资性收入增速比上年明显回落，回落了 5. 6 个百分点。其中，农民工数量增速比 2011 年回落 0. 5 个百分点，外出农民工平均月工资增速比 2011 年回落 9. 4 个百分点。

随着农民工对农民收入增长贡献的提高，农民收入结构进一步发生变化。2012 年，农民人均纯收入中，工资性收入所占比重为 43. 6%，比上年提高 1. 1 个百分点；家庭经营纯收入所占比重为 44. 6%，比上年下降 1. 6 个百分点；财产性收入所占比重为 3. 1%，比上年下降 0. 2 个百分点；转移性收入所占比重为 8. 7%，比上年提高 0. 7 个百分点。

2012 年，农民人均纯收入中家庭经营第一产业纯收入 2722 元，比上年名义增长 8%，占农民人均纯收入的比重下降到 34. 4%，比上年下降 1. 7 个百分点，低于工资性收入比重 9. 2 个百分点。

2012 年，农民人均纯收入增长速度仍然高于城镇居民人均可支配收入增长速度，城乡居民收入比率进一步下降。2008 年城乡居民收入的基尼系数曾达到 0. 491 最高纪录。自 2009 年开始，城乡居民收入的基尼系数呈现不断缩小的态势，2012 年缩小到 0.474，比上年减少 0.003。特别地，2010 年以来，城镇居民人均可支配收入与农村居民人均纯收入之间差距不断缩小。2012 年，城镇居民人均可支配收入与农村居民人均纯收入之比缩小到 3.10∶1，比上年减少 0.03（见表 4）。

表 4　城镇居民可支配收入与农村居民纯收入差距比较

年份	人均收入绝对额（元）			人均收入较上年实际增长率（%）		城乡居民收入比（以农村为 1）
	城镇	农村	差额	城镇	农村	
2008	15781	4761	11020	8.4	8.0	3.31
2009	17175	5153	12022	9.8	8.5	3.33
2010	19109	5919	13190	7.8	10.9	3.23
2011	21810	6977	14833	8.4	11.4	3.13
2012	24565	7917	16648	9.6	10.7	3.10

资料来源：《中国住户调查年鉴 2012》和《中华人民共和国 2012 年国民经济和社会发展统计公报》。

尽管城乡居民收入比下降，但是城乡居民人均收入差额仍然持续扩大。2012 年，农村居民人均纯收入低于城镇居民人均可支配收入 16648 元，比上年扩大了 1815 元，城乡居民收入差额比上年增长 12.2%。

2012 年，农民居民内部收入分配差距总体上呈现缩小的态势。农村居民收入 5 等份分组中，低收入组人均纯收入 2316 元，比上年增长 15.8%，是 5 等份分组中增长速度最快的，比高收入组高 2.5 个百分点，比中等偏上收入组高 1.8 个百分点（见图 4）。农村高收入组与低收入组居民人均纯收入之比由 2011 年的 8.387 缩小到 8.208（以低收入组居民人均纯收入为 1）。但是，农村中等偏下收入组居民人均纯收入与高收入组之间差距扩大态势没有改变。2012 年，农村中等偏下收入组居民人均纯收入 4807 元，比上年增长 13.0%，与高收入组之比由 2011 年的 3.943 扩大到 3.954（以中等偏下组居民人均纯收入为 1）。

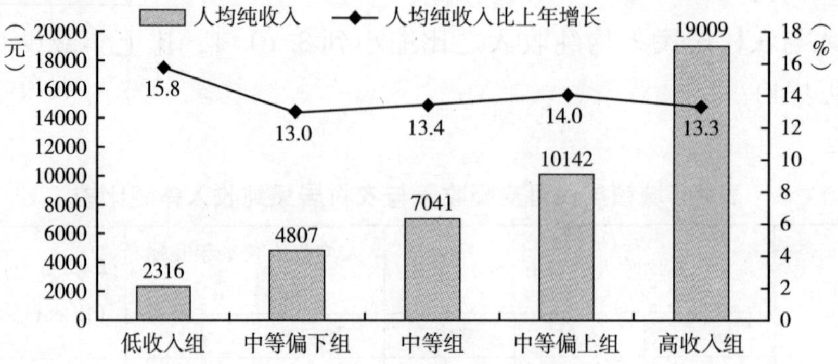

图 4　2012 年农村居民 5 等份分组人均纯收入及其增长率情况

六　农业农村经济在国民经济中的地位

2012 年，国家继续实施一系列强有力的强农惠农富农政策。据财政部有关资料推算，全年中央“三农”财政支出规模达到 12387 亿元，比上年增长 18.0%。全国财政支出中农林水事务支出 11903 亿元，比上年增长 19.8%。其中，中央财政农林水事务支出 5996 亿元，比上年增长 25.3%。中央“三农”财政支出占全国财政支出的比重上升到 9.9%，比 2011 年提高 0.3 个百分点。

农产品普遍增产，科技发挥积极作用，农业规模化、组织化、产业化不断推进，农业继续保持稳定发展。2012 年，第一产业增加值达到 52377 亿元，较上年名义增长 10.3%，实际增长 4.5%；第一产业在国内生产总值中所占比重为 10.1%。按名义价格计算，第一产业增加值占国内生产总值比重大约 10% 的情形已经连续保持了多年。

农民收入持续较快增长，有力地改善了农民生活，促进了国内消费的扩大。2012 年，农民人均消费支出为 5908 元，比上年名义增长

13.2%，实际增长 10.4%；城镇居民人均现金消费支出 16674 元，比上年名义增长 10.0%，实际增长 7.1%。在农民收入增长预期相对较好的情况下，农民边际消费倾向明显高于城镇居民，农民人均消费支出增速明显高于城镇居民。2012 年，农民边际消费倾向为 0.73，虽然比上年回落了 0.06，但是仍比城镇居民高 0.18。

农民消费支出增长，扩大了农村消费市场。2012 年，农村消费品零售额占全社会消费品零售总额比重稳中略有提高。全年乡村消费品零售额 27893 亿元，比上年名义增长 14.5%，增速高出城镇消费品零售额 0.2 个百分点。乡村消费品零售额占全社会消费品零售总额的比重增加到 13.3%，比 2011 年提高 0.2 个百分点。

农民收入快速增长，虽然实现了农村消费的扩大，但是农户投资仍然乏力。2012 年，农户投资 9841 亿元，比上年增长 8.3%，低于全社会固定资产投资增速 12 个百分点。农民固定资产投资额增速比 2011 年回落了 7 个百分点。农户投资在全社会固定资产投资中所占比重进一步下降到 2.6%，比 2011 年下降了 0.3 个百分点。但是，受到国家和全社会对农业投资重视等因素影响，全年农林牧渔业投资为 9004 亿元，比上年增长 32.2%，增速比不含农户的全社会固定资产投资增速多了 11.6 个百分点。农林牧渔业在全社会固定资产投资（不含农户）中所占比重为 2.5%，比 2011 年提升了 0.2 个百分点。

2012 年，受到食品消费价格涨幅明显低于城乡居民收支增长速度影响，城乡居民食品消费支出在收支中比重都有所下降。全年城镇居民人均食品消费支出 6036 元，占城镇居民人均可支配收入比重下降到 24.6%，占城镇居民人均现金消费支出比重（城镇居民家庭恩格尔系数）下降到 36.2%，分别比 2011 年减少 0.7 个和 0.1 个百分点。农村居民人均食品消费支出 2324 元，占农村居民人均纯收入比重下降到 29.3%，占农村居民人均消费支出比重（农村居民家庭恩格尔系数）下降到 39.3%，分别比 2011 年减少 0.9 个和 1.1 个百分点（见表 5）。

表5　城乡居民食品消费支出情况

年份	人均食品消费支出(元)		食品消费支出占收入比重(%)		居民家庭恩格尔系数(%)	
	城镇	农村	占城镇居民人均可支配收入	占农村居民人均纯收入	城镇	农村
2008	4260	1599	27.0	33.6	37.9	43.7
2009	4901	1636	28.5	31.7	36.5	41.0
2010	4805	1801	25.1	30.4	35.7	41.1
2011	5503	2109	25.2	30.2	36.3	40.4
2012	6036	2324	24.6	29.3	36.2	39.3

资料来源：《中国住户调查年鉴2012》；《中华人民共和国2011年经济社会发展统计公报》；国家统计局局长马建堂《2011年国民经济继续保持平稳较快发展》，2012年1月17日。

2012年，城镇居民家庭恩格尔系数降幅很小。实际上，城镇居民家庭恩格尔系数多年在36%左右徘徊。值得说明的是，近年来食品消费价格持续上涨，城镇居民恩格尔系数居高不下，粮油进口规模不断创历史新高，而城乡居民家庭人均食物购买量和消费量总体上相对稳定，粮食等农产品连续增产意义何在？

从农产品相关加工业来看，2012年，规模以上工业中的农副食品加工业增加值比上年增长13.6%，以工业生产者出厂价格中食品价格为缩减指数，则规模以上工业中的农副食品加工业增加值实际增长12.0%。农副食品加工业增加值实际增长率明显高于农产品产量增长速度。以食用糖为例，2012年国内成品糖产量达到1406.8万吨，比上年增长18.5%。从农产品相关零售企业来看，在限额以上企业商品零售额中，粮油类增长19.9%，肉禽蛋类增长18.0%。从餐饮业来看，2012年，全年餐饮业收入额23448亿元，比上年增长13.6%。

因此，从农产品加工业、农产品交易额和餐饮业增长情况来看，可以初步判断农产品普遍增产缓解了因农产品需求较快增长所带来的供求矛盾。国内农产品普遍增产虽然没有带来农产品供求关系的改变和价格的稳定，但对满足因居民食物消费结构变化和工业对农产品需求所产生的增长需要，发挥了重要作用。

从城乡居民人均食物消费量差异与城乡人口结构变化来看，除粮食等少数品种外，城镇居民人均食物消费量普遍高于农村居民。目前，估计城镇居民家庭人均年购买的猪肉大约21公斤，而农村居民家庭人均猪肉年消费量大约15公斤，前者超过后者大约40%；城镇居民家庭人均年购买的牛羊肉大约4公斤，而农村居民家庭人均牛羊肉消费量大约2公斤，前者是后者的大约2倍；城镇居民家庭人均禽类年购买量约11公斤，而农村居民家庭人均禽类消费量约5公斤，前者是后者的2倍多。我国正处在快速城镇化阶段。2012年，城镇化率达到52.6%，比上年提高1.3个百分点。在快速城镇化背景下，城乡居民食品消费结构和不同食物消费水平存在明显差异，将带动农产品消费需求增长。农产品连续增产，进口规模不断扩大，有效地满足了城镇人口规模不断扩大而带来的食物消费增长需要。

2012年，我国农产品普遍增产，不仅缓解了国内农产品供求矛盾，而且有效地避免了国际农产品市场剧烈波动对国内的传导。从6月份开始，美国干旱范围持续扩大，玉米和大豆主产区受灾损失不断加重。美国是世界上最大的粮油出口国，是一些大宗农产品的国际市场价格形成中心。进入7月份以来，国际市场粮油价格急剧反弹，出现明显上涨。根据联合国粮农组织2012年8月上旬发布的监测报告，7月份国际粮食价格和全球谷物价格比6月份分别上涨了23%和17%。其中，国际市场玉米出口价格上涨了23%，小麦价格上涨了21%。根据美国CBOT（芝加哥期货交易所）资料，8月份比6月份大豆期货价格涨幅超过30%，豆油期货价格涨幅超过12%。与国际粮油价格明显上涨形成鲜明对比的是，中国粮油价格相对稳定。

回顾过去10年，特别是近3年，我国“三农”投入、粮食产量、农民收入、农民负担、农民社会保障等标志性指标变化都有力地表明中国农业农村经济发展经历了一个黄金期。但是，近些年来农业农村经济运行中出现的问题也显示了一些新的矛盾，特别是农村经济社会状况改善与国内农产品产需缺口扩大，农产品生产者与消费者利益兼顾、农产品主产区与工业化地区之间利益分配等方面的问题更加突出。解决这些矛盾，更需要农业农村经济深化改革、有效创新，以更好地协调推进新型城镇化与农业现代化。

G.2

2013年农业农村经济形势展望与预测*

2013年，多数农产品仍会继续增产，粮食总产量可能再迈上一个新的台阶，达到6亿吨。国内农产品供求偏紧，进口农产品价格高位波动，成本上升、风险加大，都将加大农产品和食品价格上涨压力。农民收入增长速度虽然可能回落，但是能够保持与国民经济增长速度基本一致，预期农民人均纯收入达到9000元左右。根据中央对农村工作的部署，要实现国民经济全局性的保供增收目标，必须将国家出台的相关政策落实到位，着力提高政策措施的针对性和有效性。

一 农业农村经济形势整体展望

展望2013年，世界经济格局将继续调整，我国仍然是世界经济增长引擎。经济较快增长，城镇化进程加快，将进一步促进城乡居民食物消费结构升级，国内农产品需求增长仍然强劲。国内农产品增产的积极因素仍然较多，但是农产品生产经营成本上升，以及低温等难以抗御的灾害天气的可能发生，增加了农产品市场风险，输入型和成本推动型农产品价格上涨和不确定性因素带来的农产品市场波动，将给国家宏观调控带来压力。为了增加农产品有效供给，我国农业国际化不断加深，将进一步促进我国农产品进出口规模的扩大和农业对外依存度的提高。

---

* 本文及本书其他部分的预测数据是选用不同的模型进行模拟后尽可能选择比较合理的数据的结果，不代表国家统计局的意见，引用时请注意。

1. 国际经济形势与农产品进出口

2013年，国际金融危机深层次影响还会持续，世界经济复苏充满不确定性和不稳定性，发达国家与发展中国家经济增长仍然泾渭分明。发达国家经济总体低迷的状况还将持续，而发展中国家经济仍然会保持相对较高速度增长。主要发达国家实行宽松货币政策并不断加码，美元等货币将继续贬值，人民币将不断升值。这些都会影响到我国棉纺织品、园艺产品、畜禽产品、水产品出口和粮油等农产品进口。我国棉纺业出口增长可能缓慢，棉花需求有限而供给充足，供求比较宽松，国际国内棉花价格相对低迷的状况将不会改变。发达国家经济前景不好，我国园艺产品和畜禽产品、水产品出口增长也将比较困难。在这种情况下，国内农产品进出口逆差规模有可能进一步扩大。

2013年，国际农产品价格和全球食品价格将可能高位波动。2012年，美国等一些农产品出口国发生了严重干旱，农作物产量明显减产，国际农产品供给来源减少，国际农产品市场价格高位运行的态势在进入新的生产年度前难以改变。据美国农业部预测，2013/2014年度全球绝大多数农产品将增产，这将有助于促进国际农产品价格回落。尽管如此，2013年全球经济增长将趋稳，工业用粮食和其他农产品需求将保持增长态势，全球主要农产品供求偏紧的格局不会改变。特别地，近些年来主要出口国农产品生产受极端天气影响明显，抗御自然灾害和降低灾害对农产品产量损失的能力很弱，国际农产品市场供给存在着很大的不确定性，外部冲击加大波动随时都可能发生。

2. 国内宏观经济与农产品供求形势和农民增收

从国内来看，根据2013年温家宝总理在第十二届全国人民代表大会第一次会议所作的《政府工作报告》，2013年国内生产总值实际增长7.5%左右，城乡居民人均收入实际增长与经济增长同步。根据国家发改委《2012年预算执行情况与2013年预算草案报告》，2013年城镇化率预期目标达到53.37%，比2012年提高0.8个百分点。经济增长，推进城镇化，将有助于促进农民增收。城乡居民收入增长和

人口城乡结构变化，都将影响到农产品和食品消费结构，将进一步促进城乡居民食物消费结构的调整，农村居民人均直接口粮消费将继续减少，而动物性食物消费可能继续缓慢增加，农产品供求结构性矛盾进一步显现。

根据 2013 年《政府工作报告》，我国将继续实施积极的财政政策和稳健的货币政策，广义货币 M2 预期增长目标为 13% 左右，保持物价总水平基本稳定，将居民消费价格涨幅控制在 3.5% 左右。货币增长与 2012 年基本相当，货币供给仍然发挥中性作用，这将有助于降低农产品和食品价格剧烈波动的可能性。

3. 国家农业政策与农业经济运行

根据《2012 年预算执行情况与 2013 年预算草案报告》，“三农”投入仍然是财政支出的重点，中央财政安排用于“三农”的支出达到 13799 亿元，比 2012 年增长 11.4%。其中，农林水事务支出 6195.9 亿元，比 2012 年增长 3.3%。2013 年，国家还将进一步落实好对种粮农民的直接补贴，提高良种补贴标准，完善农资综合补贴动态调整机制，扩大农机具购置补贴规模和范围。“三农”投入增加，有助于改善农业生产条件，提高农业抗御洪涝干旱灾害能力，巩固农业基础地位。这些都是农产品稳定增产和农民增收的积极因素，从而促进国家确定的 2013 年主要农产品产量目标实现。《2012 年预算执行情况与 2013 年预算草案报告》提出，要保障主要农产品稳定生产，粮食总产量 5 亿吨以上，棉油糖和肉类产量稳定发展。但是，即使主要农产品产量目标能够实现，可能也无法改变我国多数农产品国内产需缺口扩大和供求偏紧的状况。

受到农产品供求形势影响，2013 年农产品和食品价格比 2012 年涨幅扩大的可能性上升。根据《2012 年预算执行情况与 2013 年预算草案报告》，国家将进一步提高小麦、稻谷最低收购价，平均每 50 公斤分别提高 10 元和 10.7 元。根据国家发展委已经公布的最低收购价，每 50 公斤小麦将增加到 112 元，比 2012 年提高 10 元；每 50 公斤早籼稻、中晚籼稻、粳稻将分别增加到132元、135元和150元，分别比2012年提高12元、10元和10元。提高粮食托市价格，尽管可能会推高农产品和食品价格，但有助于促进粮食增产和农民增收。

从国内农业波动阶段来看，2012年我国农产品生产价格和食品消费价格虽然已经进入由涨幅回落到趋稳的阶段，但是受到粮油托市价格提高、成本推动和不同农产品比价调整等的影响，2013年农产品生产价格和食品消费价格将结束涨幅缩小趋稳态势而转变为涨幅扩大的阶段。在这个阶段，受到我国农产品产销组织发育滞后和其他一些不确定性因素影响，农产品价格稳定的基础比较脆弱，极有可能在少数农产品价格波动出现后，受到消费者预算约束和食物替代弹性增大等因素影响，相继传导到其他相关农产品，引发其他农产品价格波动，农产品和食品价格一定幅度的波动难以避免，农业生产者的市场风险将影响到部分农民增收。

二　农业农村经济主要指标预测

2013年，尽管面临气候等不确定性因素和农业生产资料价格上涨等不利因素，但是粮食增产积极因素仍然很多，夏粮和早稻尚有较大的增产空间，秋粮稳定的基础仍然较好，全年粮食总产量达到6亿吨左右的可能性仍然很大。

1. 主要农作物产量

考虑到国家已经公布的2013年小麦和稻谷的最低收购价格有明显提高，粮食生产价格继续保持上涨态势，高产粮食品种玉米等价格涨幅还会相对较大。假定粮食生产价格上涨态势不变，农业生产资料价格上涨8%，农作物受灾面积比2012年有所扩大，农作物受灾面积占播种面积的30%，预测2013年粮食总产量可达到59400万吨。如果不发生严重的低温寡照灾害，即使发生其他灾害，在国家抗灾能力已经有较大提高的情况下，全年粮食总产量也有可能超过6亿吨。

受到国内油料和糖料价格高位运行等影响，农民种植油料和糖料积极性基本能够得到保护，虽然油料和糖料种植面积明显扩大面临很大困难，经济作物生产受到不确定性天气影响很大，但是估计 2013 年油料和糖料仍然可能小幅度增产，而棉花产量则可能下降。和粮食总产量预测的假设条件相同的情况下，预期油料产量将增加到 3500 万吨，糖料产量增加到 13600 万吨，而棉花产量则下降到约 600 万吨水平。

2. 主要畜禽产品产量

一般来说，每个年度的猪肉产量由上年度末生猪存栏与当年度生猪补栏量以及出栏生猪平均重量有关。2012 年末，生猪存栏比上年增长 1.6%。2013 年，生猪养殖者补栏可能比较慎重。猪肉产量已达到较高水平，供给相对充裕，因而猪肉价格大幅度上涨预期不强，而受到粮食等价格上涨影响，饲料价格可能会继续上涨，养殖者扩大养殖规模的积极性不会很高。2013 年，如果不发生重大动物疫情，猪肉产量可能达到 5500 万吨左右，比 2012 年增长约 3%。尽管牛羊肉生产价格持续上涨，需求强劲，但是受到繁殖能力和扩大再生产困难限制，牛羊肉将仍然保持稳定增长态势。估计 2013 年牛羊肉仍然维持 2% 左右的增长速度，全年牛肉产量约 680 万吨，羊肉约 410 万吨。城乡居民肉类消费需求增长仍然会拉动禽肉生产扩大，估计 2013 年禽肉产量可能会达到 2000 万吨左右，比上年增长约 9%。估计 2013 年肉类总产量 8700 万吨左右，比 2012 年增长约 3.8%。

近年来城乡居民禽蛋消费趋于饱和，年人均消费量没有明显变化，估计 2013 年禽蛋产量增长仍然保持稳定态势。虽然农村居民人均奶类消费量继续呈现增加态势，但是城镇居民家庭人均鲜奶购买量有所减少；奶类生产价格上涨，但是生产成本相应上升，考虑到奶类生产经营体系趋于稳定，产销关系相对稳定，牛奶产量保持稳定增加的可能性仍然较大。估计 2013 年禽蛋产量约 2900 万吨，比 2012 年增长 1.4%；牛奶产量约 3850 万吨，比 2012 年增长约 2.8%。

3. 农产品生产价格和食品消费价格

与2012年相比，2013年农产品生产价格和食品消费价格涨幅总体上可能会扩大。但是，一些农产品的主产区可能出现严重的滞销问题，部分农产品生产和食品消费价格可能会明显上涨。

经模拟，预测2013年农产品生产价格同比涨幅约8%，其中种植业产品生产价格上涨约10%，林业产品上涨约6%，畜牧业产品上涨约5%，渔业产品上涨约11%。2013年，粮食供求关系宽松，理应会带来粮食市场价格的下跌。但是，2013年小麦和稻谷最低收购价的提高，以及政策性收购的作用，粮食市场价格下跌的可能性会下降。经模拟，预测2013年粮食生产价格上涨约9%。

受到农产品生产价格涨幅扩大影响，食品消费价格涨幅可能随之扩大。考虑到国民经济增长、货币供给量、城乡居民收入增长、农产品供求关系及其生产价格的可能走势，以及国家继续鼓励农产品生产和食品价格调控等多个因素，结合改革开放以来我国食品消费价格和食品零售价格指数时间序列模拟，2013年食品消费价格比上年预期上涨7%。其中，粮食消费价格上涨8%，油脂消费价格上涨6%，蔬菜消费价格上涨10%，肉禽及其制品消费价格上涨7%，水产品消费价格上涨7%。

值得说明的是，农产品生产价格与食品消费价格变化存在着显著的不确定性。2013年，粮食生产价格和消费价格涨幅将扩大，势必影响其他类农产品生产价格和食品消费价格走势。个别年份或者特定阶段的粮食消费价格变化可能与其他食品消费价格并不一致，但是从一个相对较长时段来看，粮食消费价格对其他食品消费价格的基础性作用仍然比较明显。粮食价格之所以能够起着基础性作用，一是粮食作为畜禽产品和水产品饲料的主要来源，消费价格变化往往是动物性食物消费价格变化的推动力量；二是在我国耕地资源约束下粮食价格变化会带来农作物之间比较利益的变化从而引起不同农产品比价的调整。2013年，不同农产品和食品之间的价格可能进一步调整，而蔬菜等时令农产品价格季节性波动可能仍然比较明显。蔬菜季节性供过于求与供不应求可能会交替出现。蔬菜消费常年均衡性要求高，而蔬菜生产季节性明显，在生产旺季就会出现滞销，在生产淡季，特别是遭遇低温寡照天气时，就会出现供应紧张的问题。

4. 农业生产资料价格

2013 年，饲料原料价格涨幅可能进一步扩大，化肥农药价格可能会继续上涨；农业生产资料价格涨幅可能会扩大，全年预期上涨约 8%。

5. 农民收入

2013 年，农民人均纯收入估计能够达到 9000 元，实际增速虽然可能有所回落，但是仍然能够达到 8% 以上。

在主要农产品普遍稳定增长和农产品价格涨幅总体扩大态势继续保持的情况下，2013 年农民家庭经营第一产业纯收入可能超过 3000 元，比上年名义增长 10% 以上。受到国民经济中第二产业和第三产业增速可能比 2012 年加快的影响，农民家庭经营非农产业收入和农民工工资收入可能继续保持增长，2013 年农民家庭经营人均纯收入和农民人均工资性收入都在 4000 元左右。虽然农民人均工资性收入增速可能比 2012 年有所回落，但回落可能不明显，估计增速仍然接近 16%，从而使农民人均工资性收入略高于家庭经营人均纯收入。

根据 2013 年中央 1 号文件对农村工作的部署，要加大农业补贴力度和推进农业生产经营体制机制创新，估计农民人均财产性收入和转移性收入将会出现较快增长，两项之和会超过 1000 元。

随着农民的不断分化，农村中一般农户对工资性的收入的依赖性越来越强，而种养大户对家庭经营及其第一产业收入的依赖性越来越强。2013 年，农民收入中工资性收入比重可能与家庭经营纯收入比重基本相当，甚至可能超过家庭经营纯收入。

考虑到 2013 年农民增收积极因素仍然较多，城乡居民收入差距可能继续缩小。经模拟，以农村居民人均纯收入为1，城镇居民人均可支配收入与农村居民人均纯收入的比率将下降到3.05。

2013年，农村居民内部收入差距可能会呈现扩大态势。多年来，由于面临的经济社会和自然环境的差异，以及具有不同的家庭资源禀赋，农村居民间收入差距比较大。2013年，根据强农惠农富农相关政策部署，农村种养大户无论是在获得补贴性收入和扩大农业生产规模等方面都具有相对有利条件，而那些既无法转移劳动力又无法扩大农业生产规模的家庭，往往属于农村偏低收入群体，增收困难。估计2013年农村居民进一步分化，农村内部居民人均纯收入不均等化状况将更加显现。

6. 第一产业增加值

2013年，主要农产品生产仍将保持增长态势，农业科技贡献仍然主导农业发展，估计第一产业会保持稳定发展，在国民经济中比重基本不变。2013年，第一产业增加值估计约5.8万亿元，比2012年实际增长约4.5%，在国内生产总值中比重约为10%。如果按照2012年农产品价格计算，第一产业增加值在国内生产总值中比重会下降到10%以下。但是，尽管2013年第一产业增加值实际增长速度仍然明显地低于国内生产总值实际增长速度，而2013年农产品价格上涨幅度仍然会高于非农产品和服务价格上涨幅度，第一产业增加值名义增长速度可能仍然与国内生产总值名义增长速度相当，这样，第一产业增加值在国内生产总值中比重将会保持不变。

三　农村保供增收的主要对策思路

2013年中央1号文件提出了保供增收惠民生和改革创新添活力的农村工作总体任务。保障主要农产品有效供给，增加农民收入，需要推进农业结构调整，发展优势特色农业，完善农产品价格形成机制，平衡农产品生产者和消费者利益，提高农产品流通效率，稳定农

产品交易关系，扩大农民工就业创业空间，落实好强农惠农富农政策，实施集中连片特困地区区域发展与扶贫攻坚规划，深化农村产权制度改革，健全土地承包经营权流转市场，增加农民财产性和转移性收入。

1. 进一步改善农产品供求关系

要继续实施好保护调动农民发展农业生产积极性的政策措施，依靠科技和体制创新，加快现代农业发展。除了发展农业生产，实现农产品增产，保障农产品供给外，还需要有效调节农产品和食品消费，减少农产品和食品浪费。为此，要通过舆论引导等教育手段强化消费者节约意识，通过推荐食物让消费者按照营养需要合理消费食物，加快食品加工标准化和食物消费法治化进程，强化节约食物约束。

我国在外用餐食物浪费严重。近几年我国人口增长缓慢，城乡居民家庭人均食物消费相对稳定。但是，国内一些农产品产量增长速度高，进口规模扩大明显。为什么居民家庭人均食物消费相对稳定而供给量增长明显？一个重要原因可能是在外用餐在居民食物消费支出中比重大，而在外用餐中食物浪费严重。要不懈地通过舆论引导，加大教育宣传，加快立法和标准化，在促进增加农产品供给的同时，力求通过节约有效缓解农产品供求矛盾。

2. 加大鲜活农产品产销组织创新

根据近几年鲜活农产品市场波动相对较大和一些地方探索缓解波动的实际做法，认真总结，抓紧启动全国性的产销衔接的鲜活农产品规划，推动农产品产销组织创新，强化销区鲜活农产品保障责任，探索建立农产品灾害保险和价格保险制度，将农产品市场调控和加快产业发展有机地结合起来。

在创新农业生产经营体系时，要注重发挥不同新型主体的作用，提升现代农业产业链整体功能。龙头企业实力强，能够加速科技创新，打造品牌，直接面向消费市场，通过与农民合作社签订合同发展订单农业，再由合作社直接组织农户按照合同生产，专业大户和家庭农场发挥示范作用，一般农户专心按标准生产，龙头企业和合作社提供社会化服务，这样，可以有效地避免农业生产的盲目性，减少农产品流通环节，提升农产品质量安全水平，让农产品生产者和消费者都能够分享到现代农业发展的成果。

3. 改善农产品市场调控

2013 年，食品消费价格上涨压力加大，但是多数农产品供求关系状态良好，生产价格稳定具有一定的基础条件。在这种情况下，非供求因素加剧农产品和食品价格上涨的可能性增大，特别是粮食托市价格的明显提高、牛羊肉等少数农产品偏紧的供求关系及其农产品比价的不断调整、国际市场波动的传导因素，都是农产品和食品价格促涨的因素。为此，加强农产品和食品监测，做好农产品市场调控，稳步调整农业生产资料和农业生产要素价格及其不同农产品比价。在培育农业生产经营新型主体的同时，不仅要向新型主体倾斜国家优惠政策，还要强化龙头企业稳定食品价格的社会责任。

2013 年，我国农产品市场运行态势不确定性增大，需要发挥好政策托市、强化“菜篮子”市长负责制、短期市场调控和积极运用国际国内两个市场等政策措施的作用，避免农产品价格波动的扩大化。要进一步做好农产品市场监测和提供营销平台工作，积极应对国际农产品市场波动。

4. 进一步缩小农民收入差距

实现农民增收，要有针对性地区分农民不同群体而拓宽相应的增收渠道，发挥工资性收入增加、农业增产、农产品价格上涨、补贴增加等富农政策的作用。我国劳动年龄人口总量已经减少，农民工供求形势对农村劳动力转移增收总体有利。要发挥各类职业中介作用，提高农民工技能，努力扩大农民工规模，以及利用国民收入分配调整和劳动报酬增加、国家推动新型城镇化等有利时机，提高农民工平均工资率。

近年来，城乡居民收入差距出现了缩小的态势。但是，农村居民

内部偏低收入组增收仍然比较困难，特别是农村中等偏低收入组居民既难以通过惠民政策有效地增加转移性收入，也难以通过市场发展生产增加收入。为了有效地缩小农村居民内部收入差距，要兼顾惠农富农政策效率与公平，农业补贴等在向专业大户倾斜的同时，也要增加农村偏低收入群体的转移性收入。除此而外，还需要引导农村偏低收入群体充分利用农村要素市场，平等有偿流转土地承包经营权，增加财产性收入。鼓励农业生产经营新型主体优先雇用农村贫困家庭劳动力，增加农村偏低收入群体的工资性收入。

G.3
农业、农村经济与国民经济

2012 年，世界经济仍然没有能够实现稳定复苏。在欧洲，欧债危机没有得到根本解决，欧元区国家大都增长乏力；在美国，经济虽然有所好转，但是失业率仍然居高不下，增长动力仍显不足；在日本，经济增长前景仍不乐观；在新兴市场国家，经济增长动力普遍减弱。根据国际货币基金组织最新公布的预测数据，2012 年世界经济增长速度预计为3.2%，比上年下降0.7 个百分点。其中美国为2.3%，欧元区为 -0.4%，日本为2.0%，俄罗斯为3.6%，印度为4.5%，巴西为1.0%。

中国经济增长速度也有所减慢。初步统计，2012 年国内生产总值为519322 亿元，比上年增长 7.8%，相比 2011 年的 9.3%，回落了 1.5 个百分点。但中国经济增长仍明显快于世界主要国家或地区，中国经济对世界经济增长的贡献率继续提高。①

在农业和农村经济发展方面，2012 年我国粮食总产量达到 58957 万吨，比上年增长3.2%，已经是连续9 年增产，连续6 年产量超过5 亿吨。同时，棉花、油料、糖料、烤烟和茶叶等其他农产品也都实现了全面增产。乡镇企业发展方面，预计 2012 年全国乡镇企业总产值比上年增长9.8%，其中乡镇第三产业总产值增长 12.2%。2012 年，农村居民人均纯收入 7917 元，比上年增长 13.5%，扣除价格因素，实际增长 10.7%。②

---

① 国家统计局副局长谢鸿光：《稳中有进壬辰龙——“2012 年统计公报”评读》，国家统计局网站，2013 年 2 月 22 日；国际货币基金组织：《世界经济展望》2013 年 1 月，国际货币基金组织网站（中文），2013 年 1 月 23 日。

② 国家统计局：《中华人民共和国 2012 年国民经济和社会发展统计公报》，国家统计局网站，2013 年 2 月 22 日；农业部乡镇企业局：《2012 年全国乡镇企业发展平稳向好结构进一步优化》，中国农业部网站，2013 年 1 月 25 日。

农村居民收入实际增速已经连续3年快于城镇居民。

总的来说，2012年我国经济运行基本平稳，各项社会事业发展取得了新的进步，在全面建成小康社会的征程上前行了一大步。我国农业和农村经济发展也取得了创纪录的成绩。但是，我国经济和社会发展中一些固有的矛盾和问题仍然存在，增长模式需要转换，经济结构仍需调整，城乡发展不平衡、农业基础薄弱的局面仍需改变。在今后的发展过程中，我们仍要坚持改革开放和科学发展，坚持结构调整和创新驱动，坚持城乡统筹和“四化”协调发展。

本文将农村经济置于整个国民经济和社会发展中去考察，从生产、投资、消费以及就业和城镇化等几个方面，分析农村部门发展对国民经济的影响和作用。

一　农村产业对国内生产的贡献

（一）国内生产总值的城乡分解（生产法）

对国内生产总值进行城乡分解的方法，基本上沿用上年《农村绿皮书》的框架，① 即用生产法将国内生产总值按三次产业分解为城市和农村两大块，包括城市第二、第三产业，以及农村第一、第二、第三产业5个部分。

2012年，第一产业实现增加值52377亿元，按可比价格计算比上年增长4.5%，增幅比上年提高了0.2个百分点。按现价计算第一产业占国内生产总值的比重为10.09%，比上年略有提高。第二产业实现增加值235319亿元，按可比价格计算比上年增长8.1%，增长幅度比上年下降了2.2个百分点，在现价国内生产总值中所占比重比

① 中国社会科学院农村发展研究所、国家统计局农村社会经济调查司：《中国农村经济形势分析与预测（2011～2012）》，社会科学文献出版社，2012。

上年下降了 1.28 个百分点，为 45.31%。第三产业实现增加值 231626 亿元，按可比价格计算比上年增长 8.1%，增长速度比上年下降了 1.3 个百分点，在现价国内生产总值中所占比重提高了 1.23 个百分点，为 44.60%。

按三次产业划分的国内生产总值城乡分解结构见表 1。

表 1　国内生产总值三次产业的城乡结构分解（生产法）（以全国 GDP 为 100）

单位：%

年份	第一产业	第二产业			第三产业			乡村合计
	Ⅰ	Ⅱ	城市Ⅱ	乡村Ⅱ	Ⅲ	城市Ⅲ	乡村Ⅲ	
2000	15.06	45.92	24.82	21.10	39.02	26.82	12.20	48.36
2001	14.39	45.15	24.35	20.80	40.46	27.96	12.50	47.69
2002	13.74	44.79	24.28	20.51	41.47	28.77	12.70	46.95
2003	12.80	45.97	25.01	20.96	41.23	28.63	12.60	46.36
2004	13.39	46.23	25.15	21.08	40.38	27.98	12.40	46.87
2005	12.12	47.37	25.77	21.60	40.51	28.31	12.20	45.92
2006	11.11	47.95	26.13	21.82	40.94	28.74	12.20	45.13
2007	10.77	47.34	25.85	21.49	41.89	29.39	12.50	44.76
2008	10.73	47.45	25.85	21.60	41.82	29.36	12.46	44.79
2009	10.33	46.24	24.94	21.30	43.43	30.70	12.73	44.36
2010	10.10	46.67	25.17	21.50	43.24	30.78	12.46	44.06
2011	10.04	46.59	25.07	21.52	43.37	31.14	12.23	43.79
2012	10.09	45.31	24.40	20.91	44.60	32.15	12.45	43.45

注：2011 年以前的国内生产总值三次产业结构数基于国家统计局《中国统计年鉴 2012》，以及国家统计局关于 2011 年 GDP 核实修订后的相关数据计算。2012 年三次产业比重根据国家统计局《中华人民共和国 2012 年国民经济和社会发展统计公报》等有关数据计算。城乡分解方法同上年《农村绿皮书》。

2012 年，国民经济增速比上年减缓了 1.5 个百分点。但农业增速高于上年，加上农产品价格上涨，第一产业在国内生产总值中所占比重略微上升了 0.05 个百分点，为 10.09%；城乡第二产业增速均比上年有较大下降，在国内生产总值中所占比重均有所下降，其中，农村第二产业所占比重下降了0.61个百分点，为20.91%；城乡第三产业在国内生产总值中所占比重均有提高，其中，农村第三产业所占比重比上年提高了0.22个百分点，为12.45%。2012年，农村部门创造的国内生产总值合计占整个国内生产总值的比重比上年下降了0.34个百分点，为43.45%。

长期以来，我国农业增长速度一直远低于国民经济其他部门（见图1）。1993年以后，农村劳动力和人口外流逐渐加速，农村乡镇企业增长速度也相对放慢，农村部门在全国国内生产总值中所占比重一直处于下降状态，2012年仍然延续了这一趋势（见图2）。

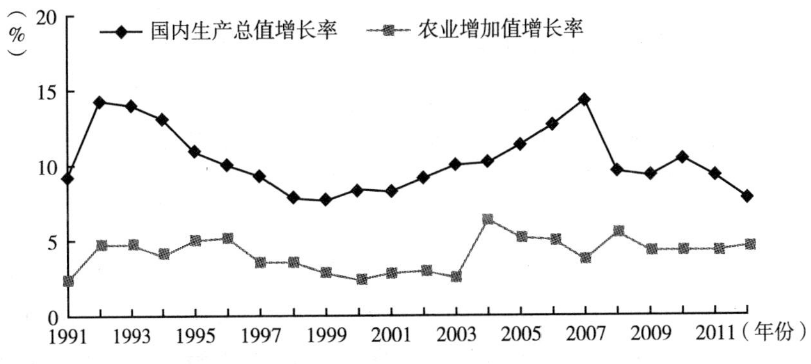

图1　农业增长与国内生产总值增长

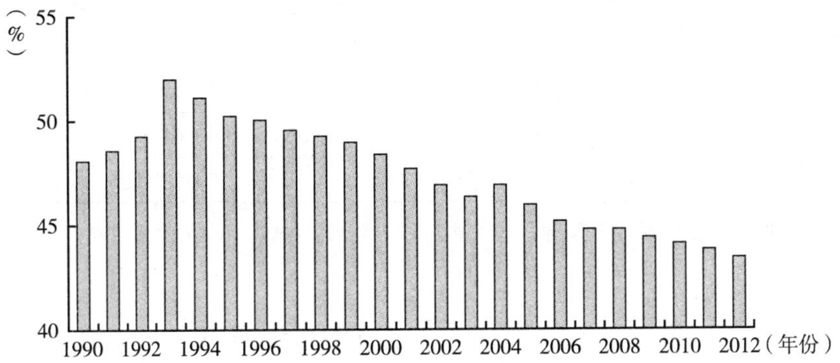

图2　农村部门占国内生产总值比例变化

（二）经济增长的来源（生产法）

《中国统计年鉴2012》提供了2010年以前的三次产业不变价数据。国家统计局关于上年度GDP最终核实公告和2012年度的统计公报中提供了近两年三次产业的实际增长指数，依据这些数据可以将近两年国内生产总值以及第一、第二、第三产业增加值数据折算为可比的不变价数据。利用上一节有关第二、第三产业的城乡分割比例，可以对不变价第二、第三产业增加值进行分解，然后，通过年度增量对比，可以衡量出城乡各部门的增长对国内生产总值增长的贡献率（又称贡献份额），计算结果见表2。

表2　城乡各部门对国内生产总值增长的贡献（生产法）

单位：%

年　份	2000	2002	2004	2006	2008	2010	2011	2012
GDP年增长率	8.40	9.10	10.10	12.70	9.60	10.40	9.30	7.80
各部门贡献率（以GDP年增长为100%）								
第一产业	4.43	4.57	7.85	4.78	5.73	3.85	4.11	4.89
第二产业	60.80	49.76	52.23	50.04	49.25	56.84	54.56	51.62
城市第二产业	26.85	28.32	28.42	27.64	26.21	30.62	28.71	28.09
乡村第二产业	33.95	21.44	23.82	22.39	23.05	26.21	25.85	23.53
第三产业	34.77	45.67	39.92	45.18	45.02	39.32	41.33	43.48
城市第三产业	24.75	32.87	27.07	32.72	31.80	29.98	32.48	32.86
乡村第三产业	10.02	12.80	12.85	12.46	13.21	9.33	8.85	10.62
城市合计	51.60	61.19	55.48	60.37	58.01	60.61	61.19	60.95
乡村合计	48.40	38.81	44.52	39.63	41.99	39.39	38.81	39.05

注：本表不变价采用分段制，与《中国统计年鉴》中使用的数据及价格一致。

2012年，国内生产总值增长了7.8%。在国内生产总值增长中，农村部门贡献了3.05个百分点，贡献率为39.05%，比上年略有提高。在农村部门中，第一产业贡献了0.38个百分点，贡献率为

4.89%，比上年有所提高；农村第二产业贡献了1.84个百分点，贡献率为23.53%，比上年有所下降；农村第三产业贡献了0.83个百分点，贡献率为10.62%，比上年有所提高（见图3）。

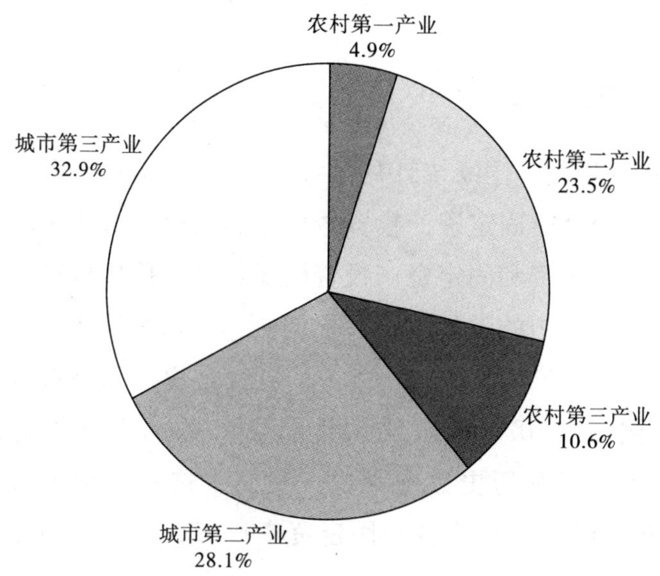

图3　2012年城乡各部门对国内生产总值增长的贡献

在农村各部门中，农村第二产业对国民经济增长的贡献一直是最主要的，2012年占到整个农村产业增长贡献总量的60.26%；其次是农村第三产业，占27.20%。农村第二、第三产业的增长大部分是由农村乡镇企业提供的。据农业部乡镇企业局提供的数据，2012年，全国乡镇企业总产值比上年增长9.8%。其中，乡镇工业在面对不利市场冲击情况下积极调整结构，大力发展农产品加工业特别是食品工业，全年实现总产值42.5万亿元，占乡镇企业总产值的69%；乡镇第三产业在休闲农业和乡村旅游带动下，发展态势良好，同比增长12.2%，比乡镇企业平均增幅高2.4个百分点。①

① 农业部乡镇企业局：《2012年全国乡镇企业发展平稳向好结构进一步优化》，农业部网站，2013年1月25日。

二　农村投资与消费及其对国内经济增长的贡献

（一）农村投资

从2011年起，国家统计局统计年鉴和统计公报都不再发布按城乡划分的全社会固定资产投资数据。新的全社会固定资产投资数据划分为农户投资和固定资产投资两类，其中固定资产投资中包括了农村企事业组织的项目投资。根据测算，这种统计口径变化相当于全社会固定资产投资的10.06%。也就是说，如果将现有农户投资所占比例加上10.06%（被调整部分），就相当于原有的农村投资比重。为便于和历史数据对比，我们按这一比例进行推算，将2011年和2012年新的全社会固定资产投资数据折合为原有城乡分类数据。

2012年，全社会固定资产投资374676亿元，比上年增长20.3%，扣除价格因素，实际增长19.0%。其中，农户投资9841亿元，增长8.3%。农户投资增幅不及全社会固定资产投资增幅的一半。[①] 根据我们的折算，按原有统计口径，2012年农村固定资产投资为47546.4亿元，城镇固定资产投资为327129.6亿元，农村固定资产投资所占比重仅为12.7%。与上年相比，这一比例又下降了0.3个百分点。

从发展趋势来看，近10多年来，农村固定资产投资增长一直大幅低于城镇固定资产投资的增长（多数年份前者只相当于后者

① 国家统计局：《中华人民共和国2012年国民经济和社会发展统计公报》，国家统计局网站，2013年2月22日。国家统计局：《中国统计年鉴2012》，中国统计出版社，2012。

的一半左右），由此导致农村固定资产投资在全社会固定资产投资中所占比重一直在持续下降，2012 年仍然延续了这一趋势（见图 4）。

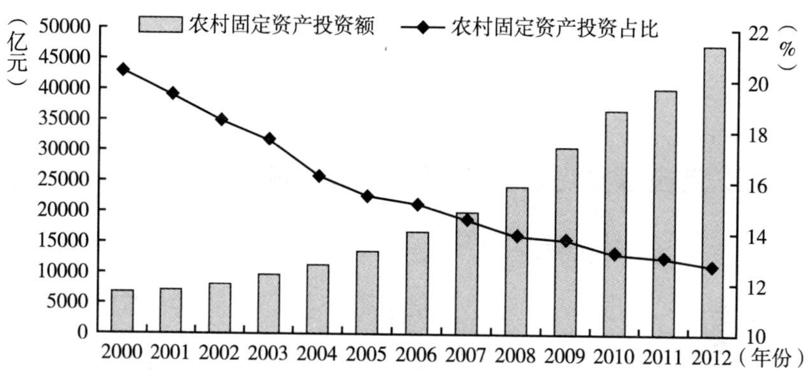

图 4　农村固定资产投资及其占全社会固定资产投资的比重

（二）农村消费

统计公报显示，2012 年，全年社会消费品零售总额 210307 亿元，比上年增长 14.3%，扣除价格因素，实际增长 12.1%。按经营地划分，城镇消费品零售额 182414 亿元，增长 14.3%；乡村消费品零售额 27893 亿元，增长14.5%。① 与上年的情形不同，乡村消费品零售额增长率高于城镇 0.2 个百分点。2012 年，乡村消费品零售额占全社会消费品零售总额的 13.26%，与上年基本持平。

不过从长期趋势来看，农村消费的增长一直慢于城镇地区，在全国消费品零售市场中，农村地区的份额一直在持续下降。按照以

① 国家统计局：《中华人民共和国 2012 年国民经济和社会发展统计公报》，国家统计局网站，2013 年 2 月 22 日。

往的统计口径，在社会消费品零售总额中，县及县以下地区所占份额由1980年的65.72%持续下降到2000年的37.21%，2009年进一步下降到32.08%。近两年，由于受到国家扩大内需采取的一些激励政策，如家电下乡等的积极影响，以及农民收入提高的影响，农村地区消费市场有所活跃，城乡之间消费市场增长差距有所缩小。

（三）支出法国内生产总值的分解及其增长来源

在以支出法计算的国内生产总值中，统计年鉴提供了城乡居民的最终消费数据。如果我们用城乡固定资产投资比例对固定资本形成总额进行城乡分割，[①] 就可以将支出法国内生产总值的固定资本形成部分也分割为城乡两块。虽然余下的支出法国内生产总值中，政府消费、存货增加和净出口部分无法进一步进行城乡分割，但大多数年份中这三部分在国内生产总值中所占的份额并不太大（2000~2010年间平均20%左右）。

对支出法国内生产总值进行城乡分解之后，我们发现，农村居民消费占国内生产总值的份额持续下降，由2000年的15.3%下降到2011年的8.0%；农村固定资本形成所占份额也呈缓慢下降趋势，2011年仅占5.9%。相对而言，城镇居民最终消费所占份额虽然也有所下降，但下降趋势较缓，由2000年的31.1%下降到2011年的27.4%；城镇固定资本形成份额则持续升高，由2000年的27.3%提高到2011年的39.8%（见表3）。城镇固定资本形成在支出法国内生产总值中的重要性日益提高，很大程度上与我国采取投资推动式的经济增长方式有关。

① 据历史统计资料，历年固定资产投资总额与固定资本形成总额之间的比率关系较为稳定。

表3　支出法国内生产总值的分解（以国内生产总值为100%）

单位：%

年份	农村居民消费	城镇居民消费	农村固定资本形成	城镇固定资本形成	政府消费	存货增加	净出口	农村投资消费合计	城镇投资消费合计	其他
2000	15.3	31.1	7.0	27.3	15.9	1.0	2.4	22.3	58.4	19.3
2001	14.5	30.9	6.7	27.9	16.0	1.8	2.1	21.2	58.8	20.0
2002	13.5	30.5	6.7	29.5	15.6	1.6	2.6	20.2	60.1	19.7
2003	11.9	30.3	6.9	32.3	14.7	1.8	2.2	18.8	62.5	18.6
2004	11.0	29.5	6.6	33.9	13.9	2.5	2.6	17.6	63.4	19.0
2005	10.6	28.3	6.1	33.5	14.1	1.9	5.4	16.8	61.8	21.5
2006	9.8	27.3	6.0	33.5	13.7	2.2	7.5	15.8	60.8	23.4
2007	9.1	27.1	5.6	33.4	13.5	2.6	8.8	14.7	60.4	24.9
2008	8.8	26.6	5.7	34.9	13.2	3.2	7.7	14.4	61.5	24.1
2009	8.3	27.1	6.1	38.8	13.1	2.2	4.3	14.5	65.9	19.6
2010	7.9	27.0	6.0	39.6	13.2	2.5	3.7	14.0	66.6	19.5
2011	8.0	27.4	5.9	39.8	13.7	2.6	2.6	14.0	67.2	18.8

注：2012年支出法国内生产总值数据国家统计局尚未发布。

统计年鉴提供了以不变价计算的投资、消费及出口对国内生产总值增长的贡献率。以这些数据为基础，使用上文对支出法国内生产总值的城乡分解比例，可以推算出城乡投资和消费各自对国内生产总值增长的贡献。

2011年，农村居民消费增长对支出法国内生产总值增长的贡献率为9.1%，农村固定资本形成增长对国内生产总值增长的贡献率为6.0%。相比之下，城镇居民消费增长对国内生产总值增长的贡献率为31.0%，城镇固定资本形成增长对国内生产总值增长的贡献率为40.2%。农村需求对国民经济增长的贡献远远低于城镇地区（见表4、图5）。

表 4　支出法国内生产总值增长来源（以当年国内生产总值增长为 100%）

单位：%

年份	农村居民消费	城镇居民消费	农村固定资本形成	城镇固定资本形成	政府消费	存货增加	净出口	农村投资消费合计	城镇投资消费合计	其他
2000	16.0	32.5	4.4	17.3	16.6	0.6	12.5	20.5	49.8	29.7
2001	11.9	25.3	9.2	38.2	13.1	2.5	-0.1	21.0	63.4	15.6
2002	9.9	22.5	8.6	37.9	11.5	2.1	7.6	18.5	60.4	21.1
2003	7.5	19.0	10.6	49.8	9.2	2.8	1.0	18.1	68.9	13.0
2004	8.0	21.4	8.3	43.0	10.1	3.2	6.0	16.3	64.4	19.2
2005	7.8	20.6	5.7	31.0	10.3	1.8	22.8	13.4	51.7	34.9
2006	7.8	21.7	6.2	35.0	10.9	2.3	16.0	14.0	56.7	29.3
2007	7.2	21.6	5.8	34.0	10.8	2.7	17.9	13.0	55.6	31.4
2008	8.0	24.2	6.1	37.4	12.0	3.5	9.0	14.0	61.5	24.4
2009	8.5	27.8	11.4	72.1	13.4	4.1	-37.4	19.9	99.9	-19.8
2010	7.1	24.2	6.6	43.6	11.9	2.7	4.0	13.7	67.7	18.5
2011	9.1	31.0	6.0	40.2	15.5	2.6	-4.3	15.1	71.2	13.7

注：2012 年数据尚未发布。

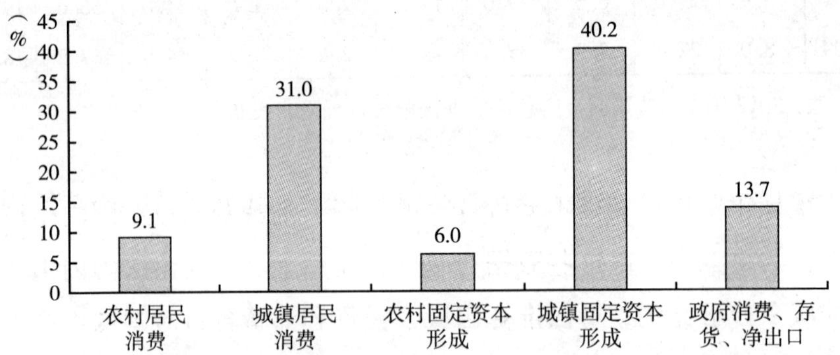

图 5　2011 年支出法国内生产总值增长来源（贡献率）

与上年相比，2011 年城镇和农村居民消费、政府消费对经济增长的贡献均有所提高，城乡固定资本形成对经济增长的贡献略有下降，净出口对经济增长的贡献则由正转负。这种情形与国外市场需求疲弱，我国外贸出口不振有关。

2012 年的情形基本未变。尽管详细数据还未公布，但据国家统计局副局长谢鸿光的报告，2012 年我国最终消费对经济增长的贡献率为 51.8%，资本形成对经济增长的贡献率为 50.4%，净出口的贡献仍为负值，经济增长仍然主要依靠内需拉动。

三　城乡居民的生活差距

国家统计局在 2013 年初发布了一项有关中国居民收入差距的数据。根据国家统计局的计算，2003～2008 年全国居民收入的基尼系数基本呈现逐年上升的态势，分别为 0.479、0.473、0.485、0.487、0.484 和 0.491。之后逐步回落，2009～2012 年分别为 0.490、0.481、0.477 和 0.474。① 尽管有学者质疑这一数字估计偏低，因为越是高收入阶层，其隐蔽性收入越高。但是 0.47～0.49 之间的基尼系数已经是比较高的了，已经大大超过 0.4 的国际警戒线。②

中国居民收入差距大的一个重要原因就是城乡居民之间收入差距悬殊。1983 年，我国城乡居民收入比为 1.82∶1。之后，城乡居民收入差距不断拉大，到 2007 年时，城乡居民收入比高达 3.33∶1。近年来，随着国家支持“三农”发展、改善城乡居民收入分配政策的实行，城乡收入差距开始逐渐缩小。

2012 年，城乡居民收入增速都快于国内生产总值的增速。全年农村居民人均纯收入 7917 元，比上年增长 13.5%，扣除价格因素，实际增长 10.7%；农村居民人均纯收入中位数为 7019 元，增长

---

① 国家统计局综合司：《马建堂就 2012 年国民经济运行情况答记者问》，国家统计局网站，2013 年 1 月 18 日。

② 余芳东：《世界主要国家居民收入分配状况》，国家统计局网站，2012 年 10 月 6 日。发达国家基尼系数均在 0.4 的国际警戒线以下。2010 年，OECD 成员国平均为 0.314，欧盟成员国平均为 0.305。美国为 0.378，英国为 0.342，日本为 0.329，德国和法国均不到 0.3。许多新兴和发展中国家基尼系数超过 0.4，居民贫富差距相对较大，比如，南非为 0.631，巴西为 0.547，俄罗斯为 0.401。世界银行测算的中国基尼系数 2008 年为 0.474。

13.3%。城镇居民人均可支配收入24565元，比上年增长12.6%，扣除价格因素，实际增长9.6%；城镇居民人均可支配收入中位数为21986元，增长15.0%。① 城乡居民收入比为3.10∶1，城乡居民收入差距继续缩小。但总的来说城乡居民收入差距仍然很大（见图6）。

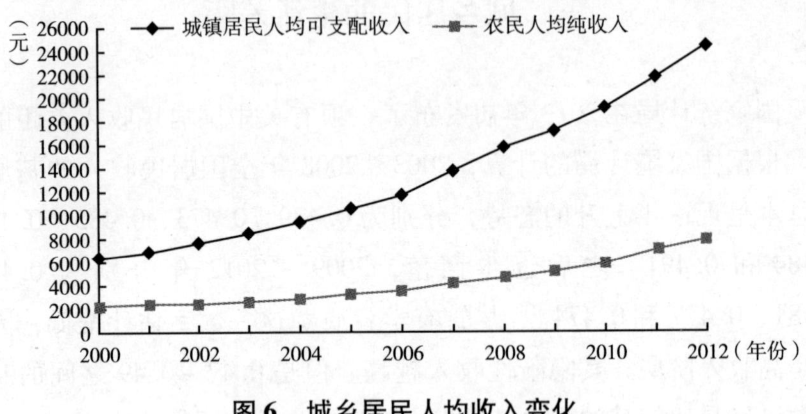

图6　城乡居民人均收入变化

1998~2009年间，农民收入增长速度一直低于城镇居民收入增长速度。近3年来，随着支农、惠农政策的加强，以及农民工工资水平上涨，农村居民收入增速已经超过了城镇居民收入增速（见图7）。

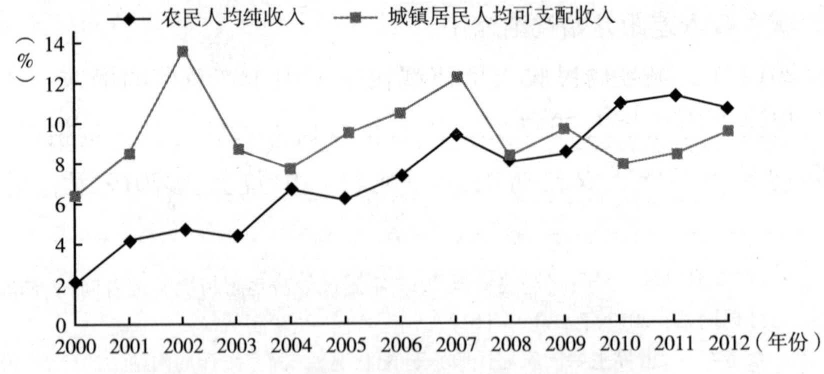

图7　城乡居民人均收入实际增长率对比

① 国家统计局：《中华人民共和国2012年国民经济和社会发展统计公报》，国家统计局网站，2013年2月22日。

2012 年，农民收入增幅已经是连续第 3 年超过城镇居民收入增幅。2012 年，工资性收入增长仍然是农民收入增长的最主要因素，工资性收入增长 16.3%，高于农民人均纯收入增长 2.8 个百分点，其对农民收入增长的贡献率达到 51.5%，高于上年。工资性收入增长较快的原因：一是农民工总量继续增长，2012 年比上年增长了 3.9%；二是农民工工资水平提高，2012 年农民工月工资增长了 14%。

收入决定消费。农村居民的消费水平一直大幅度低于城镇居民。2011 年（2012 年数据未发布）农村居民人均消费支出为 5633 元，而城镇居民人均消费支出为 18750 元。城乡居民人均消费水平之比为 3.33∶1（见图 8）。

图 8　城乡居民人均消费水平对比

恩格尔系数（居民家庭食品消费支出占家庭消费总支出的比重）也可用来综合衡量居民生活水平。毫无疑问，中国城乡居民生活水平都在持续改善，恩格尔系数也反映了这一趋势。2012 年农村居民食品消费支出占消费总支出的比重为 39.3%，恩格尔系数比上年下降了 1.1 个百分点；城镇居民食品消费支出占消费总支出的比重为 36.2%，恩格尔系数比上年下降了 0.1 个百分点。农村居民的生活水平改善得更快一些。尽管如此，现存的城乡居民生活水平差距仍然十分明显，2012 年农村居民的恩格尔系数基本上与城市居民 2000 年时的水平相当（见图 9）。

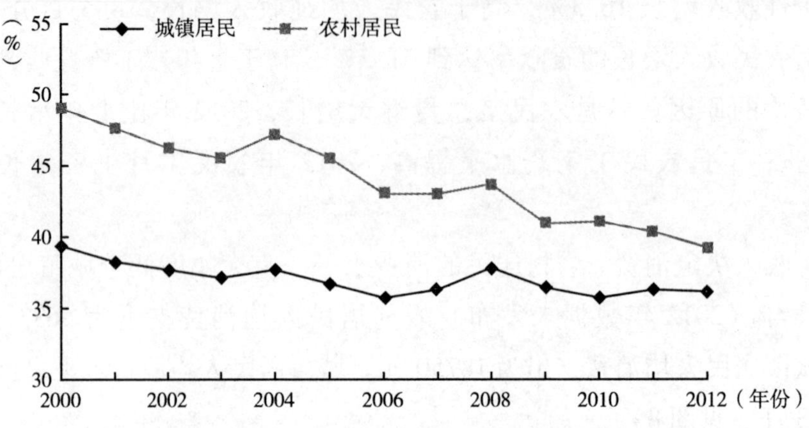

图 9　城乡居民家庭消费的恩格尔系数对比

四　农业农村发展与中国社会经济结构转变

从发展趋势来看，中国的经济结构一直维持着比较稳定的变化趋势。在国内生产总值构成中，第一产业所占比重持续下降，第二产业所占比重基本稳定，第三产业所占比重逐步提高。2012 年的情况稍有不同，由于农业增长比上年加快，农产品价格持续上涨，第一产业在国内生产总值中的比重不降反升；第二产业由于增长速度下降较多，在国内生产总值中所占比重出现下降；第三产业由于受国际市场冲击影响较小，在国内生产总值中的比重继续提高。

在就业结构变化方面，发展趋势基本稳定。第一产业就业比重持续下降，第二、第三产业就业比重逐步提高。2012 年的具体数据尚未发布，但是，国家统计局发布的统计公报显示，全年城镇新增就业 1266 万人，全国农民工总量 26261 万人，比上年增长 3.9%。其中，外出农民工 16336 万人，增长 3.0%；本地农民工 9925 万

人，增长5.4%。考虑到全国劳动年龄人口并未增加，这些数字也就意味着农业就业比重会继续下降，同时第二、第三产业就业比重会继续提高。

表5反映了21世纪以来中国产业结构和就业结构的变化情况。

表5　中国三次产业增加值及就业结构

单位：%

年份	GDP结构			就业结构		
	Ⅰ	Ⅱ	Ⅲ	Ⅰ	Ⅱ	Ⅲ
2000	15.1	45.9	39.0	50.0	22.5	27.5
2001	14.4	45.2	40.5	50.0	22.3	27.7
2002	13.7	44.8	41.5	50.0	21.4	28.6
2003	12.8	46.0	41.2	49.1	21.6	29.3
2004	13.4	46.2	40.4	46.9	22.5	30.6
2005	12.1	47.4	40.5	44.8	23.8	31.4
2006	11.1	47.9	40.9	42.6	25.2	32.2
2007	10.8	47.3	41.9	40.8	26.8	32.4
2008	10.7	47.4	41.8	39.6	27.2	33.2
2009	10.3	46.2	43.4	38.1	27.8	34.1
2010	10.1	46.7	43.2	36.7	28.7	34.6
2011	10.0	46.6	43.4	34.8	29.5	35.7
2012	10.1	45.3	44.6	—	—	—

注：2011年以前数据来源于《中国统计年鉴2012》，GDP结构数为当年价格。2012年GDP结构根据国家统计局《中华人民共和国2012年国民经济和社会发展统计公报》有关数据计算，当年就业结构尚未发布。

尽管农民外出打工越来越多，中国农业劳动力不断转出，第一产业就业人数自1992年以来已开始下降，但与其他国家相比，中国农业仍然容纳了太多的就业人口，而中国第三产业的就业比重又相对太低（见表6）。中国农业劳动力转移仍有很大潜力。

表 6　中国与主要国家三次产业就业人员构成比较

单位：%

国家	第一产业		第二产业		第三产业	
	2005 年	2009 年	2005 年	2009 年	2005 年	2009 年
中　　国	44.8	38.1	23.8	27.8	31.4	34.1
日　　本	4.4	3.9	27.9	25.9	66.4	69.0
韩　　国	7.9	7.0	26.8	16.4	65.2	76.6
美　　国	1.6	1.5	20.6	17.1	77.8	80.9
阿 根 廷	1.1	1.2	23.5	23.1	75.1	75.2
巴　　西	20.5	17.0	21.4	22.1	57.9	60.7
法　　国	3.6	2.9	23.7	22.6	72.4	74.1
德　　国	2.3	1.7	29.7	28.7	67.9	69.6
俄 罗 斯	10.2	9.7	29.8	27.9	60.0	62.3
英　　国	1.3	1.1	22.2	19.5	76.3	78.7
澳大利亚	3.6	3.3	21.3	21.1	75.1	75.5

说明：中国数据来源于《中国统计年鉴》，外国数据来源于世界银行资料，转引自《中国统计年鉴 2012》。

在人口结构变化方面，改革开放以来，中国的城市化比率一直稳步提高（见图 10），2011 年城镇人口首次超过农村人口，2012 年城市化比率进一步提高到 52.6%，比上年提升了 1.3 个百分点。但是，与其他国家相比，中国的城市化水平仍然较低。

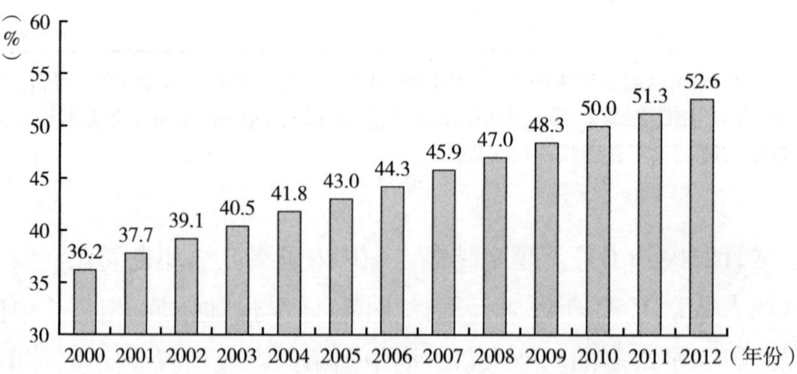

图 10　中国城市人口占全国人口比重变化

改革开放以来，中国经济之所以能够维持一个很高的增长速度，在相当程度上是因为我们有充裕的劳动力资源，能够使我们的制造业拥有相对竞争优势，这也被称为中国的人口红利。但是，2012 年中国劳动年龄人口第一次出现了绝对下降，很多人认为这意味着多少年来支撑中国经济增长的人口红利正在消失。不过，我们也不必为这一现象过于担忧，中国的劳动力数量毕竟十分庞大，况且，我们还有众多的农业劳动力可以转移到第二、第三产业。城镇化一方面可以促进农业劳动力转移，另一方面可以扩大内需，因此，很有可能会成为中国经济新的增长动力。

G.4
农业投入与产出

2012年我国农业生产再获丰收，农业综合生产能力显著提高，农业基础地位更加稳固。在资源环境约束趋紧和青壮年劳动力短缺的情况下，粮食生产实现“9连增”，再创历史新高，彻底打破了丰歉波动的传统周期。农业生产发展的巨大成就，为促进经济平稳较快发展和社会和谐稳定奠定了坚实基础。

一　农业投入及其特点

当前，我国农业发展处于资源环境约束趋紧和青壮年劳动力紧缺阶段，确保国家粮食安全和重要农产品有效供给的根本出路是加大投入，提高土地产出率、资源利用率和劳动生产率。2012年农业投入继续稳步增加，为农业丰收奠定了基础。

（一）政策投入力度进一步加大

1. 中央财政“三农”投入持续快速增加

从中央确立了把解决好“三农”问题作为全党工作重中之重的战略思想以来，中央财政用于“三农”的资金投入总量不断增加、增幅不断加大、比重不断提高。在总量上，2012年中央财政“三农”投入达到12280亿元，比2003年翻了两番多；在增幅上，中央财政“三农”投入年均增长21%，高于同期中央财政支出年均增长4.5个百分点；在比重上，中央财政“三农”投入占中央财政支出的比重从13.7%提高到19.2%。

2. 国家继续实施农业“四项补贴”政策

2012年国家继续实施粮食直补、农资综合补贴、良种补贴和农机具购置补贴政策，同时扩大补贴范围，提高补贴标准。

粮食直补政策方面，2012年中央财政安排151亿元资金，用于对种粮农民进行直接补贴，以提高农民种粮积极性，稳定粮食播种面积。2012年中央财政粮食直补资金规模与上年基本持平。

良种补贴政策方面，水稻、小麦、玉米、棉花良种补贴实现31个省（区、市）全覆盖；大豆良种补贴在东北三省和内蒙古实行全覆盖；油菜良种补贴、青稞良种补贴、花生良种补贴在主产区实行全覆盖。小麦、玉米、大豆、油菜、青稞良种的补贴标准为每亩10元；早稻、中稻（一季稻）、晚稻、棉花、新疆维吾尔自治区和新疆生产建设兵团的小麦良种补贴标准为每亩15元；花生良种补贴大田生产为每亩10元，良种繁育为每亩50元。

农资综合补贴政策方面，2012年中央财政共安排1078亿元资金，用于弥补种粮农民因农资价格上涨而增加的生产成本。和上年相比，2012年农资综合补贴资金规模进一步扩大，增加了218亿元。

农机具购置补贴方面，2012年中央财政大约安排了200亿元，用于对农户购置农业机械进行补贴，资金规模比上年增加25亿元。补贴范围以及补贴种类与上年基本一致。

3. 国家继续实施产粮（油）大县和生猪调出大县奖励政策

中央自2005年开始实施产粮大县奖励政策，目的是改善产粮大县的财政状况，充分调动地方政府重农抓粮的积极性，逐步建立粮食主产区和主销区之间的利益协调机制。实践证明，产粮大县奖励政策效果明显。2012年中央财政合计安排资金277.65亿元，用于对产粮（油）大县进行奖励，资金规模比上年增加41.65亿元。

生猪调出大县奖励政策方面，2011年中央财政共安排奖励资金

32.5亿元，用于促进生猪生产稳定发展，推动生猪养殖继续向产业化经营的方向转变。2011年生猪大县奖励政策合计对500个生产大县进行了奖励，平均每个大县的奖励资金规模达到500万元。2012年中央财政继续实施生猪调出大县奖励政策。

4. 继续提高粮食最低收购价水平

为进一步调动农民种粮积极性，稳定粮食播种面积，2012年国家继续提高粮食最低收购价水平。根据有关部门公布的粮食最低收购价政策执行预案，2012年每斤白小麦（三等，下同）、红小麦、混合麦最低收购价均为1.02元，比上年分别提高0.07元、0.09元和0.09元，比上年分别提高了7.4%、9.7%和9.7%；每斤早籼稻（三等，下同）、中晚籼稻、粳稻最低收购价格分别提高到1.20元、1.25元、1.40元，比上年分别提高0.18元、0.18元、0.12元，比上年提高的比例分别为17.6%、16.8%和9.4%。

5. 固定资产投资较快增长

2012年全社会固定资产投资374676亿元，比上年增长20.3%，扣除价格因素，实际增长19.0%。其中，固定资产投资（不含农户）364835亿元，增长20.6%；农户投资9841亿元，增长8.3%。在固定资产投资（不含农户）中，第一产业投资9004亿元，比上年增长32.2%。

6. 农村金融服务改善

金融机构贷款增加。据中国人民银行统计，年末主要金融机构及主要农村金融机构、城市信用社、村镇银行、财务公司农村贷款余额14.54万亿元，同比增长19.7%；全年增加2.39万亿元，同比多增1489亿元。年末农户贷款余额3.62万亿元，同比增长15.9%；全年增加4999亿元，同比少增19亿元。年末农业贷款余额2.73万亿元，同比增长11.6%；全年增加3103亿元，同比多增648亿元。

农业保险范围扩大。2012年国家加大农业政策性保险实施力度，完善农业保险政策。一是增加保费补贴品种，在现有的14个中央财政补贴险种的基础上，首次将糖料作物纳入中央财政农业保险保费补贴范围中。二是开展设施农业保费补贴试点，对发展设施农业的农民给予保费补贴。三是扩大保费补贴区域，将补贴区域扩大至全国。

（二）农业科技投入力度加大

2012年中央1号文件聚焦农业科技问题，农业科技发展赢得难得发展机遇。国家大力推进农业科技创新，完善农业科技推广体系，农业科技对农业增产的作用加大。

1. 完善农业技术推广体系

为改善基层农技推广机构设施条件，2011年中央财政安排了10亿元资金，用以建设基层农技推广体系，加上上年2亿元财政资金投入，合计对8243个乡镇农技推广机构的设施条件进行改善。2012年国家继续加大投入力度，争取改善全国所有乡镇农业技术推广机构的设施条件。

2. 培养农业现代化人才

为加快培养现代农业和新农村建设急需的农业农村人才，2012年国家重点从5个方面着手，加大支持和培养力度。一是支持农业科研杰出人才。重点扶持150名农业科研杰出人才，对他们进行专项经费支持，提高农业科技创新能力。二是扶持培养农业技术推广人才。扶持培养3000名有突出贡献的农业技术推广人才，提高农业科技转化率。三是培养农业企业家。对3000名农业产业化龙头企业和农民专业合作组织负责人进行培训，充分发挥龙头企业的辐射带动作用，提高农业生产的组织化和社会化程度。四是培育农村生产能手。选拔扶持7000名农业生产经营一线、具有一定产业规模和良好发展基础、示范带动能力强的农村生产能手，充分发挥能人的示范效应。五是培养和建立农村经纪人队伍。在主产区选拔扶持3000名农村经纪人，培养造就熟悉农产品流通政策、经营管理素质较高、经纪行为规范的农村经纪人队伍。

3. 培育新型农民，提高科技素质

开展职业技能培训。对种养大户，科技示范户，从事农业产前产中和产后服务以及从事农业经营和农村社会管理的农民进行培训；主要培训农业生产及管理技术、农产品产地贮藏保鲜及加工技术、农机操作及维修技术、沼气建设及维护技术、农业经营管理及农村社会管理知识等。

开展农业创业培训。对有在农业领域创业意愿的农民，特别是农村初中高中毕业后未能升学的“两后生”、返乡农民工、复转军人进行培训。主要培训创业技巧和相关农业知识。

（三）生产条件有所改善

1. 测土配方项目加快推进

为改善土壤结构，培肥地力，近年来国家持续推广测土配方施肥项目。2012年，国家组织开展测土配方施肥技术普及行动，在全国范围内选择100个县（场）、1000个乡（镇）、10000个村实施测土配方施肥整县、整乡、整村推进，目标是测土配方施肥技术推广面积达到13亿亩、为1.8亿农户提供免费技术服务。

2. 农业灌溉条件继续改善

近两年，国家高度重视农业基础设施建设，加大投入力度，改善农田水利基础设施。2012年新增有效灌溉面积172万公顷，新增节水灌溉面积235万公顷。全年水资源总量28410亿立方米。全年平均降水量676毫米。年末全国422座大型水库蓄水总量2120亿立方米，比上年末多蓄水164亿立方米。全年总用水量6110亿立方米，与上年基本持平。其中，生活用水增长3.2%，工业用水下降0.8%，农业用水下降0.5%，生态补水增长7.2%。

3. 农业机械化水平提高

据农业部统计，2012 年农机装备总量继续增加，装备结构和布局不断优化；耕种收综合机械化水平预计达到 57%，比上年提高 2 个百分点以上；水稻插秧、玉米收获等机械化作业水平迅速提高，分别比上年提高 4 个和 6.5 个百分点。

（四）农村和农业就业人员继续减少

在工业化和城镇化快速推进过程中，乡村就业人员和农业就业人数下降是基本趋势。当前，在农村劳动力总量仍然丰富的同时，农村青壮年劳动力紧缺的态势已经日益显现。据统计，2012 年末乡村就业人员数为 39602 万人，比上年减少 2.2%；占全国就业人数的比重为 51.6%，比上年降低了 1.4 个百分点。2011 年第一产业就业人数为 26594 万人，比上年下降了 4.8%；占就业人员数的比重为 34.8%，比上年降低了 1.9 个百分点。在农业就业人员中，以老人和妇女为主，青壮年劳动力紧缺，将来谁来种地的问题日益明显。

（五）种植业播种面积有增有减

2012 年全国粮食播种面积 11126.7 万公顷，比上年增加 69.4 万公顷，增长 0.6%。全国棉花播种面积 469.7 万公顷，下降 6.8%。油料播种面积 1397.5 万公顷，增长 0.9%。其中，花生播种面积 451.8 万公顷，下降 1.4%；油菜子播种面积 742.0 万公顷，增长 1%；糖料播种面积 203.4 万公顷，比上年增加 8.7 万公顷，增长 4.5%。

（六）农业生产资料价格全面上涨

2012 年农业生产资料价格全面上涨，全年价格总水平比上年上涨 5.6%。其中，农用手工工具价格上涨 4.4%，饲料价格上涨

5.7%，半机械化和机械化农具价格均上涨2.1%，化肥价格上涨6.6%，农药及其农药机械价格上涨2.4%，农用机油价格上涨4.2%，农业生产服务价格上涨8.3%。

（七）主要作物生产投入费用增长

1. 粮食

2012年全国平均每亩粮食①生产投入②费用为343元，比上年增长6.7%。分项看，全国平均每亩粮食物质投入费用为252元，比上年增长5.8%；生产服务支出为91元，比上年增长9.7%。在物质投入中，种子费用为47元，增长6.5%；化肥费用为139元，增长7.4%；农药费用为28元，增长7.4%；农膜费用为3元，增长4.8%。在生产服务支出中，外雇机械作业费用为76元，比上年增长10.8%；修理费用为2.7元，增长7.3%；外雇排灌费用为6元，比上年增长3.6%；外雇运输费用为4元，增长10%。

2. 小麦

2012年全国平均每亩小麦的生产投入费用为365元，比上年增长8.0%。其中，物质投入费用为253元，增长6.3%；生产服务支出为112元，增长12.1%。小麦生产服务支出增长较快，占总投入的比重提高，由29.5%提高到30.7%，提高了1.2个百分点。分项看，2012年小麦亩均种子费用为50元，比上年增长3.3%；化肥费用为152元，增长9.9%；农药费用为17元，增长13.1%；外雇机

---

① 粮食包括稻谷、小麦、玉米和大豆4个品种。平均每亩粮食生产投入费用利用近4年稻谷、小麦、玉米和大豆播种面积作为权重对相应品种生产投入费用加权平均得到。

② 生产投入，是指农业生产过程中所消耗的货物和服务的价值，包括物质投入和生产服务支出两个部分，不包括人工费用、土地费用和折旧。物质投入是指在生产过程中因消耗各种农业生产资料而发生的支出费用。生产服务支出是指生产过程中对农林牧渔业生产提供服务而发生的支出费用。

械作业费用为99元，增长13.4%。化肥和外雇机械作业费用增加是引起小麦生产投入增加的主要因素，占总投入增加额的比重分别为50.4%和43.3%。

3. 早稻

2012年全国平均每亩早稻生产投入费用为397元，比上年增长8.5%。其中，物质投入费用为276元，增长6.6%；生产服务支出121元，增长13.1%。早稻生产服务支出增长较快，占总投入的比重提高，由29.2%提高到30.5%，提高了1.3个百分点。分项看，2012年平均每亩早稻种子费用为43元，比上年增长4.9%；化肥费用为149元，增长12%；农膜费用为6元，与上年基本持平；农药费用为47元，增长4.4%；外雇机械作业费用106元，增长15.2%。早稻化肥费用和外雇机械作业费用增加是引起生产投入费用增加的主要因素，占生产投入费用增加额的比重分别为51.6%和45.2%。

4. 晚籼稻

2012年全国平均每亩晚籼稻生产投入费用为395元，比上年增长6.8%。其中，物质投入费用为287元，比上年增长6.8%；生产服务支出为108元，比上年增长6.8%。在物质投入中，平均每亩晚籼稻种子费用为52元，比上年增长9.4%；化肥费用为143元，比上年增长5.8%；农药费用为58元，比上年增长9.1%。在生产服务支出中，平均每亩晚籼稻外雇机械作业费用为92元，比上年增长7.9%。

5. 粳稻

2012年全国平均每亩粳稻生产投入费用为457元，比上年增长7.7%。其中，物质投入费用为312元，比上年增长8%；生产服务支出为145元，比上年增长7.2%。在物质投入中，平均每亩粳稻种子费用为40元，比上年增长8.3%；化肥费用为151元，比上年增长10.4%；农药费用为56元，比上年增长7.8%。在生产服务支出中，平均每亩粳稻外雇机械作业费用为113元，比上年增长6.6%。

6. 玉米

2012年全国平均每亩玉米生产投入费用为298元，比上年增长5.3%。其中，物资投入费用为243元，比上年增长4.4%；生产服务支出55元，比上年增长11.3%。在物质投入中，平均每亩玉米种子费用为50元，比上年增长8.7%；化肥费用为140元，比上年增长4.3%；农药费用为14元，比上年增长3.6%。在生产服务支出中，平均每亩玉米外雇机械作业费用为42元，比上年增长11.3%。

7. 大豆

2012年全国平均每亩大豆生产投入费用为187元，比上年增长5.5%。其中，物质投入费用为140元，比上年增长5.4%；生产服务支出为47元，比上年增长5.9%。在物质投入中，平均每亩大豆种子费用为33元，比上年增长5.8%；化肥费用为69元，比上年增长7.8%；农药费用为15元，比上年增长7.9%。在生产服务支出中，平均每亩大豆外雇机械作业费用为41元，比上年增长15.8%。

二　农业产出及其特点

2012年我国农业生产再获丰收，粮食连续9年增产，粮食总产再创历史新高，棉花、油料和糖料等重要经济作物同时实现增产，成功打破了“粮经此消彼长”的传统格局，确保国家粮食安全的物质基础更为雄厚，实现重要农产品有效供给的能力进一步增强。

（一）农业产值继续稳定增长

初步核算，2012年第一产业（包括农林牧渔服务业）产值为 89466 亿元，比上年增长 5%。其中，种植业 46916 亿元，比上年增长 4.3%；林业 3449 亿元，比上年增长 6.9%；畜牧业 27234 亿元，比上年增长 5.5%；渔业 8696 亿元，比上年增长 4.7%。

从增加值来看，2012 年第一产业（包括农林牧渔服务业）增加值为 52377 亿元，比上年实际增长 4.5%。其中，种植业 30205 亿元，比上年增长 4.2%；林业 2289 亿元，比上年增长 6.6%；畜牧业 13145 亿元，比上年增长 5.2%；渔业增加值 5259 亿元，比上年增长 4.7%。

2012 年农业产值和增加值结构见表 1。

表 1　农业产值和增加值结构（2012 年）

单位：%

	种植业	林业	畜牧业	渔业
产值	52.44	3.86	30.44	9.72
增加值	57.67	4.37	25.10	10.04

注：本表的各业比例是按包括农林牧渔服务业在内的第一产业计算的。

（二）粮食连续 9 年增产，总产再创历史新高

1. 产量增长情况

2012 年全国粮食总产量 11791 亿斤，比上年增长 3.2%（见表 2）。全国粮食作物平均单产 353 公斤/亩，比上年提高 2.6%。分季节看，2012 年全国夏粮总产量达到 2599 亿斤，增长 2.8%；早稻产量 666 亿斤，增长 1.6%；秋粮产量 8527 亿斤，增长 3.5%。分品种看，2012 年全国稻谷产量 4086 亿斤，增产 66 亿斤；小麦产量 2412 亿斤，增产 64 亿斤；玉米产量 4162 亿斤，增产 307 亿斤。

表 2 2000 年以来粮食总产量变化情况

单位：亿斤，%

年份	粮食总产量	比上年增加	比上年增长
2000	9244	-924	-9.1
2001	9053	-191	-2.1
2002	9141	88	1.0
2003	8614	-527	-5.8
2004	9389	775	9.0
2005	9680	291	3.1
2006	9961	280	2.9
2007	10032	71	0.7
2008	10574	542	5.4
2009	10616	42	0.4
2010	10930	313	3.0
2011	11424	495	4.5
2012	11791	367	3.2

资料来源：《中国农村统计年鉴 2012》，《中华人民共和国 2012 年国民经济和社会发展统计公报》。

2. 产量增长特点

第一，季季增产。夏粮、早稻和秋粮全部实现增产。

第二，粮食产量再创历史新高。在基数较高的基础上，粮食生产实现连续 9 年增产，成功打破了丰歉波动的传统周期，确保国家粮食安全的能力增强。

第三，玉米成为粮食作物第一大品种。玉米产量超过稻谷 76 亿斤，跃升为全国第一大粮食作物品种，在历史上尚属首次。

第四，粮食主产区增产作用更为稳固。2012 年，13 个粮食主产省（区）[①] 粮食产量合计为8922亿斤，增长2.7%，增产量占全国总增产量的64.7%。

3. 产量增长的主要原因

第一，粮食播种总面积增加，高产粮食品种面积扩大。2012年，全国粮食播种面积11126.7万公顷，增长0.6%。因播种面积增加增产粮食72亿斤。从主要粮食品种播种面积结构来看，高产作物稻谷和玉米播种面积增加，低产品种小麦和大豆的播种面积减少。据初步统计，2012年稻谷、玉米播种面积分别为3029.7万公顷和3494.9万公顷，比上年分别增加了24万公顷和140.7万公顷；小麦和大豆播种面积分别为2413.9万公顷和717.7万公顷，比上年分别减少了13.1万公顷和71.2万公顷。

第二，粮食主产区气候条件总体较好，粮食作物单产提高。从总体上看，2012年全国农业气候条件较好，没有发生大范围的旱涝灾害，关键农时的降水和光热配合较好，提高了粮食单产水平。2012年粮食因单产提高增产约296亿斤，单产提高对粮食增产的贡献率为80.5%。据国家气象局资料，春播期间和夏播后期大部分北方农区出现了明显降水过程，有利于秋收作物播种和出苗，夏季大部分地区雨热同季，有利于玉米、水稻丰产；春夏季长江流域及以南大部分地区降水较充沛，保障了稻谷的栽插用水。从光热条件来看，2012年全国大部分农区≥10℃积温比常年同期偏多，东北地区东部、华北大部、黄淮等地比上年同期多100℃～200℃。充足的雨水和适宜的光温条件有利于促进粮食作物单产水平提高，玉米单产提高尤为明显。

第三，科技对粮食增产作用加强。2012年，农业关键技术推广应用力度加大，测土配方施肥、节水灌溉、病虫害专业化统防统治、

① 粮食主产区包括河北、内蒙古、辽宁、吉林、黑龙江、江苏、安徽、江西、山东、河南、湖北、湖南、四川。

玉米地膜覆盖等新栽培技术、新农艺应用范围扩大，农业科技应用水平进一步提高。11 个冬小麦主产省中“一喷三防”面积 1300.0 多万公顷；小麦病虫专业化统防统治覆盖率从 13.3% 提高到 22.8%；东北水稻大棚育秧和抗旱“坐水种”、南方早稻集中育秧和西南玉米覆膜面积共增加 320.0 多万公顷。

4. 粮食劳动生产率提高

2012 年，农业机械化水平继续提高，粮食劳动生产率提高。2012 年全国平均每个劳动力的粮食产量为 2328.3 公斤，比上年提高了 8.4%（见表3）。

表 3　2000 年以来粮食劳动生产率

年　份	粮食总产量（亿斤）	第一产业就业人员数（万人）	每个劳动力平均粮食产量（公斤/人）	比上年增长（%）
2000	9244	36042.5	1282.4	
2001	9053	36398.5	1243.6	-3.03
2002	9141	36640.0	1247.4	0.31
2003	8614	36204.4	1189.7	-4.63
2004	9389	34829.8	1347.9	13.30
2005	9680	33441.9	1447.3	7.37
2006	9961	31940.6	1559.3	7.74
2007	10032	30731.0	1632.3	4.68
2008	10574	29923.3	1766.9	8.25
2009	10616	28890.5	1837.3	3.98
2010	10930	27930.5	1956.7	6.50
2011	11424	26594.0	2147.9	9.77
2012	11791	25321.5	2328.3	8.40

注：a. 因缺乏从事粮食生产的劳动力数量指标，这里使用第一产业就业人员来代替，实际上每个从事粮食生产的劳动力平均粮食产量应大于表中的近似数。b. 2000～2011 年第一产业就业人员数是国家统计局根据第六次全国人口普查资料及历年劳动力调查资料推算得到的，2012 年数据是作者根据 2011 年相对于 2010 年的变化率推算得到的近似数。

资料来源：《中国统计年鉴 2012》，《中国农村统计年鉴 2012》，《中华人民共和国 2012 年国民经济和社会发展统计公报》。

（三）棉花、油料、糖料等重要经济作物继续实现同时增产

2012 年棉花、油料和糖料等重要经济作物延续上年发展的良好形势，再次实现同时增产，实现有效供给的能力显著增强。初步统计，2012 年棉花总产量为 684 万吨，增长 3.8%。油料总产量为 3476 万吨，增长 5.1%。其中，花生产量为 1669 万吨，增长 4%；油菜子产量为 1415 万吨，增长 5.4%。糖料总产量为 13493 万吨，增长 7.8%（见表 4）。

表 4　2000 年以来棉花、油料和糖料产量变化情况

单位：万吨

年份	棉花		油料		糖料	
	总产量	比上年增加	总产量	比上年增加	总产量	比上年增加
2000	442	59	2955	354	7635	
2001	532	91	2865	-90	8655	1020
2002	492	-41	2897	32	10293	1638
2003	486	-6	2811	-86	9642	-651
2004	632	146	3066	255	9571	-71
2005	571	-61	3077	11	9452	-119
2006	753	182	2640	-437	10460	1008
2007	762	9	2569	-72	12188	1728
2008	749	-13	2953	384	13420	1231
2009	638	-112	3154	202	12277	-1143
2010	596	-42	3230	76	12008	-269
2011	660	64	3307	77	12517	508
2012	684	25	3476	169	13493	976

（四）畜牧业平稳发展

2012 年畜牧业平稳发展。根据主要畜禽监测调查，2012 年全国猪牛羊禽肉产量为 8221 万吨，增长 5.4%。2012 年生猪生产恢复增长，猪肉产量增加。据统计，2012 年全年生猪出栏 6.96 亿头，增长 5.2%；猪肉产量 5335 万吨，增长 5.6%。家禽生产较快发展，禽肉、禽蛋产量增加。全年家禽出栏 120.8 亿只，增长 6.6%；禽肉产量 1823 万吨，增长 6.7%。牛羊肉产量小幅增长，牛奶产量继续增加。2012 年全国牛出栏 4761 万头，增长 1.9%；牛肉产量 662 万吨，增长 2.3%。全年羊出栏 2.71 亿只，增长 1.6%；羊肉产量 401 万吨，增长 2.0%。2012 年全国牛奶产量 3744 万吨，增长 2.3%。

（五）农产品生产者价格上涨

在国内主要农产品供求总体处于紧平衡的背景下，加之农业生产资料价格持续上涨和劳动力成本不断攀升，农业生产成本增加，近年来我国农产品价格总体呈现刚性上涨的格局。2012 年全国农产品生产者价格①平稳高位运行，生产者价格总水平比上年上涨 2.7%。因主要农产品获得丰收，市场供给增多，偏紧的供求关系比上年得到较大改善，2012 年农产品生产者价格涨幅比上年回落 13.8 个百分点。分季度看，第一至第四季度同比分别上涨 9.2%、3%、0.1% 和 0.3%，第三、第四季度涨幅缩小。农、林、渔类农产品生产者价格普遍高于上年，饲养动物及其产品中除生猪价格下跌外，其他产品生产者价格比上年上涨。

---

① 农产品生产者价格是指农业生产者首次直接出售其生产的农产品时实际获得的价格。

1. 农业产品生产者价格上涨4.8%

粮食生产者价格上涨4.8%。分季度看，第一至第四季度分别上涨5.6%、5.1%、3.8%和4.1%。分品种看，谷物生产者价格上涨4.8%，其中，小麦、稻谷和玉米分别上涨2.9%、4.1%和6.6%。豆类上涨3%，其中，大豆上涨5.7%。薯类上涨2.9%。分区域看，粮食主产区生产者价格上涨4.6%，主销区生产者价格上涨4.9%，其他地区上涨4.6%。[①] 从最低收购价政策[②]执行情况来看，第四季度执行中晚稻最低收购价政策的11个省（区）中籼稻均价为每市斤1.31元，比中晚籼稻最低收购价（国标三等质量标准，下同）高0.06元；晚籼稻均价为每市斤1.35元，比中晚籼稻最低收购价高0.1元；粳稻均价为每市斤1.51元，比粳稻最低收购价高0.11元。

棉花（籽棉）生产者价格下跌1.9%。分季度看，第一、第二季度生产者价格同比分别下跌29.1%、18.9%，第四季度上涨1.5%。在棉花主产省（区）中，新疆下跌0.8%，山东和河南分别下跌15.1%和7.4%，安徽和湖北分别下跌5.8%和3%。

油料生产者价格上涨5.2%。分季度看，第一至第四季度分别上涨8.2%、7.6%、4.4%和4.5%。分品种看，花生上涨8.1%，油菜子上涨5.2%，葵花籽上涨3.2%，芝麻上涨1.2%。

糖料生产者价格上涨5%。分季度看，第一、第二季度分别上涨

---

① 粮食主产区包括河北、内蒙古、辽宁、吉林、黑龙江、江苏、安徽、江西、山东、河南、湖北、湖南、四川等13个省份；粮食主销区包括北京、天津、上海、浙江、福建、广东、海南等7个省份；其他地区指除上述主产区、主销区以外的省份。

② 2012年执行中晚稻最低收购价政策预案的主产区有辽宁、吉林、黑龙江、江苏、安徽、江西、河南、湖北、湖南、广西和四川等11个省（区），但适用时间不同，江苏、安徽、江西、河南、湖北、湖南、广西和四川8省（区）为2012年9月16日至2012年12月31日，辽宁、吉林和黑龙江3省为2012年11月16日至2013年3月31日。

7.4%、7.1%，第四季度上涨0.4%。分品种看，甘蔗上涨5.7%，甜菜上涨1.3%。

蔬菜生产者价格上涨9.9%。分季度看，第一至第四季度分别上涨10.9%、16.4%、9.1%和3.9%。分种类看，叶菜类上涨11.6%，白菜类上涨7.2%，瓜菜类上涨9.4%，根块类上涨6.7%，葱蒜类上涨8.1%。食用菌下跌1.6%。

水果生产者价格上涨3.9%。分季度看，第一季度生产者价格同比下跌10.6%，第二、第三季度分别上涨3.7%、11.4%，第四季度下跌0.6%。分品种看，苹果下跌0.7%，梨上涨2.7%，柑橘上涨1.5%。

2. 林业产品生产者价格上涨1.2%

分季度看，前三季度分别上涨7.3%、0.2%、2.2%，第四季度下跌2.9%。分种类看，木材生产者价格上涨4.2%；竹材上涨3.8%；胶脂和果实类林产品下跌17%，其中橡胶下跌23.8%，松脂下跌25.1%。

3. 饲养动物及其产品生产者价格下跌0.3%

生猪生产者价格下跌4.1%。分季度看，第一季度生猪生产者价格同比上涨19.2%，第二至第四季度分别下跌6.3%、19.2%和11.8%。分区域来看，生猪主产省①生产者价格下跌4.4%，其他省份下跌3.7%。

活牛、活羊、家禽等产品生产者价格上涨。活牛和活羊生产者价格分别上涨16.8%和7.8%。活家禽生产者价格上涨3.8%，其中，活鸡、活鸭和活鹅分别上涨3.4%、4.9%和4%。禽蛋生产者价格上涨0.5%，其中，鸡蛋和鸭蛋均上涨0.5%。生奶生产者价格上涨

① 生猪主产省包括河北、辽宁、江苏、浙江、安徽、江西、山东、河南、湖北、湖南、广东、广西、重庆、四川、云南等15个省份，其他省份为非生猪主产省。

3.9%。毛绒类产品生产者价格上涨0.4%。

4. 渔业产品生产者价格上涨6.2%

分季度看，第一至第四季度分别上涨11.5%、8.4%、3.7%和4.1%。海水养殖产品生产者价格上涨1%，海水捕捞产品上涨10.9%；淡水养殖产品生产者价格上涨6.8%，淡水捕捞产品上涨7.2%。

G.5

粮食生产持续增长的特点与存在的问题

党的“十六大”以来，国家逐年采取了一系列的惠农政策，例如，取消农业税，实行粮食直补、良种、农机和农资综合补贴，实行千亿斤粮食规划工程，对粮食生产大县进行奖励和补助，等等，推动我国粮食生产稳定发展。自2004年到2012年，粮食生产实现了9年连续增产，其中2007～2012年粮食产量连续6年稳定在10000亿斤以上。在肯定我国粮食生产取得成绩的同时，也有必要对10多年来我国粮食生产进行全面的再认识，客观分析粮食生产发展的特点、增产因素以及存在的问题，进一步明确今后粮食生产稳定发展的方向。

一 粮食生产“9连增”的阶段特点

2012年，我国粮食产量达11791亿斤，实现了2004年以来的连续9年增产。但是，“9连增”是从2003年粮食产量的低起点开始的，表现为4年恢复性持续增产和5年连创纪录的持续增长。此外，我国的粮食生产越来越向主产区集中，粮食主产省份对全国粮食增产的作用越来越大。

（一）1999～2003年：粮食产量大幅度减产

改革开放以来，我国粮食生产发展较快，到1998年全国粮食总产量达10246亿斤，创下历史最高纪录。但是自1999年始，随着农业生产结构的调整，粮食播种面积不断减少，加上粮食主产区干旱等

自然灾害偏重发生，粮食产量逐年下降，到2003年全国粮食总产量下降到8614亿斤，比1998年减少了1632亿斤，下降15.9%，年均减少3.5%，5年间累计减少粮食5010亿斤。2003年粮食产量甚至比1990年还少311亿斤。

（二）2004～2007年：粮食生产恢复性持续增产

自2004年起，我国粮食生产在连续多年减产后开始恢复性增产，至2007年粮食总产量恢复到10032亿斤，时隔8年之后再次达到1万亿斤以上的水平，比2003年增加1418亿斤，增长16.4%，年均增长3.9%。但该年的粮食产量仍比1998年低214亿斤，粮食生产仍未恢复到历史最高水平。因此，2004～2007年的粮食增产属于从低起点开始的恢复性增产。

（三）2008～2012年：粮食生产连创纪录的持续增产

2008年我国粮食产量达10574亿斤，创下了新的历史纪录。但是粮食产量超过1998年的生产水平却用了整整10年。之后我国粮食产量保持连年增产，2012年全国粮食总产量达11791亿斤，比2007年增加1759亿斤，增长17.5%，年均增长3.3%，全国粮食总产量连续6年保持在1万亿斤以上。因此，2008～2012年的粮食增产，是在超越历史最高水平基础上的“5连增”。

但实际上，2012年全国粮食产量仅比1998年增加1545亿斤，14年间增长15.1%，年均增幅仅为1.0%。因此，从2004年到2012年的粮食生产过程，简单用“9连增”来概括并不全面，用4年恢复性增长和5年连续增长表述更为准确。

二　粮食生产“9连增”的区域特点

全国绝大多数地方在不同年份的粮食产量有增有减，有些地方起伏较大，只有少数地方实现“9 连增”，主产区对全国粮食增产效果明显。

（一）全国只有5省（区）实现“9 连增”，6 省（区）的粮食产量下降

分地区看，从2004 年到2012 年，全国只有河北、江苏、山东、河南、宁夏5 省（区）实现了“9 连增”，大多数省份在不同年份的粮食产量有增有降，有的省份起伏还较大；在全国粮食产量上万亿斤后的5 年连续增产中，同时“5 连增”的也只有河北、江苏、安徽、山东、河南、湖北、四川、陕西、甘肃、宁夏10 省（区）。事实上，与2003 年相比，浙江、福建、广东、海南、贵州和西藏6 省（区）的粮食产量是下降的。

（二）粮食主产区增产作用明显，非主产区产量增长缓慢

2012 年，全国 13 个粮食主产省（区）粮食总产量达 8922 亿斤，比2003 年增产2806 亿斤，增长45. 9%，高于全国平均增长水平，占全国总产量的比重从71. 0%提高到75. 7%，增产量占全国总增产量的 88. 3%。2012 年主产区中东北及内蒙古 4 省（区）粮食产量为2741 亿斤，比2003 年增产1215 亿斤，增长79. 6%，高于全国平均增幅42. 7 个百分点（见表1），4 省（区）粮食产量占全国总产量的比重从 17. 7%提高到23. 2%，粮食增产量占全国总增产量的 38. 2%。值得注意的是，2004 ~2012 年的 9 年间，2009 年主产区的粮食产量出现了下降，没有实现连续增产，这主要是由于东北及内蒙古 4 省（区）粮食产量出现了较大幅度的减产，东北 4 省（区）产量下降幅度超过了6%，其中辽宁减产 14. 5%，吉林减产13. 4%。

表 1　2003～2012 年分区域粮食产量

单位：亿斤

年份	2003	2004	2005	2006	2007	2008	2009	2010	2011	2012	2012 年比 2003 年增长（%）
1. 主产区合计	6116	6823	7088	7524	7528	7983	7942	8237	8684	8922	45.9
东北及内蒙古	1526	1747	1816	2035	1912	2211	2077	2356	2633	2741	79.6
其他主产区	4590	5076	5272	5489	5616	5772	5865	5881	6051	6181	34.7
2. 非主产区	2498	2566	2592	2437	2504	2591	2674	2693	2740	2869	14.9
全国总计	8614	9389	9680	9961	10032	10574	10616	10930	11424	11791	36.9

资料来源：《中国农村统计年鉴》，2003～2012 年各年。

2012 年非主产区粮食产量为 2869 亿斤，比 2003 年增产 371 亿斤，9 年间仅增长 14.9%（见表 1），年均增长 1.6%，远低于全国平均增长水平。2012 年非主产区粮食总产量占全国的比重降至 24.3%，比 2003 年下降 4.7 个百分点，增产量占全国总增产量的 11.7%。

三　不同粮食作物的增产特点

从粮食作物来看，三大作物中的稻谷、小麦为恢复性增产，玉米大幅度增产；大豆和其他杂粮则出现不同程度下降。

（一）稻谷、小麦为恢复性增产

2012 年，全国稻谷产量 4086 亿斤，比 2003 年增产 873 亿斤，增长 27.2%，仅略高于历史最好水平 71 亿斤。虽然稻谷生产自 2004 年后连年增产，但直到 2011 年稻谷产量才恢复到历史最高水平，而且该年产量也仅比 1997 年的 4015 亿斤高出 5 亿斤（见表 2）。

表2　2003～2012年三大粮食作物产量

单位：亿斤

年份	"9连增"之前历史最高	2003	2004	2005	2006	2007	2008	2009	2010	2011	2012
稻谷	4015(1997)	3213	3582	3612	3634	3721	3838	3902	3915	4020	4086
小麦	2466(1997)	1730	1839	1949	2169	2186	2249	2302	2304	2348	2412
玉米	2659(1998)	2317	2606	2787	3032	3046	3318	3279	3545	3856	4162
粮食总产量	10246(1998)	8614	9389	9680	9961	10032	10574	10616	10930	11424	11791

资料来源：《中国农村统计年鉴》，2003～2012年各年。

2012年，全国小麦产量2412亿斤，比2003年增产682亿斤，增长39.4%。尽管2004年后小麦生产连年增产，但直到2012年，小麦产量仍未恢复到1997年2466亿斤的历史最高水平（见表2）。

（二）玉米产量大幅度增加

2012年，全国玉米产量4162亿斤，比2003年增加1845亿斤，占粮食增产总量的58.1%。近10年来，由于畜牧业的迅速发展和工业加工对玉米需求的快速增加，玉米产量至2005年就已超过了1998年2659亿斤的历史最高水平，之后保持持续增长态势，但2009年由于东北及内蒙古大旱，全国玉米产量减产，之后又开始持续增长（见表2）。2012年玉米产量占粮食总产量的比重上升到35.3%，比2003年提高8.4个百分点，总产量首次超过稻谷成为我国第一大粮食品种。

（三）其他粮食作物出现减产

除稻谷、小麦、玉米三大品种以外，2012年其他粮食品种产量合计为1131亿斤，比2003年减少了223亿斤，减幅达16.4%；2012

年，其他粮食作物中大豆产量263亿斤，比2003年减少45亿斤，其中黑龙江大豆产量96亿斤，比历史最高的2006年减少35亿斤。小杂粮产量也出现了较大幅度下降。

四　粮食连年增产是物质要素投入大幅增加的结果

粮食产量的增长依赖于播种面积的增加和单产的提高。财政投入的大幅度增加和农业生产各项要素投入的不断增加，为我国粮食生产连年丰收打下了坚实的物质基础。

（一）国家财政用于农业的投入大幅度增加

2004年以来，连续9年的中央1号文件都把关注焦点放在“三农”上，明确提出巩固和加强农业基础地位，稳定发展粮食生产，中央财政用于粮食直补、良种补贴、农机具购置补贴、农资综合补贴等发展农业的支出快速增加。国家财政用于农业的支出从2003年的1754.5亿元增加到2011年的10497.7亿元，8年间增长了5倍，年均递增25.1%（见表3）；2006年取消农业税，每年为农民减轻负担1300多亿元；从2005年开始对产粮大县进行奖励补助，奖励补助资金由最初的55亿元增加到2011年的225亿元，累计安排奖励资金超过1000亿元，1000多个产粮大县被纳入奖励范围。用于农业支出的财政资金除以补贴的形式直接发放到农民手中以外，大部被用于农田水利建设等农业生产条件的改善及农业科技的推广上。财政资金的投入改善了农田基础设施，增强了农业生产应对自然灾害的能力，提高了农民种植粮食的积极性，为粮食连年增产奠定了坚实基础。

表3　2003～2011年国家财政用于农业的支出

单位：亿元

年份	农业支出合计	支援农村生产支出和各项农业事业费	粮食、农资、良种、农机具四项补贴	粮食大县奖励支出	农业支出占财政支出的比重(%)
2003	1755	1134.9	—	—	7.1
2004	2338	1693.8	—	—	8.2
2005	2450	1792.4	—	55	7.2
2006	3173	2161.4	—	85	7.9
2007	4318	1801.7	513.6	125	8.7
2008	5956	2260.1	1030.4	165	9.5
2009	7253	2679.2	1274.5	175	9.5
2010	8580	3427.3	1225.9	210	9.5
2011	10498	4089.7	1406.0	225	9.6

资料来源：《中国农村统计年鉴2012》。

（二）农业生产要素投入较大幅度增加

1. 粮食播种面积稳步增加，高产作物比重上升

2012年我国粮食播种面积达到了166900万亩，比2003年增加17784万亩，年均增加1976万亩，年均增长1.3%，因面积增加实现增产1027亿斤，对增产的贡献率为32.3%。粮食播种面积的增加，一是得益于2003年以来通过严格的耕地保护政策和土地整治等工程，我国的耕地面积没有明显减少，有的地方还有所增加；二是设施农业的大力发展，使得很多经济作物在设施中生产，提高了土地生产率，为粮食生产腾出了土地；三是新农艺的推广使得部分粮食品种的复种指数提高增加了粮食播种面积，如稻谷的单改双、南方冬季农业的开发等。

近年来，由于市场需求旺盛，高产作物玉米价格一路走高，近几年玉米的种植面积不断扩大。2012年我国玉米种植面积52423万亩，比2003年增加16321万亩，增长45.2%，占粮食播种面积的比重为31.4%，比2003年提高7个百分点。与此同时，大豆播种面积比2003

年减少了3204万亩，下降22.9%；四大主粮之外的其他粮食品种播种面积比2003年减少了4229万亩，棉花播种面积减少了621万亩。

2. 农业生产物质投入较大幅度增加

2011年我国化肥使用总量（折纯）达到5704万吨，比2003年增加1292万吨，增长29.3%；农用薄膜使用量229万吨，比2003年增加70万吨，增长44.0%（见表4）；农用柴油使用量2057万吨，比2003年增加482万吨，增长30.6%。从主要农业生产资料使用的情况来看，化肥施用量和农用柴油的使用量与粮食产量基本上是同步增长的，农用薄膜使用量大大高于同期粮食产量的增长幅度。我国粮食产量的增长在很大程度上取决于生产要素投入的增加。据国家发改委成本收益调查资料，近10年来我国种植业生产的物质费用增长迅速，2011年每亩生产投入增加到409.34元，比2003年增加了250元，增长57.8%，年均增长5.9%。

表4　2003~2011年全国粮食产量与各生产要素投入

年份	全国粮食产量（亿斤）	粮食播种面积（万亩）	有效灌溉面积（万亩）	农用塑料薄膜使用量（万吨）	农用化肥使用量（万吨）	农用机械总动力（万千瓦）
2003	8614	149116	81021	159	4412	60387
2004	9389	152409	81718	168	4637	64028
2005	9680	156418	82544	176	4766	68398
2006	9961	157437	83626	185	4928	72522
2007	10032	158458	84778	194	5108	76590
2008	10574	160189	87708	201	5239	82190
2009	10616	163479	88892	208	5404	87496
2010	10930	164814	90522	217	5562	92780
2011	11424	165860	92522	229	5704	97735
2011年比2003年增长(%)	32.6	11.2	14.2	44.0	29.3	61.8

资料来源：《中国农村统计年鉴》，2003~2012年各年。

（三）多种因素合力促进粮食增产

除了播种面积和物质投入增加外，粮食连续增产还得益于多种因素的综合作用。

一是灌溉条件的改善。2011 年全国有效灌溉面积比 2003 年增加 11501 万亩，增长 14.2%（见表 4），占农作物总播种面积的比例从 35.4% 提高至 38.0%，使我国粮食生产靠天吃饭的局面得到进一步改善。

二是良种覆盖率的提高。2011 年我国粮食作物的良种覆盖率大幅度提高到 95%，良种对我国粮食作物增产的贡献率达到 35% 以上，农业科技进步贡献率由 2003 年的 46.0% 提高到 2011 年的 53.5%。

三是农业机械化率的提高。2011 年全国农机总动力发展到 9.77 亿千瓦，比 2003 年增加 3.73 亿千瓦，增长 61.8%（见表 4），农机作业面积大幅度增加。研究表明，目前我国水稻、小麦、玉米生产全程机械化，每亩综合增产能力分别为 53 公斤、37 公斤和 72 公斤，增产作用明显。

四是近年来我国农业气候条件较好，北方降水明显增加，长江中下游及南方降水稳定，农业自然灾害偏轻发生。2011 年农作物成灾面积比 2003 年减少了 30113 万亩，减幅为 61.7%，年均减少 11.3%，占农作物总播种面积的比例从 21.3% 降低至 7.7%。

五　我国粮食生产与世界先进水平还有很大差距

2004 年以来我国粮食单产水平逐年提高。2012 年，我国谷物单产为 389 公斤/亩，其中稻谷、小麦及玉米单产分别为 450 公斤/亩、333 公斤/亩和 397 公斤/亩。虽然我国谷物及各粮食品种单产均高于世界平均水平，但与一些发达农业国相比，还存在着较大的差距。2010 年，我国谷物单产水平为 368 公斤/亩，比美国、英国、法国、德国低 20% 左右。分品种来看，稻谷与发达农业国的差距较小，亩均产量约比美国及西班牙低 66 公斤，但与埃及和澳大利亚的差距在百公斤以上；小麦亩均产量比英国、法国、德国等国低 200 公斤左右，与荷兰的差距达 280 公斤；玉米亩均产量与美国、法国、德国及荷兰等国差距最大（见表 5）。从与世界先进农业国的单产差距来看，未来我国的谷物单产水平还有很大的提升空间。

表 5　2010 年我国主要粮食品种单产水平与部分发达农业国的比较

单位：公斤/亩

品种	世界平均	中国	埃及	美国	日本	法国	德国	英国	荷兰	新西兰
谷物	238	368	436	466	390	473	448	464	602	462
稻谷	292	437	628	503	434	332	—	—	—	—
小麦	200	317	372	208	184	496	521	512	594	542
玉米	348	364	485	639	152	593	586	—	784	—

资料来源：联合国 FAO 数据库。

虽然我国的粮食单产水平低于欧美日等发达经济体，但我国粮食生产中的化肥、塑料薄膜、柴油等化石生产资料的单位面积使用量已经大大超过了世界平均水平，这不仅严重威胁到粮食的品质安全，而且对粮食生产的可持续发展也带来不利影响。2010 年我国化肥使用总量占世界的 35%，是美国和印度的总和，亩均化肥使用量达 21.2 公斤，远高于 8 公斤的世界平均水平，是美国的 3 倍，印度和欧盟的 2.5 倍。有研究表明，我国化肥使用的边际报酬率已开始明显递减，过度使用化肥在很多地方出现了土壤板结。农用塑料薄膜的大规模使用也导致了不同程度的土壤污染，这些都应该引起高度重视。

六　保持粮食生产稳定增长的建议

随着我国经济社会的进一步发展，对粮食的消费需求将会进一步增加，保持粮食生产的稳定增长仍然是今后农业生产的重中之重。目前我国的粮食生产已经发展到一个相当高的水平，继续保持稳定增长将面临播种面积难以继续扩大和环境资源两方面的约束，在保护环境和保持粮食品质的前提下实现粮食生产的稳定增长将是我们面临的现实选择。

一是加大主要农产品生物育种力度，通过生物育种改变作物生长特性来达到增加产量和保持农产品品质的目的。

二是改善农业生产条件，加大高标准农田建设力度，通过建设旱涝保收的高标准农田来达到增产粮食的目的。

三是推行农作物秸秆还田，提倡有机农业和循环农业，建立和推广测土配方施肥示范区，增加农家肥等有机肥料的使用，逐步减少化肥和塑料薄膜的使用量，恢复和提高土壤活力。

四是加大农作物病虫害的生物防治力度，对农药减量使用。

五是在组织上要继续扶持规模农业的发展，包括扶持农业生产大户和农业专业合作社，以保证农业生产技术措施执行取得良好效果。

G.6
农产品市场供求与价格

一 概述

整体而言，受到全球宏观经济的拖累，2012 年全球农产品市场延续了 2011 年下半年以后的持续颓势。就农产品市场的基本面而言，总需求的增长明显停滞，而总供给的形势却高于预期，由此全球农产品市场呈现持续下跌的“熊市”现象。以 FAO 食物价格指数①作为全球农产品价格的参考指标，2012 年全球食物价格指数为 141.5，较 2011 年下降了 8.1%。从月度运行状况来看，基本呈现持续下跌的态势，具体而言：2012 年上半年延续了 2011 年后市的下跌趋势；只是在 6 月份以后，随着全球粮食市场受到天气以及诸多不利因素影响逐步反弹，9 月以后随着粮食收获以及诸多减产不利信息的释放完毕，国际食物价格又有所回落（见图 1）。

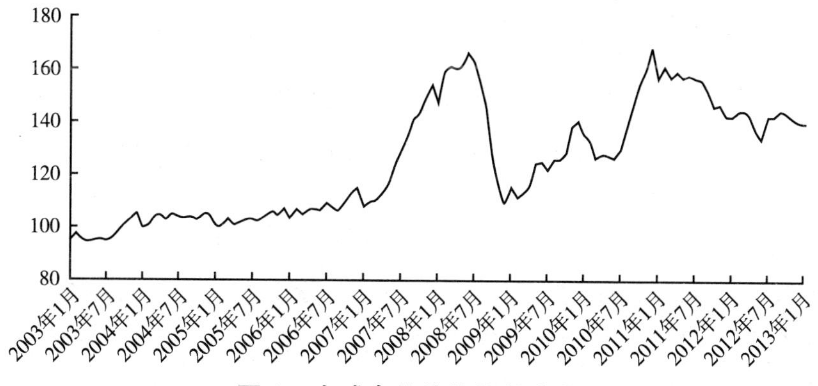

图 1 全球食物价格指数变化

资料来源：联合国粮农组织食物价格指数，其中，2002～2004 年平均指数为 100。

① 2002～2004 年 5 大类食物平均价格指数为 100。

与全球农产品市场的低迷所不同的是，2012 年我国居民消费价格比上年上涨 2.6%，其中食物价格比上年上涨 4.8%。具体而言，在食物价格中，粮食价格上涨 4.0%，油脂价格上涨 5.1%，肉禽及其制品价格上涨 2.1%，鲜菜价格上涨 15.7%，鲜果价格下降 1.2%。以食物为代表的农产品价格整体趋势仍然处于上升阶段。从月度运行来看，2012 年上半年，受到宏观经济增速放缓与全球农产品市场低迷的共同作用，食物价格指数呈现一定的回落（见图 2），至下半年以后，先后受全球天气导致减产的外部不利因素以及相关政策的共同作用，农产品市场保持相对稳定并企稳回升。

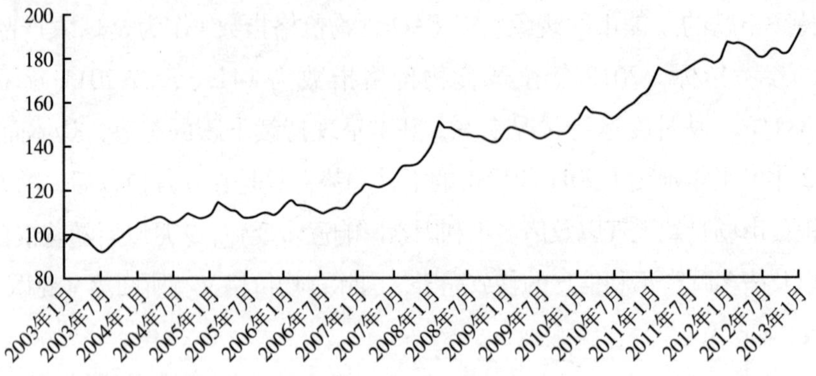

图 2 中国食物价格指数

资料来源：国家统计局，其中，2002～2004 年平均指数为 100。

随着全球农产品市场整合程度的不断提高，国际国内市场的价格波动往往表现出高度的一致性；中国是全球最大的谷物与肉类生产国与消费国，同时又是全球最大的农产品进口国，[①] 2012 年，国际国内农产品市场的波动却存在明显差异，这的确令人值得关注。

① 世界贸易组织统计（2012 年）表明，中国农产品进口由 2000 年的 195 亿美元，增长到 2012 年的 1447 亿美元，年均增长率达 20%，超过美国，成为世界最大的农产品进口国。

具体到我国农产品价格，2012 年，我国粳稻的全年平均价格为每吨 3007 元，较 2011 年每吨 2845 元上涨了 5.7%；同期，晚籼稻平均价格从每吨 2484 元上涨到 2736 元，上涨了 10.2%；早籼稻平均价格从每吨 2296 元上涨到 2688 元，上涨了 17%。总体来看，稻谷平均价格水平较 2011 年有了一定的提升；就品种而言，仍然维持“籼强粳弱”的市场局面（见图 3）。此外，小麦等粮食价格运行趋势与稻谷相一致，都保持着稳步增长的趋势，其主要原因一方面在于扩张的需求，另一方面在于相关政策的作用。相对而言，饲料价格却呈现大幅度波动，以豆粕为例，2012 年，全年豆粕平均价格为每吨 3738 元，较 2011 年每吨 3219 元上涨了 16%，从具体运行状况看，呈现前高后低的态势。其他包括棉籽粕、菜子粕、鱼粉等饲料的运行趋势基本与豆粕市场表现一致，饲料市场的价格波动主要受到下游养殖业的影响。

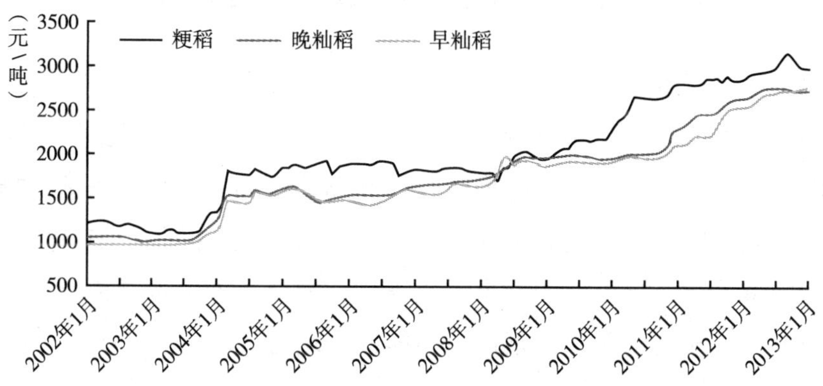

图 3　稻谷市场价格波动

资料来源：汇易数据。

2012 年我国肉类价格出现了不同的走势。

（1）猪肉价格水平整体下降。以猪五花肉的零售价格为例，2012 年全年平均价格为每公斤 25.9 元，较 2011 年的每公斤 27.2 元下降了 4.8%。从走势来看，呈现先跌后涨的 U 形状态，其主要原因在于 2012 年 1～8 月间，上游的存栏量扩张与下游需求增长下降，使

得市场价格一路下滑，9 月以后受到季节等因素影响，需求放大，猪肉价格出现回升（见图 4），2012 年度猪肉价格的变化可以理解为“猪周期”的一个阶段。

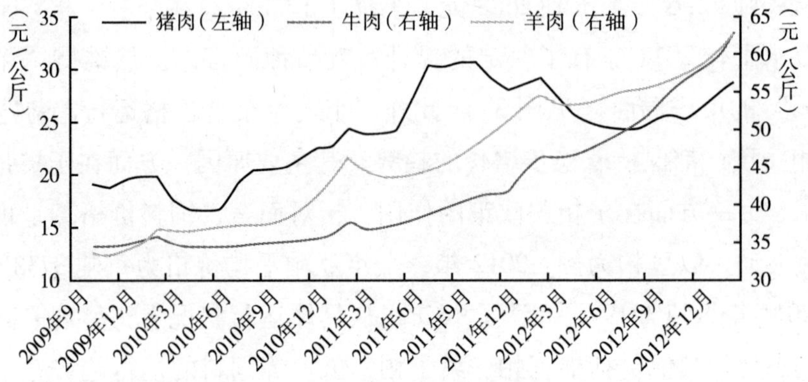

图 4　肉类市场价格波动

资料来源：国家统计局 50 个城市主要食品平均价格变动情况。

（2）牛羊肉价格快速增长。牛肉零售价格全年平均为每公斤 50.6 元，较 2011 年的 39 元上涨了 29.8%；羊肉零售价格也从 2011 年的每公斤 46.1 元上涨至 55.2 元，上涨了 19.6%。从市场运行趋势来看也是一路走高，其原因在于：不同于猪肉供求的是，随着蛋白质来源的多元化，牛羊肉的需求增长很快，而牛羊肉产量增长因为受到养殖成本、相对收益等因素影响不能同步增长。

二　农产品市场供求的基本形势

（一）经济增长带来的农产品消费总量扩张与消费结构提升

随着经济持续快速增长，我国居民收入水平也在持续快速增长，在这一过程中，以食物为代表的农产品整体需求被不断推高，消费总量持续扩张。以 2011 年为例，考察按收入等级分城镇居民家庭平均每人全年现金消费支出中，全国 10% 的城镇最高收入户的食物消费

支出是10%最低收入户的3.3倍（见图5）。可以抽象的是，截面上的收入分组可以作为时间序列上经济增长的一个参照，这也意味着：在经济增长过程中，随着收入水平不断提高，食物消费需求快速增长。同样，农村的情况也较为类似。

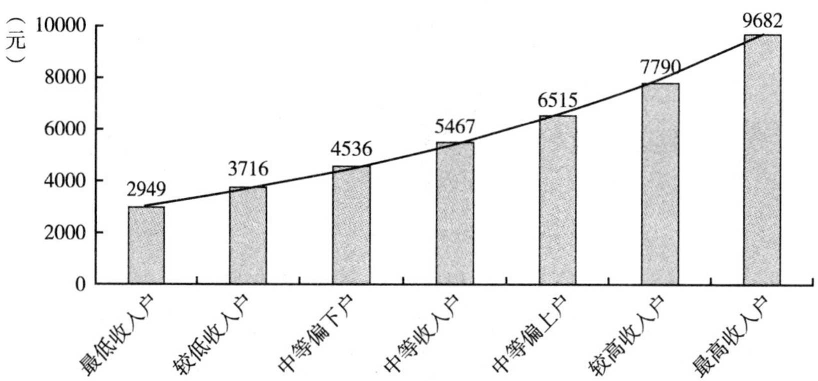

图5　2011年按收入等级分城镇居民家庭平均每人全年食物消费支出

资料来源：《中国统计年鉴2012》。

在食物总量扩张的同时，食物消费结构也正发生着快速变化。第一，粮食与蔬菜消费量持续下降。以1990年为基期，2011年城镇居民粮食消费量为1990年的61.7%，蔬菜消费量为82.6%；同期乡村居民粮食消费量为1990年的65.1%，蔬菜消费量为66.7%，均显现出了较大幅度的下降（见图6）。第二，肉类消费量快速增长，其中白肉消费增速明显快于红肉。以1990年为基期，2011年城镇居民猪肉消费量为1990年的144.7%，家禽消费量则为1990年的309.6%；同期乡村居民猪肉消费量为1990年的136.8%，家禽消费量则为1990年的363.2%。第三，乳品、水果等食物的需求进一步增长，食物结构多元化已然凸显。同样的，以1990年为基期，2011年城镇居民鲜奶消费量为1990年的295.9%，水果消费量为1990年的126.5%；同期，乡村居民鲜奶消费量为1990年的469.1%，水果消费量为1990年的361.6%。

（A）城镇消费

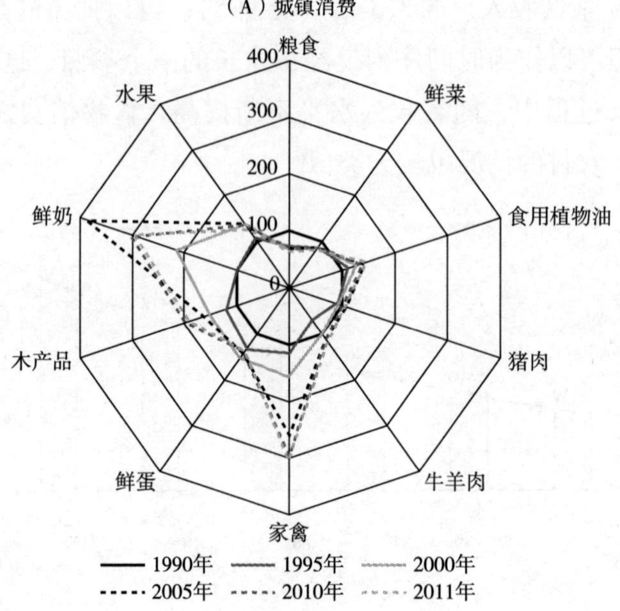

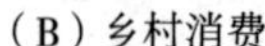

（B）乡村消费

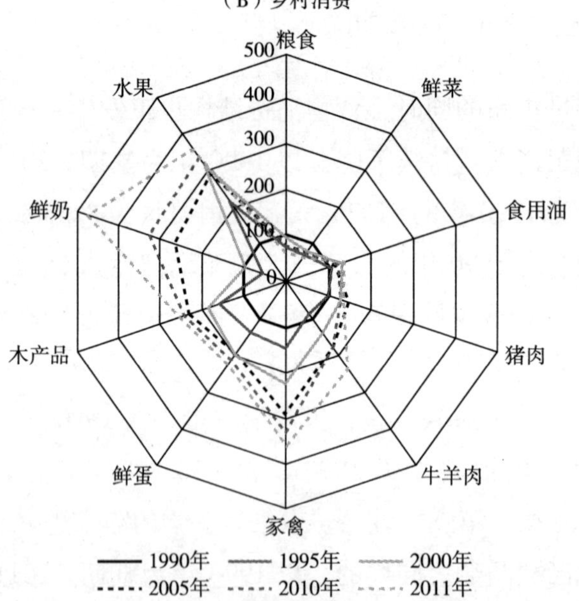

图 6　城乡居民食物消费构成变化

资料来源：《中国统计年鉴》历年；以 1990 年各类食物购买量为指数 100，各年购买量与基期相比乘以 100 得出各年度食物消费指数，在此基础上作雷达图。

（二）城镇化水平的提升进一步推动了食物及农产品消费的增长

改革开放以来，随着经济增长、社会发展，城镇化水平不断提高，并在近年来呈现加速发展的新局面。1978～1998 年，我国城镇人口占总人口的比例从 20% 提高到 33%，期间历经了 20 年；1998～2010 年，我国城镇人口比例从 33% 提高到 50%，期间只用了 12 年。至 2012 年末，中国城镇化率比 2011 年提高了 1. 3 个百分点，达到 52. 6%。当人口从乡村转移至城镇时，生产生活方式都发生较大变化，饮食方面的变化较为典型，除了收入与文化的影响之外，食物的可获得性，诸如流通市场的数量、距离的远近等因素都在很大程度上影响人们的消费行为。随着城镇化水平的提高，农产品综合市场的人均成交额[①]也在增加（见图 7），例如，2011 年上海市的城镇化率为 89. 3%，上海市农产品综合市场人均成交额为 1444. 5 元；同期，安徽省的城镇化率为 44. 8%，安徽省农产品综合市场人均成交额为 444. 5 元，这可以视为城镇化推动食物消费增长的一个佐证。

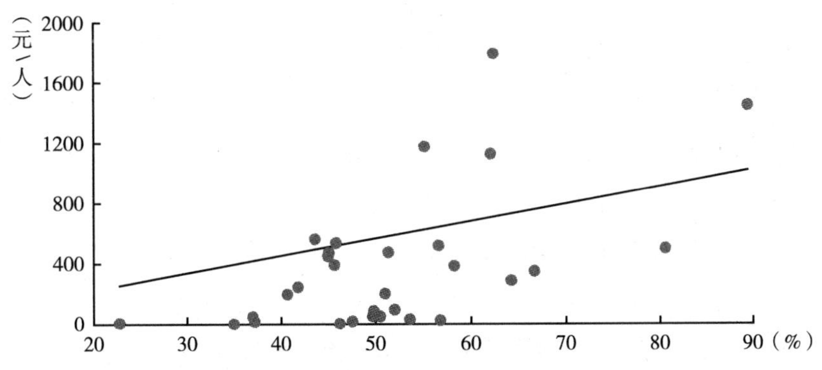

图 7　农产品综合市场的人均成交额与城镇化率

资料来源：《中国统计年鉴 2012》，《中国商品交易市场统计年鉴 2011》。

① 以农产品综合市场每年交易额除以该地区人口数。

除食物消费以外，随着城镇化的推进，非食物类的农产品消费需求增长更为迅速。原因在于，非食物类农产品，如棉花、橡胶等主要作为工业原料的生产加工制成品的收入弹性远高于食物；城镇居民的收入高于乡村居民，同时城乡生活方式的差异决定了：城镇化的发展加速了非食物类农产品的消费需求。举例而言，至2012年底，全国机动车保有量已达2.4亿辆，其中汽车保有量1.2亿辆。[①] 由于机动车保有量的快速增长，对天然橡胶的消费需求快速增长，根据天然橡胶生产国协会（ANRPC）报告，2012年中国天然橡胶进口量为328万吨，消费量将达到383.4万吨，[②] 而2000年我国天然橡胶的进口量为92万吨，消费量为140万吨，10年时间我国天然橡胶的消费量增长了173.9%。

（三）市场与政策共同引领的技术进步促进了农业生产率的提升

对于中国粮食生产历史性的“9连增”而言，除了播种面积以外，粮食单产的增长也起到了重要作用，其中粮食作物单产由2004年的每公顷4621公斤增长到2012年的每公顷5299公斤，增长了14.7%，单产水平提高带来的增产大致相当于整个华北地区的粮食产量。根据Fuglie（2012）的测算，在2001～2009年间，中国的农业全要素生产率增速为2.83%，高于所有发达国家2.44%以及所有发展中国家2.21%的平均水平。[③] 以粮食生产中的农业机械使用为例，2011年我国小麦生产基本全程机械化，水稻的机收水平为69.3%，玉米的机收水平为33.6%，较10年前均有了大幅度的提升。毫无疑问，当前农业生产中的技术进步主要得益于市场与政策两方面因素的

① 《中国机动车保有量已达2.4亿辆汽车驾驶人达2.6亿人》，中国网，2013年1月31日。

② 根据海关统计，2012年我国累计进口天然橡胶218万吨，数据口径有差异。

③ FAO：《世界粮食及农业状况回顾》，2012。

共同作用。

仍然以农业机械为例。近年来，由于劳动力成本快速上涨，粮食生产中的人工成本大幅度提升，2011 年粮食生产中每亩人工成本为 283 元，较 2006 年的 151 元上涨了 86.3%，同期粮食生产中的租赁作业费从 73 元上涨到 132 元，上涨了 79.5%。相对而言，使用机械替代人力不仅使得生产效率大幅度提升，[①] 同时更为经济。除此之外，在农机推广过程中，我国的农业机械购置补贴起到了重要作用，根据中国农机流通协会 2012 年报告显示，近 70% 的农机购买者受到补贴政策的驱动。当前，南方水稻插秧、东北玉米收割等农业生产的机械化水平仍然偏低，市场刚性需求仍然很大，随着劳动力成本的进一步上涨以及农机推广应用的进一步普及，农业机械化水平将会有更大的增长空间，这也必将带动农业生产率的进一步提升。

三　当前农产品市场的主要问题

（一）小麦对玉米的替代

随着人们食物消费结构的升级，肉、蛋、奶、水产消费量不断增长。2003 年我国肉、蛋、奶、水产的总产量约为 1.5 亿吨，到 2012 年达到 2 亿吨，增长了 29.4%；这也引致了上游饲料消费需求的快速增长，2003 年以来的 10 年间，饲用玉米消费从 8403 万吨增长到 1.099 亿吨，[②] 增长了 30.7%，大致与畜产品生产的增速相一致。除了饲料需求之外，玉米的深加工链条最长，产品最多，从玉米淀粉、

① 租赁作业费本身也包含人工成本的提升，由此可见，机械替代人力更为高效率。

② 数据来源：汇易数据玉米平衡表。

淀粉糖、乙醇到玉米蛋白粉，有200多个品种。2012年玉米加工消费量为5066万吨，较2003年1570万吨的水平增长了222.7%。快速上升的玉米需求不仅推动了玉米产出水平的提高，也推动了玉米价格的上涨，从而导致在一段时间内我国粮食市场频频出现小麦玉米的价格倒挂现象（见图8），最近的一次为2011年4月~2012年11月，也是持续时间最长的一次倒挂。

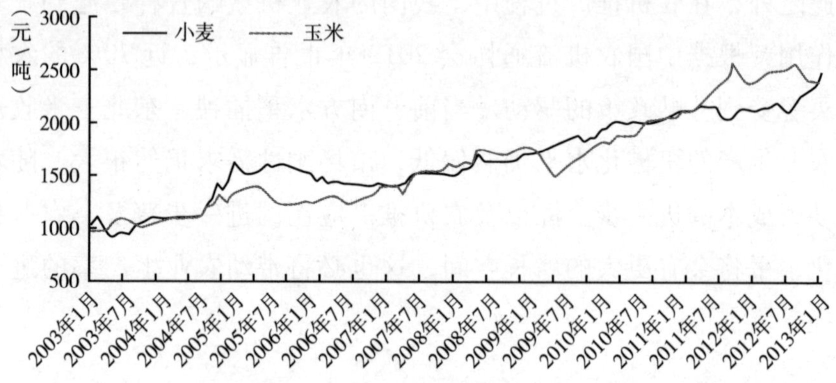

图8　中国小麦与玉米市场价格

资料来源：汇易数据。

从传统意义上看，尽管玉米与小麦都属于粮食作物，主要成分都是淀粉，但是因为两者的理化特征不同，所以长期以来小麦作为口粮、玉米作为饲料粮，两者之间并不存在直接的竞争关系，这也是2011年4月~2012年11月小麦玉米价格倒挂的根本原因。正是因为长时间的价格倒挂，也促使了饲料配方技术的改进（如解决抗营养因子的酶制剂添加等），使得大规模的技术替代成为可能；根据中国饲料行业信息网公布的经验数据，当饲用小麦每吨价格比玉米低100元时，小麦替代玉米就更为经济；甚至有部分企业在小麦价格每吨比玉米低50元时就倾向使用小麦。根据华南粮网的年中监测数据，华北部分饲料企业小麦在蛋鸡饲料中的添加比例可以达到70%，鸭饲料达100%，猪饲料整体达10%~20%，大猪饲料可达

60%。

根据国家粮油信息中心数据，2011 年我国小麦的制粉需求占总消费量的73.8%，饲料消费占12.2%、工业需求占9.8%、种子需求占4.2%，在2011 年之前，小麦消费结构一直比较稳定。但是2012 年小麦的饲料消费大幅度增长，数据显示，2012 年饲料消费量达到2300 万吨，较2011 年的1350 万吨增长了70%，小麦作为饲料的消费比例也从2011 年的12.2%上升到18.8%。[①] 另据行业测算数据，2012 年小麦饲用需求的规模为2500 万~3000 万吨。无论测算数据的口径大小，不能回避的事实是：饲用小麦消费对玉米的大幅度替代正在形成。随着配方技术的进一步改进、相关从业者认同程度的提高，小麦市场将很大程度上受到玉米市场的影响，这就使得原先相对孤立的口粮与饲料粮市场联系更为紧密，也使得今后下游食物与农产品消费市场的波动很容易传递到整个农产品生产领域，进一步加大宏观调控的难度。

（二）政策对市场的干预

鉴于玉米消费需求的快速增长，特别是玉米深加工需求的增长，2012 年政府相继出台了一系列抑制政策，例如，3 月 27 日国家税务总局发布《关于部分玉米深加工产品增值税税率问题的公告》，提高部分玉米深加工产品增值税税率，将玉米浆、玉米皮、玉米纤维和玉米蛋白粉等玉米深加工产品的增值税税率由13%提高至17%；4 月中旬财政部根据《关于调整生物燃料乙醇财政补助政策的通知》，下调了生物燃料乙醇财政补助标准，以粮食为原料的燃料乙醇补助标准为每吨500 元，较2011 年燃料乙醇平均补助标准每吨1276 元下调了776 元；12 月10 日国务院关税税则委员会公布了《2013 年关税实施方案》，将“任何浓度的改性乙醇及其他酒精”最惠国税率由30%调

① 中国饲料行业信息网：《2012 饲料行业年度报告及2013 市场展望》。

低为5%。在一系列政策的共同作用下，玉米深加工需求得到有效抑制，实现了预期的政策目标。

除此之外，对我国农产品市场影响最大的是水稻、小麦最低收购价，以及玉米、大豆、棉花、油菜子的临时收储政策。最低收购价与临时收储政策的实施在很大程度上化解了市场波动对生产者的风险，构筑了农产品市场的价格底线，保障了种植业者的收入，对于促进粮食生产、提高农民收入都起到了积极作用。2012 年，早籼稻、中晚籼稻和粳稻最低收购价分别提高到每 50 公斤 120 元、125 元和 140 元，比 2011 年分别提高 18 元、18 元和 12 元；每 50 公斤白小麦（三等，下同）、红小麦、混合麦最低收购价格均提高到 102 元，比 2011 年分别提高 7 元、9 元、9 元。2013 年的稻谷与小麦最低收购价在 2012 年的基础上又有了进一步的提高，以粳稻为例，2013 年的最低收购价为每斤 1.5 元，较 2008 年的 0.82 元上涨了 82.9%（见表 1）。

表 1　最低收购价与临时收储政策

单位：元/斤，元/吨

年份		2008	2009	2010	2011	2012	2013
最低收购价	早籼稻	0.77	0.90	0.93	1.02	1.20	1.32
	中晚籼稻	0.79	0.92	0.97	1.07	1.25	1.35
	粳稻	0.82	0.95	1.05	1.28	1.40	1.50
	白麦	0.77	0.87	0.90	0.95	1.02	1.12
	红麦混合麦	0.72	0.83	0.86	0.93	1.02	1.12
临时收储	玉米	0.75	0.75	0.90	—	1.05～1.07	
	大豆	1.85	1.87	1.90	2.00	2.30	
	油菜子	2.20	1.85	1.95	2.30	2.50	
	棉花*	12600	12600	—	19800	20400	

* 棉花临时储备并不是按照自然年度规则进行的。

最低收购价与临时收储政策的执行，使得我国农产品价格的政策底部不断抬高，这也是2012年国际国内农产品价格不同步的根本原因。这两项政策也引发了一些新的问题。

（1）粮食进口大幅度增长，粮食进口走私加剧。以稻米为例，根据海关统计，2012年，我国共进口稻米237万吨，除了20万吨的泰国稻米以外，主要进口为越南和巴基斯坦的低端籼米，其中从越南进口155万吨，从巴基斯坦进口58万吨。根据华南粮网监测，2012年1~10月进口越南大米到港成本约为3162元/吨，巴基斯坦大米为3355元/吨，而同期广州市场国产籼米平均价格为4000元/吨，进口大米价格优势明显。除此之外，未经海关统计的大米走私数量也很庞大，其规模可能超过海关进口量。

（2）库存压力不断加大，财政负担加重。政府托市收购的目标旨在“逆周期调控”，即在价格低迷的时候执行托市收购，而在价格上涨时抛售库存、平抑价格，因此库存容量与价格波动周期之间存在匹配关系，如果市场价格长期低于托市收购价格，那么库存将会不断增长并最终发生“胀库”，并增加新的市场风险。如果市场持续低迷，不能顺价销售，将会给财政带来更大的负担。以棉花为例，2012年9月10日，中储棉启动2012年度棉花临时收储预案，标准级328皮棉以每吨20400元的价格收储，截至2013年1月25日，共收储棉花595.1万吨，大约为本年度棉花产量的80%，如果存储一年，按照6%的一年期基准利率计算，中央财政仅利息补贴就将达到74亿元；加上每吨180元的保管费，仅此两项的财政补贴将达到80亿元。如果未来棉花市场持续低迷，不能顺价销售，那么亏损带来的财政负担将会更大。

（3）下游加工企业利润下降。托市收购政策的执行提高了农产品市场的标杆价格，而下游相关加工企业多处于完全竞争状态，市场风险加剧，因此市场上也出现了“稻强米弱、麦强面弱”的情形。尽管我国粮油加工行业自身存在加工能力过剩问题，“多、小、乱”

的现象仍然存在，但是由于政府对上游农产品价格的政策保护，加之下游产品的大量进口（走私），使得加工企业的利润大幅度下降，特别是中小企业。

四　农产品市场预测

（一）宏观经济的情景设定

从动态视角来看：随着城镇化、工业化的逐步推进并最终趋于稳定，人口结构与收入水平将进入新阶段，届时我国食物消费升级也将趋于稳定，消费总量也将趋于稳定。由于大量的经验研究已经基本给定了未来经济增长的概貌，并基本达成共识，例如人口变化、劳动力数量变化、经济增长前景等。因此在这样的背景下，基于一个均衡模型的分析框架，诸如食物消费量、进口量等内生变量的方向以及大致体量便可以获得求解。

根据法国国际经济研究中心（CEPII）的预测数据，可以获得未来 GDP、人口、劳动力、投资状况的变化，具体如下。

（1）按照2005 年不变价格计算，2007 年我国 GDP 为2.85 万亿美元，2032 年 GDP 总量将达到 15.09 万亿美元，年均增速为 6.9%（见表 2）。

（2）人口数将从 2007 年的 13.2 亿人增长至 2032 年的 13.9 亿人。

（3）劳动力数量将从 2007 年的 7.77 亿人增长至 2032 年 7.78 亿人，其中受高等教育以上的劳动力数量将从 0.49 亿人增长到 1.03 亿人；而未受过高等教育的劳动力数量将从 7.28 亿人下降至 6.74 亿人。

（4）GDP 中的投资比例将从 2007 年的 42.01% 下降至 2032 年的 31.41%。

表 2 宏观经济变化

年份	2007	2012	2017	2022	2027	2032
GDP(百万美元,以 2005 年不变价格计算)	2846131	4441091	6400951	8813849	11715169	15086402
人口数(千人)	1321482	1353601	1378294	1392006	1395513	1389594
劳动力数量(千人)	776502	808897	827383	820960	803189	777654
受高等教育者数量(千人)	48531	62204	73472	83738	93812	103428
未受高等教育者数量(千人)	727971	746693	753912	737222	709376	674226
投资率(投资占 GDP,%)	42.01	34.25	33.57	33.04	32.27	31.41

资料来源：CEPII 数据库。

在 2007 ~2032 年这一时间区间，2007 ~2012 年为已经发生过的经济实践，而 2012 ~2032 年则为经济预测。对于该问题，首先可以对 2007 ~2012 年间发生的经济事实进行模拟，并通过模拟结果升级 GTAP 的数据包；进一步地，在升级数据包的基础上预测出我国 2012 ~2032 年间的食物生产、消费与贸易状况。从理论角度，可以通过 2012 ~2032 年间连续的模型运算来获得预测数据，但是从技术实现角度，为了便于计算，以 5 年为一个时期进行模拟，获得的运算结果再平均分配到每一年。

2007 ~2012 年间，除了上述描述的宏观经济变量的变化之外，我国食物生产、消费、贸易情况也发生了很大变化，为此有必要对 GTAP8 的基准数据包进行升级，使之更贴近当前的经济实际。在过去的 5 年中，需要考虑的包括：我国水稻、小麦产量增长了 10%，玉米产量增长了 36.7%，油籽产量增长了 31.7%，牛奶产量增长了 17.2%，肉类产量增长了 16%。同时，我国大豆进口增长了近 89%。通过对这一系列变化的分析，可以获得 2007 ~2012 年间我国与全球农业生产的技术效率状况，为再下一步的政策评估做出铺垫。

毫无疑问，2012 ~2032 年间，根据日本、韩国、中国香港等地的发展经验，结合我国当前经济发展所处的阶段，食物需求将会历经一个较快的增长阶段之后趋于稳定。在该过程中，口粮、蔬菜等食物将保持稳定，乳畜产品需求会快速增长，引致诸如玉米、粕类等饲料粮需求量进一步上升。出于这一考虑，在对2012～2032年的预测中，一个可行的假定为水稻小麦的产出保持相对稳定，[①] 而只需观察玉米等农产品的产出变动。与此同时，2012～2032年间的食物需求弹性数据则根据经验进行线性推算。

（二）预测结果

预计到2017年，我国玉米消费量较2012年增长15.5%，蔬菜以及其他农作物的消费量增长13.5%，乳类消费量增长12.2%，肉类消费量增长18.6%，加工食品消费量增长19.6%（见表3）。

表3　国内需求增长预测

单位：%

	2017年比2012年增长	2022年比2017年增长	2027年比2022年增长	2032年比2027年增长
玉　米	15.53	13.73	12.14	10.59
蔬菜及其他	13.49	10.81	8.89	7.53
乳　类	12.16	10.13	8.21	6.48
肉　类	18.55	15.67	12.95	10.49
加工食物	19.57	16.67	14.13	11.82

资料来源：GTAP8模型运行结果。

至2022年玉米消费量较2012年增长13.7%，蔬菜以及其他农作物的消费量增长10.8%，乳类消费量增长10.1%，肉类消费量增长15.7%，加工食品消费量增长16.7%。增速较2012～2017年间有一定的下降（见表3）。

① 按照每阶段增产1%进行假设。

同样的，2022～2027年间的消费增长水平又将进一步下降，到2027～2032年，玉米消费量将增长10.6%，蔬菜以及其他农作物的消费量增长7.5%，乳类消费量增长6.5%，肉类消费量增长10.5%，加工食品消费量增长11.8%。这一增长幅度较2012～2017年间有了明显的下降（见表3）。

可见，随着城镇化、工业化的推进，经济发展水平的提高，我国食物消费总量增长将在今后10～20年达到稳定水平，肉类的增速将与玉米需求的增速保持一致，而蔬菜与乳类的消费增速将会更早达到相对稳定水平，这也与先前的经验判断相一致。

进一步地，根据模型结果，我国农产品与食物进口也将在一段时期内出现快速增长的情况。

（1）2017年，我国玉米进口量较2012年增长22.2%，蔬菜以及其他农作物进口量将增长47.5%，乳类进口量增长36.6%，肉类进口量增长85.2%，加工食物进口量增长33.4%（见表4）。

表4　农产品与食物进口增长预测

单位：%

	2017年比2012年增长	2022年比2017年增长	2027年比2022年增长	2032年比2027年增长
玉　米	22.24	16.89	10.56	4.38
蔬菜及其他	47.48	34.43	21.88	10.28
乳　类	36.62	21.02	8.8	-1.82
肉　类	85.24	59.07	42.85	28.31
加工食物	33.37	28.37	22.8	16.07

资料来源：GTAP8模型运行结果。

（2）2027～2032年间，我国玉米进口量将增长4.4%，蔬菜以及其他农作物进口量将增长10.3%，乳类进口量将下降1.8%，肉类进口量将增长28.3%，加工食物进口量将增长16.1%（见表4）。这一变化趋势也与我国食物消费的总体变化趋势相一致，但是更为重要的是，该预测结果显示：未来我国肉类进口增速将会超过饲料粮的进口增速，其原因在于当前我国肉类进口量的总规模相对较小，而玉米等粮食进口量相对较大，这一变化会使得未来粮食进口快速增加的局面得以缓解。

相对进口增长水平而言，国内产出的增长较为缓慢；但是从趋势来看，仍然呈现增速持续下降的趋势。

其一，2017 年，我国玉米产量较 2012 年增长 12.6%，蔬菜与其他作物产量增长 2.3%，乳类产量增长 13.3%，肉类产量增长 11.6%，加工食物产量增长 18.4%（见表5）。

其二，2032 年，我国玉米产量较 2027 年增长 10.6%，蔬菜与其他作物产量增长 30.9%，乳类产量增长 7.5%，肉类产量增长 6.5%，加工食物产量增长 10.5%（见表5）。

表 5 农产品与食物国内生产增长预测

单位：%

	2017 年比 2012 年增长	2022 年比 2017 年增长	2027 年比 2022 年增长	2032 年比 2027 年增长
玉米	12.59	11.54	11.05	10.58
蔬菜及其他	2.30	9.17	20.28	30.91
乳类	13.26	10.71	8.86	7.54
肉类	11.61	9.95	8.17	6.54
加工食物	18.42	15.63	12.94	10.48

资料来源：GTAP8 模型运行结果。

以玉米为例，2012 年我国产量约为 2 亿吨，进口量约为 520 万吨；根据上述测算结果，我国玉米进口量将在 2017 年达到 650 万吨，在 2032 年达到 850 万吨，同时我国国内玉米产量将在 2017 年达到 2.3 亿吨，而在 2032 年达到 3.1 亿吨。进一步地，以肉类为例，2012

年我国肉类总产量8000万吨，肉类进口量约为150万吨；根据上述测算，我国肉类进口量将在2017年达到270万吨，在2032年达到810万吨，同时我国肉类产量将在2017年达到9000万吨，在2032年达到1.1亿吨。

（三）简要小结

根据先验性的判断，可以认为：随着城镇化、工业化的逐步推进并最终趋于稳定，人口结构与收入水平将进入新阶段，届时我国食物消费升级也将趋于稳定，消费总量也将趋于稳定。这就意味着，食物消费需求的增长不是无限增长，而当前的消费快速增长以及市场均衡的变化都是阶段性的必然。

透过模型结果，可以得出以下结论。

（1）在未来的20年内，我国食物消费需求的增速将逐步放缓并达到稳定状态。

（2）农产品进口的增长变化也与需求变化的方向相一致，同时肉类进口量将会相对放大，饲料粮进口量将相对缩小。

（3）国内的农业产出水平将会进一步增长，相对于进口量的增长而言，解决我国粮食安全以及食物需求问题仍将立足国内生产。

（4）根据模型结果，并不会出现十分异常的结构性突变，所有经济指标均在可控范围之内，因此对于未来的整体粮食安全与食物供给，可以持乐观态度。

五　2013年展望与政策建议

根据国际货币基金组织（IMF）2013年1月公布的世界经济展望，2013年全球经济增长将达到3.5%，比2012年高出0.3个百分点，新兴市场、发展中国家和美国将是主要经济增长源头。其中，新兴经济体和发展中国家GDP增速在2013年、2014年分别为5.5%和

5.9%，而美国经济增长将分别为2%和3%。尽管全球经济面临的风险仍然很大，但是也呈现缓慢回升、逐步好转的迹象。对于中国经济而言，根据中国社会科学院发布的《2013 年经济蓝皮书》预测，2013 年 GDP 增速将达 8.2%，基本与行业内预测大体一致，中国经济将迎来新的增长。

具体到农产品市场，从短期来看，一方面，伴随着 2013 年更高的经济增长，我国农产品整体需求会得到有效支撑和提振，加之最低收购价提高等政策的作用，2013 年整体农产品与食物价格的趋势中轴将会进一步抬升，CPI 的压力进一步加大。另一方面，由于全球农产品市场供求整体相对宽松，加之全球经济的缓慢回升，国际农产品整体价格缺乏上涨动力。由于国际国内农产品价格差异的作用，加之国内需求的支撑，农产品的进口会继续扩大，这也与均衡模型的预测结果相一致。但是从中长期来看，我国食物消费需求的增速将逐步放缓并达到稳定状态。

由于 2012 年我国农产品市场政策的作用，稻谷、小麦、棉花等库存水平较高，这也成为 2013 年粮食市场调控的潜在风险之一。同时，由于最低收购价与临时收储政策不仅执行成本较高，同时也会面临市场波动带来的更大的财政负担，因此可以考虑将间接补贴转为直接补贴，如“差价直补”，将托市期内的市场平均价格低于最低收购价或临时收储价部分，按当年平均亩产折算为每亩补贴，直接发放给种植农户。

G.7
农产品对外贸易发展及其特点

2012 年在世界经济弱势复苏的格局下，虽然美联署的量化宽松政策对美国经济复苏是有效的，但是给世界带来了美元泛滥和货币竞相贬值。同时，我国农产品供给能力的增长速度慢于国内市场对农产品需求的增长速度，特别是土地、水资源等生产要素，对农业生产发展的约束越来越明显。在这种国内外背景下，一方面，中国农产品进出口总额突破了 1700 亿美元，再次创造了历史新高；另一方面，由于上述多种因素的影响，导致农产品进口额增长明显超过农产品出口额增长，农产品进出口贸易逆差大幅上升。面对世界经济变化和我国农业、农村发展新形势，加强农业生产能力建设和农产品有效供给，积极应对国际市场变化带来的负面影响，推动农产品对外贸易持续、健康发展，这对我们提出了新的挑战和考验。

一　农产品进出口基本情况及其特点

（一）农产品进出口基本情况

中国海关统计数据显示，2012 年中国农产品进出口总额 1739.4 亿美元，同比增长 12.9%。其中，农产品出口额 625.0 亿美元，同比增长 4.0%；农产品进口额 1114.4 亿美元，同比增长 18.7%；农产品进出口逆差由上年的 337.9 亿美元扩大到 489.4 亿美元，增长44.8%。农产品进出口贸易额及其增长情况分别见表1和图1。

表1　农产品进出口贸易额及其增长

单位：亿美元，%

年份	2003	2004	2005	2006	2007	2008	2009	2010	2011	2012
数额										
进出口	403.6	514.2	558.3	630.2	775.7	985.5	913.8	1208.0	1540.3	1739.4
出　口	214.3	233.9	271.8	310.3	366.0	402.2	392.1	488.8	601.2	625.0
进　口	189.3	280.3	286.5	319.9	409.7	583.3	521.7	719.2	939.1	1114.4
增长率										
进出口	32.0	27.4	8.6	12.9	23.1	27.8	-7.3	32.2	27.5	12.9
出　口	18.1	9.1	16.2	14.2	17.9	10.6	-2.5	24.7	23.0	4.0
进　口	52.2	48.1	2.2	11.7	28.1	43.1	-10.6	37.9	30.6	18.7

资料来源：2003~2011年数据摘自历年《中国农村经济形势分析与预测》（农村经济绿皮书）；2012年数据摘自商务部对外贸易司《中国进出口月度统计报告（农产品）》，2013年1月。

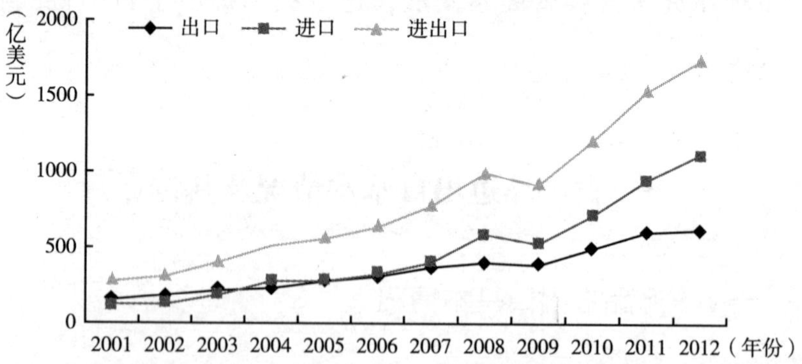

图1　农产品进出口贸易额增长

2012年中国主要农产品进出口情况见表2。

表 2　2012 年中国主要农产品进出口

单位：万吨，%

品种	出口	比上年增长	进口	比上年增长
稻米	27.9	-45.9	236.9	296.2
小麦	—	—	368.8	195.3
玉米	25.7	89.2	520.7	197.1
大豆	32.0	53.7	5838.0	11.0
棉花	2.3	-11.5	513.7	52.7
食用植物油	10.1	-18.5	960.0	23.1
食糖	4.7	-20.3	374.7	28.4
蔬菜	934.9	-3.9	22.2	32.9
水果	486.4	1.4	342.5	0.2
畜产品(亿美元)	64.4	7.5	149.0	11.2
水产品(亿美元)	189.8	6.7	80.0	-0.2

资料来源：大米、小麦、玉米、大豆、棉花、食糖数据来源于国家海关信息中心，食用植物油、蔬菜、水果、畜产品、水产品数据来源于农业部。

（二）农产品进出口主要特点

1. 农产品贸易额继续增长并创新高

在世界经济缓慢复苏、美元量化宽松政策和国内消费需求不断增长的情况下，中国农产品贸易额在上年跨越 1500 亿美元的基础上，2012 年继续增长，再度刷新了历史纪录。加入 WTO 以来，中国农产品贸易额增长较快，中国在世界农产品贸易中的地位不断提升。WTO 最新统计显示，[①] 2011 年中国农产品贸易总额仅次于欧盟和美国，居世界第三位。农业贸易额占第一产业增加值比重，由 2001 年的 14.7% 提高到 2011 年的 21.1%。[②] 中国农产品贸易结构特征呈现

① WTO, *International Trade Statistics 2012*.

② 牛盾主编《国际农业研究报告 2012》，中国农业出版社，2012，第 4 页。

为出口蔬菜、水果和水产品等劳动密集型产品，进口油料、棉花等土地密集型产品。中国不仅是世界农业生产大国，而且成为世界农产品贸易大国。

2. 农产品贸易逆差值大幅扩大

从2004年开始，中国农产品贸易出现连续性逆差，逆差值逐渐扩大，2012年达到489.4亿美元（见图2）。根据WTO最新统计，[①] 2011年中国农产品进口额仅次于欧盟和美国，位居第三；农产品贸易逆差仅次于日本，位居第二。中国在成为世界农产品贸易大国的同时，也成为农产品贸易逆差大国。

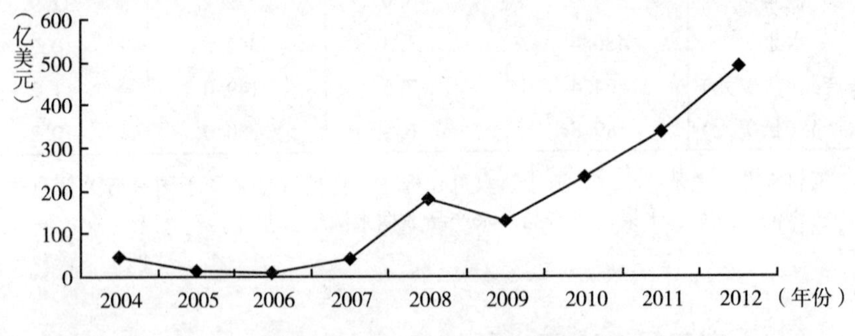

图2　农产品贸易逆差值变化

3. 粮食进口量大幅度增长

2012年中国农产品贸易变化的一个新特点，是粮食进口数量增长较快。谷物进口1398.3万吨，同比增长156.7%。稻米、小麦、玉米和大麦进口分别为236.9万吨、368.8万吨、520.7万吨和252.8万吨，稻米、小麦和玉米三种主要粮食的净进口分别为209万吨、368万吨和495万吨。

粮食进口情况具体表现为：一是粮食进口量突破了历史纪录，包括大豆进口5838万吨在内，中国进口粮食首次突破7000万吨；二是包括大米、玉米等原有传统生产优势的主要粮食品种的进口量均达数

① WTO, *International Trade Statistics 2012*.

百万吨；三是中国玉米贸易连续3年呈现净进口，玉米净进口数量逐年增多，2012年玉米净进口增至495万吨。

4. 贸易价格与数量指数变化不一致

美元的频繁贬值造成全球性货币流动性过剩，不仅造成人民币升值的压力，而且削弱了中国农产品出口竞争力。尽管国际市场上大豆进口单价上涨，但是大米、棉花、牛肉、糖、天然橡胶等农产品进口单价却有所下降。商务部的统计信息显示，[①] 2012年1~12月农产品出口价格同比指数为106.6，物量同比指数为95.6；农产品进口价格同比指数为99.4，物量同比指数为109.6。上述信息表明，农产品出口价格指数明显大于农产品进口价格指数，农产品出口物量指数明显小于农产品进口物量指数，农产品进出口金额与农产品进出口数量之间变化方向不一致，这不利于农产品出口发展，也是造成中国农产品贸易逆差巨大的一个重要因素。

5. 农产品出口增长乏力

2002~2011年，除2009年外，中国农产品出口额增长均高于9%，期间年均增长幅度达到14.2%。但是2012年中国农产品出口额仅增长4%，仅好于2009年因全球金融危机的负面影响造成农产品出口额负增长。从外部因素看，美国、欧盟和日本三大发达经济体均陷入经济低迷状况，其中欧元区的主权债务危机是影响世界经济发展最重要的因素，美国如何消除其严重的经济失衡是世界经济发展最大的不确定因素。从内部因素看，国内消费需求不断增长的同时，国内农产品供给增长能力有限，难以支撑农产品出口较快、持续地增长。

二　影响农产品对外贸易发展的主要因素

2012年世界经济复苏的步伐依然沉重，由于受到世界经济缓慢

① 商务部对外贸易司：《中国进出口月度统计报告（农产品）》，2013年1月。

增长的影响，全球贸易增长十分有限。中国作为世界经济增长的重要组成部分，在一定程度上，农产品进出口走势印证了世界经济的变化过程。在上述大背景下，研究中国农产品进出口贸易的新变化，以及这些变化的主要影响因素，不仅有助于我们把握农产品贸易发展规律，而且有助于推动农产品贸易健康、持久地发展。

（一）全球经济弱势复苏影响世界贸易增长

1. 世界经济呈现弱势和不稳定复苏

最新版《世界经济黄皮书》指出，[①] 2012 年世界经济增速为 3.3%，比上年下降 0.5 个百分点，未能扭转经济下行的趋势。其中，发达经济体经济增速为 1.3%，比上年下降 0.3 个百分点；新兴市场与发展中经济体经济增速为 5.3%，比上年下降 0.9 个百分点。世界银行报告指出，2012 年，美国经济增速 2.3%，比上年增长 0.5 个百分点；欧元区经济增速 -0.4%，比上年下降 1.8 个百分点；日本经济增速 2.0%，比上年增长 2.6 个百分点；中国经济增速 7.8%，比上年下降 1.5 个百分点。在发达经济体中，美国和日本经济低速增长，但以欧元区为代表的大多数发达经济体状况令人担忧。从总体上看，世界经济的弱势和不稳定特征较为明显。

2. 世界经济不景气制约了贸易增长

世界经济不景气在一定程度上抑制了商品需求。例如，根据国际棉花咨询委员会的分析报告，[②] 2011/2012 年度世界棉花产量预期达到 2708 万吨，由于世界经济的低迷，纺织品需求下降影响到棉花的使用量，导致棉花需求量（2470 万吨）小于供给量。根据布瑞克农

---

① 王洛林、张宇燕主编《2013 年世界经济形势分析与预测》，社会科学文献出版社，2003。

② 国际棉花咨询委员会 2012 年 8 月份报告，中国棉花网。

业咨询公司预测,[①] 2012/2013 年度全球食糖总产量预计达到 1.73 亿吨，消费需求为 1.66 亿吨，当年结余 600 万吨。同样，世界经济低迷对中国货物贸易影响显著。2012 年中国货物进出口总值为 38667.6 亿美元，同比增长 6.2%，但与上年增长 22.5% 相比，则下降了 16.3 个百分点。

（二）多种原因导致农产品贸易逆差大幅扩大

1. 经济发展凸显国内农业资源不足

中国作为一个人口大国和农业大国，土地资源和水资源的明显不足制约了农业生产，这是中国农产品贸易逆差产生的一个重要原因。工业化和城镇化加剧了土地资源和水资源的紧张状况，地方政府片面追求 GDP 增长，导致一些农村地区建设用地占用耕地面积，以及工业用水量和城镇居民生活用水量上升。同时，随着国内经济较快增长和人民生活水平不断提高，国内市场购买能力也不断增强，一些人群在食品消费过程中严重浪费，从而使食用植物油和畜禽产品消费量持续增长，最终导致土地密集型粮食和油料作物消费量持续增长。从供给和需求两个方面来看，国内资源难以支撑农产品需求不断增长，选择进口部分农产品已成为一种长期趋势。

2. 国际价格较低有利于农产品进口

2012 年世界经济不景气和许多农产品供给充裕，导致相当数量的农产品价格较低，特别是棉花、大米、糖、天然橡胶、棕榈油、羊毛等国际市场价格处于较低水平，这为中国主动地加大农产品进口提供了机会。通过农产品贸易和市场投放等经济手段，可以有效利用国际市场与国内市场，以较低成本增强库存储备并加强调节能力，这有利于完善中国农产品市场调控机制。从这个意义上看，上述农产品进口增加具有一定的合理性，即农产品贸易的巨大逆差也包含某些合理

---

① 《全球食糖预期丰产境外低价糖威胁长期存在》,《证券时报》2012 年 9 月 7 日。

因素。

3. 发达国家加强贸易主义保护措施

2011 年，WTO 总干事拉米表示，“在经济不确定性加剧，全球风险上升的情况下，促进全球贸易继续开放尤为重要”。在世界经济复苏缓慢和不确定时期，中国已成为世界贸易保护主义的首要目标国。2012 年中国在遭遇大量工业品、纺织品贸易纠纷和争端的同时，还遭遇来自欧盟、美国、新西兰、埃及等 8 个国家（地区）发起的农产品贸易救济调查案件 17 起。① 欧盟、美国、日本等加强了对中国部分出口农产品的检验和管理措施。例如，为了防止非法转基因成分传入，欧盟自 2012 年 2 月开始，对来自中国的所有米制品实施更为严格的入境检查。

4. 农产品供给增长仍慢于需求增长

尽管我国取得连续 9 年粮食增产，从 2003 年的 43070 万吨增加至 2012 年的 58957 万吨，增长了 36.9%。同期，粮食进口数量从 2283 万吨增加至 7236 万吨，增长了 217.0%，远远高于粮食产量增长速度，粮食供求缺口越来越大。提高农产品生产能力（特别是粮食生产能力），既是保证粮食安全的关键任务，也是控制或降低农产品贸易逆差的根本措施。

5. 国内农产品消费增长速度过快

随着我国经济较快、持续增长，人民生活水平不断提高，部分人群表现出奢侈浪费情况，尤其是部分党政干部使用公款大吃大喝现象严重，远远超过了发展中国家的消费水平，需要大量进口大豆、食用油脂等补充国内供给。最新统计表明，2012 年我国白酒产量达 115.3 亿升，啤酒产量达 490.2 亿升，如果加上黄酒等，估计每年耗费粮食超过 2000 万吨。我国人均食用植物油消费量已达 18 公斤，接近世界平均 20 公斤的消费量，并超过日本和韩国的人均消费量。

---

① 根据中国贸易救济信息网有关出口应诉内容进行统计。

（三）国家政策出台多项支农惠农强农政策

2012年，党中央、国务院出台多项支持“三农”政策，其中包括：《关于推进农业科技创新持续增强农产品供给保障能力的意见》《全国现代化农业发展规划（2011～2015）》《关于加强食品安全工作的决定》；全国人大常委会公布新修订的《农业法》和《农业技术推广法》；国务院办公厅发布《关于进一步做好减轻农民负担工作的意见》《关于促进外贸稳定增长的若干意见》等。2012年中央财政用于“三农”支出12286.6亿元，比上年增长17.9%，提高了农业科技研发、农业科技推广和服务、农业机械化装备水平的支持力度。2013年中央1号文件强调，要确保国家粮食安全和重要农产品有效供给，要积极创新农业生产经营体制机制。这些举措为推动农业和农村的持续、稳定发展，为保证粮食生产持续稳定增长，提供了政策法律和物质基础的强有力支持。

三　重要农产品贸易的变化

在我国农产品对外贸易中，一些农产品具有重要作用。其中，大米、小麦和玉米是粮食安全的衡量指标，大豆、棉花和食用植物油是大量进口的监测指标，蔬菜、水果既是我国农业具有比较优势的园艺产品，也是农产品国际竞争力的重要体现。

（一）主要粮食品种仍然保持较高自给率

2012年我国增加了稻米、小麦和玉米的进口量，虽然大米、小麦和玉米的自给率有所下降，但是三种主要粮食仍然保持较高的自给率，可以基本满足国内消费者的需求。根据国家统计局、国家粮油信息中心和海关的有关数据，我们对2012年中国主要粮食自给率进行了测算，国产水稻、小麦、玉米的自给率分别为98.98%、97.04%、

97.67%，这三种主粮的总体自给率为98.03%，现阶段我国粮食安全是有保障的。但是大豆净进口继续增长，大豆自给率从上一年的21%下降至18%。大豆自给率过低，导致中国粮食自给率总体水平下降。

从粮食国际竞争力来看，大豆、小麦缺乏比较优势，玉米的比较优势已经弱化，水稻具有比较优势但有波动。与上一年相比，中国主要粮食产品与国际市场粮食产品之间价格差距波动不大（见表3）。

表3 中国与国际市场主要粮食产品价格比较

单位：元/千克，%

年份	小麦			大米			玉米			大豆		
	国际	中国	差距	国际	中国	差距	国际	中国	差距	国际	中国	差距
2001	0.89	1.11	24.7	1.27	1.54	21.3	0.74	1.13	52.7	1.50	2.07	38.0
2002	1.08	1.06	-1.8	1.46	1.48	1.4	0.82	1.02	24.4	1.67	2.11	26.3
2003	1.18	1.13	-4.2	1.52	1.57	3.3	0.89	1.10	23.6	2.04	2.65	29.9
2004	1.26	1.54	22.2	1.85	2.36	27.6	0.96	1.25	30.2	2.43	3.22	32.5
2005	1.15	1.50	30.4	2.10	2.27	8.1	0.81	1.22	50.6	1.99	2.78	39.6
2006	1.32	1.44	9.1	2.13	2.30	8.0	0.97	1.30	34.0	1.84	2.69	46.2
2007	1.80	1.54	-14.4	2.26	2.43	7.5	1.25	1.53	22.4	2.39	3.27	36.8
2008	2.40	1.74	-27.5	4.21	2.82	-33.0	1.55	1.62	4.5	3.28	4.70	43.3
2009	1.59	1.84	15.7	4.01	2.92	-27.2	1.18	1.63	38.1	2.65	3.58	35.1
2010	1.63	1.98	21.5	3.38	3.13	-7.4	1.30	1.89	45.4	2.77	3.76	35.7
2011	1.89	2.07	9.52	3.43	3.52	2.6	1.90	2.16	13.7	3.31	3.92	18.4
2012	2.06	2.15	4.37	3.45	3.80	10.1	1.87	2.29	22.4	3.58	4.29	19.8

说明：a. 差距=（中国市场粮食价格-国际市场粮食价格）/国际市场粮食价格。b. 小麦、玉米和大豆国际市场价格为美国海湾离岸价，大米国际市场价格为曼谷价格；小麦、大米、玉米和大豆国内市场价格为全国平均批发价格。

资料来源：2001~2011年数据摘自《中国农村经济形势分析与预测（2011~2012）》。2012年数据根据中国商务部、郑州粮食批发市场、美国小麦协会、美国谷物协会、中国粮油信息中心等统计资料整理。

（二）棉花、食用植物油对外依存度较大

2012 年我国棉花进口 513.7 万吨，比上一年增长 52.7%。2007～2012 年我国棉花自给率分别为 63%、58%、78%、70%、68% 和 59%，棉花成为我国农产品进口的主要品种之一。2012 年我国食用植物油进口 960 万吨，比上一年增长 23.1%，我国不仅成为世界上食用植物油进口量最大的国家，而且食用植物油自给率已下降至 37% 左右。有关研究表明，[①] 早在 21 世纪之初，我国棉花、大豆、油菜子就已不具备比较优势，此后这些农产品的比较优势度处于下降状况。导致我国上述农产品缺乏国际竞争力的主要原因，是小农生产规模和机械化作业程度低造成了生产成本的比较劣势。近 10 年我国城镇化和工业化较快推进，农业资源的约束更加突出，土地、劳动力、生产资料等农业生产要素价格快速上涨，以及人民币汇率不断升值，不可避免地进一步制约了棉花、大豆、油菜子比较优势度的增强。

有关棉花研究显示，[②] 2008 年我国黄河流域棉区、长江流域棉区的每亩收益分别为 378 元、313 元；每亩棉花种植的总成本分别为 677 元、811 元；其中，人工费用分别为 283 元、364 元，分别占总成本的 41.8%、44.9%。近几年我国劳动力成本上涨较快，目前已占棉花生产总成本的 60% 左右，这使种棉收益大幅下降，许多地区每亩棉花生产净利润已不足 200 元。例如，2012 年安徽省安庆地区棉花生产每亩净利润下降至 52.12 元。[③] 与中国小规模生产不同，美

---

① 农业部农产品贸易办公室：《中国农产品贸易发展报告 2008》，中国农业出版社，2008。

② 王延琴等：《我国棉花生产成本与收益调查及分析》，《中国棉花》2010 年第 10 期。

③《我市 2012 年度棉花生产成本及收益情况的调查和分析预测》，安庆政务网，2012 年 11 月 12 日。

国平均每个农场的棉花种植面积为1800亩，由于实行机械化作业，有效地抑制了人工成本上升。美国农业部有关报告显示，[①] 2011年美国每亩棉花的种植总成本为773元，其中人工成本（包括未支付的劳动力机会成本）为43元，不足总成本的6%。在现代农业的基础上，美国政府对棉花生产的支持政策，发挥了美国棉花生产的比较优势。

（三）蔬菜、水果出口贸易保持较高水平

加入WTO以来，我国农产品贸易发展很快，特别是园艺产品和水产品出口，农产品出口市场布局更加合理。2012年虽然发达国家经济不景气，但是我国蔬菜、水果出口额仍然保持稳定。我国蔬菜出口产业质量安全性提高，包括高标准蔬菜基地建设、出口蔬菜质量监管工作常态化和蔬菜生产标准化水平提高。2011年我国对日本出口蔬菜的超标违规数量降至2007年的40%左右。值得注意的是，我国蔬菜生产和出口基地主要集中在山东、福建、浙江、江苏和广东，而东部省份的土地价格和劳动力价格上升较快，这也是我国蔬菜比较优势下降的部分因素。

有关研究表明，[②] 随着世界蔬菜进口市场的扩张，近10年我国蔬菜出口增长较快，但我国蔬菜出口占世界市场份额却趋于下降。2000年我国蔬菜出口额占世界市场的9.5%，位于美国和意大利之后，排名第三位。2008年我国蔬菜出口份额下降至4.5%，位于墨西哥、荷兰、意大利和西班牙之后，排名第五位。从2002年开始，我国新鲜蔬菜出口价格明显上涨并呈现波动状态。从蔬菜加工质量和附加值提升看，美国、荷兰、西班牙、意大利等国家具有较为明显的优势。

我国是水果出口大国。2010年我国水果出口额在西班牙和美国

① 美国农业部研究局网站。

② 刘芳等：《中国蔬菜产业国际市场竞争力的实证分析》，《农业经济问题》2011年第7期。

之后，排名第三位，占世界市场的6.6%。影响我国水果国际竞争力的主要因素有：生产资料、劳动力、交通运输价格上涨和人民币升值，以及果树栽培、果品保鲜及储存技术和绿色防虫害技术。因此，需要提升水果的品质、口感和质量安全性，同时，进一步扩大水果出口品种范围，以推动我国水果产业迈向一个新台阶。

（四）多种因素制约农业竞争力

1. 人均土地和水资源低于世界平均水平

土地和水是农业生产的支撑性要素，但是我国人均耕地、水资源明显不足。WTO统计资料显示，我国人口占世界总人口的19.7%，耕地面积占世界耕地面积的8%，人均耕地面积仅为世界人均耕地面积的41%。我国人均耕地面积不仅明显小于澳大利亚、俄罗斯、阿根廷、美国、巴西、法国，而且小于印度尼西亚、德国、印度和英国等。我国是一个干旱缺水严重的国家，淡水资源总量占全球水资源的6%，人均水资源仅为世界平均水平的1/4，在世界上排名第121位，是全球13个人均水资源最贫乏的国家之一。土地和水资源要素不足导致农业生产增长潜力有限以及农业生产成本上升较快，这就制约了农业竞争力提高。

2. 农业仍以小规模经营为主

根据WTO统计，2010年我国农业人口8.28亿，平均每个农业人口占用耕地2.23亩，仅为世界平均数的25.6%。我国农民耕种规模不仅明显小于美国、澳大利亚、法国、俄罗斯、阿根廷、巴西、德国、英国和日本，而且小于韩国、印度尼西亚、印度和巴基斯坦，与埃及相似，仅超过孟加拉国等少数国家。此外，农民合作组织等创新型经营主体发育发展起步较晚。根据农业部经管司统计，[①] 2011年我

---

① 农业部农村经济体制与经营管理司：《2011年农民专业合作社发展情况》，农业部网站，2012年4月17日。

国农民合作组织已超过 90 万个，其中被农业部认定为规范社的 6.5 万个，其余大部分合作社有待于规范和完善。小规模分散经营不仅没有规模效益，而且政府缺少引导和扶持的抓手，抑制了生产成本下降、劳动生产率提高，从而制约了农业竞争力提高。

四　政策评价和形势展望

我国农业发展进入从传统农业向现代农业转型跨越的新阶段，中国政府在不断加强农业基础建设的同时，出台了一系列新政策、新举措，特别是从基本国情和长远发展考虑，突出农业经营组织创新和农业技术的重要作用，强调农村土地确权以稳定农业资源，这对农产品贸易长期、稳定和健康发展具有积极、重要的作用。这里，我们仅对有关政策措施进行简单评述，并对农产品贸易形势作概略性展望。

（一）政策评价

1. 进一步增强农业、农村发展活力

2013 年中央 1 号文件的主题是“加快发展现代农业，进一步增强农村发展活力”，针对农业生产成本上升、消费结构快速升级、农产品供求结构性矛盾突出、农业对外依存度明显提高、粮食安全保障任务艰巨等问题，中央提出保供给、促增收和惠民生的工作目标，加大农村改革力度、政策扶持力度、科技驱动力度，围绕现代农业建设，充分发挥农村基本经营制度的优越性，着力构建集约化、专业化、组织化、社会化相结合的新型农业经营体系，进一步解放和发展农村社会生产力。

中央 1 号文件不仅指导性强而且任务明确，特别是保证农村基本经营制度、农业科技支撑和构建新型农业经营主体，关键是贯彻落实到各级地方政府和农村基层组织，使中央精神转化为干部群众建设社会主义新农村的自觉行动。我们认为，这需要强化省长的农业负责

制，以及健全相应的干部考核制度，用“帽子管住脑子”，改变地方政府普遍存在的过度追求 GDP 增长和过度依赖“土地财政”现象，如果不扭转这种状况，就不可能使“三农”工作成为全党工作的重中之重。同时，中央政府应该考虑和调整中央财政和地方财政的分配关系，从体制上保证地方发展农业的积极性和财政能力。

2. 提倡健康的生活方式和饮食习惯

最近，中央不断强调“厉行勤俭节约、反对铺张浪费”，严禁用公款大吃大喝、挥霍浪费，大力弘扬中华民族勤俭节约的优秀传统。社会舆论积极响应提倡树立文明健康的生活方式和饮食习惯，这对引领文明新风和保持艰苦奋斗精神，具有极为重要的现实意义。我国是一个经济快速发展的发展中国家，现阶段面临着资源紧缺的制约。作为一个世界人口最多的国家，我们的粮食绝不能依赖进口。我们需要从新的高度认识节约的重大意义，不仅要形成科学、精细、高效的生产方式，而且要形成文明、健康的生活方式，改变我国农产品消费过快增长的趋势，促进我国农产品供求关系协调稳定发展。

（二）形势展望

最新发布的中国社会科学院《世界经济黄皮书》预测，[①] 2013 年世界经济增长率为 2.9%，其中，美国经济增长 2.1%，日本经济增长 1.2%，欧元区经济增长 0.2%，美国经济延续缓慢复苏态势，欧元区经济处于低谷状态。“中国经济形势分析与预测”课题组预计，[②] 2013 年中国经济将实现平稳温和的增长，GDP 增长率为 8.2% 左右，仍然保持相对较快增长。

根据 2013 年世界经济发展预测和有关研究结果，我们认为：在

① 王洛林、张宇燕主编《2013 年世界经济形势分析与预测》，社会科学文献出版社，2003。

② 《2013 年中国经济将实现平稳增长》，《中国社会科学报》2012 年 10 月 19 日。

世界经济复苏缓慢、不稳定的前提下，并且考虑到通货膨胀的因素，中国农产品进出口额将比 2012 年有所增长，并有可能再次刷新历史纪录。我们认为，在统筹考虑粮食安全的情况下，农产品出口规模需要适度调控。在提高农业综合生产能力和抑制农产品消费过快增长的前提下，农产品进口额增长速度可能减缓，我国农产品贸易逆差有可能减少。

G.8

农村居民收入与生活*

据对全国31个省（自治区、直辖市）7.4万个农村居民家庭的抽样调查，2012年，全国农村居民纯收入较快增长，农村居民消费信心同步增强，消费水平不断提升，生活质量进一步改善。

一 农村居民收入

（一）人均纯收入实际增长10.7%

2012年农村居民人均纯收入7917元，比上年增加939元，增长13.5%，剔除价格因素影响，实际增长10.7%。名义增速和实际增速比2011年分别下降了4.4个和0.7个百分点。农村居民人均纯收入中位数[①]7019元，比2011年增加825元，增长13.3%。中位数收入水平比平均数收入水平低11.3%，增速低于平均数增速0.2个百分点。

1. 工资性收入增长16.3%

2012年农村居民人均工资性收入3448元，比上年增加484元，增长16.3%，增速同比下降5.6个百分点。工资性收入对全年农民增收的贡献率为51.5%，拉动人均纯收入增长6.9个百分点。工资

* 若非特别说明，本文收支增长均未考虑价格因素影响。部分数据因四舍五入的原因，存在与增长率有一定误差的情况。

① 收入中位数：指将所有调查户按人均纯收入水平从低到高顺序排列，处于最中间位置调查户的人均纯收入。

性收入较快增长的原因是2012年农民工人数继续增加，农民工工资水平保持较快上涨。全国农民工监测调查显示，2012年第一季度至第四季度外出农民工月收入水平同比分别上涨16.6%、14.9%、13.0%和11.8%。

2. 家庭经营纯收入增长9.7%

2012年农村居民家庭经营纯收入人均3533元，比上年增加311元，增长9.7%，增速同比下降4个百分点。家庭经营纯收入对全年农民增收的贡献率为33.2%，拉动纯收入增长4.5个百分点。家庭经营收入变化的主要特点有以下几个方面。

（1）农业纯收入保持较快增长。农业纯收入人均2107元，增加210元，增长11.1%。农业纯收入增长较快主要是由于2012年粮食丰收，同时粮食、蔬菜等主要农产品价格上升。据测算，2012年，农村居民出售农产品增加的收入中，出售数量增加和价格上涨因素影响约各占一半。

（2）牧业收入出现下降。牧业纯收入人均441元，减少22元，增速由2011年的增长30.1%转变为下降4.7%，这主要是由于生猪价格下跌，尤其是进入第二季度后，生猪价格持续低迷。

（3）第二、第三产业经营纯收入保持稳定增长。第二、第三产业经营纯收入人均811元，增加109元，增长15.5%。其中，工业纯收入人均118元，增加13元，增长12.4%；建筑业纯收入人均96元，增加8元，增长8.6%；第三产业纯收入人均597元，增加88元，增长17.3%。

3. 财产性收入增长9.0%

2012年农村居民财产性收入人均249元，比上年增加21元，增长9.0%。财产性收入对全年农民增收贡献率仅为2.2%。其中，转让承包土地经营权收入人均47元，增加10元，增长25.5%。

4. 转移性收入增长21.9%

2012年农村居民转移性收入人均687元，比上年增加123元，增长21.9%，增速连续两年保持在20%以上。转移性收入对全年农民增收的贡献率为13.1%，拉动纯收入增长1.8个百分点。转移性收入快速增长主要是由于农村社会保障政策覆盖范围进一步扩大和保障水平进一步提高，以及各地农业及草原生态补贴等政策的实施和力度加大。

5. 纯收入构成有所变化

2012年农村居民家庭工资性收入占纯收入比重为43.6%，比2011年提高1.1个百分点；转移性收入比重为8.7%，比2011年提高0.6个百分点；家庭经营纯收入比重为44.6%，比2011年下降1.6个百分点；财产性收入比重为3.1%，比2011年下降0.1个百分点（见图1）。

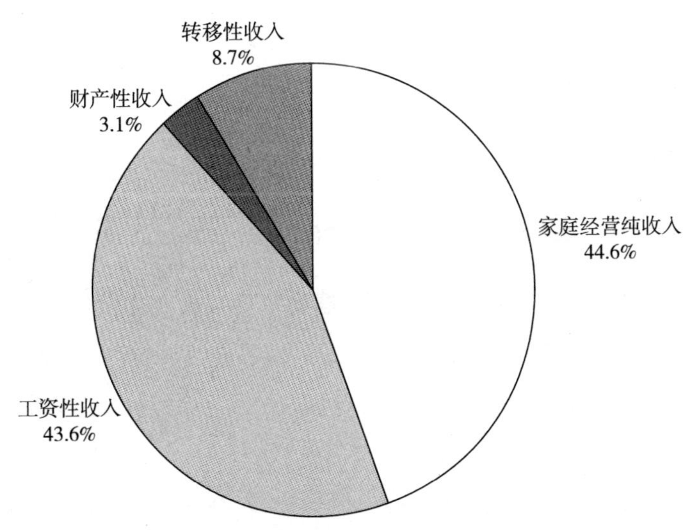

图1　2012年农村居民人均纯收入构成

6. 现金纯收入比重提升

2012年农村居民现金纯收入稳定增加，比重提升。全年现金纯收入人均7015元，比2011年增加922元，增长15.1%；占人均纯收入比重为88.6%，比2011年提高1.8个百分点；实物纯收入人均902元，比2011年增加17元，增长1.9%，占人均纯收入比重为11.4%。

（二）收入差距有所缩小

1. 基尼系数有所缩小

2012年农村居民人均纯收入的基尼系数为0.3867，比2011年的0.3897缩小0.003（见图2）；农村居民人均纯收入与城镇居民人均可支配收入之比（以农村为1）为3.10，比2011年的3.13缩小了0.03。

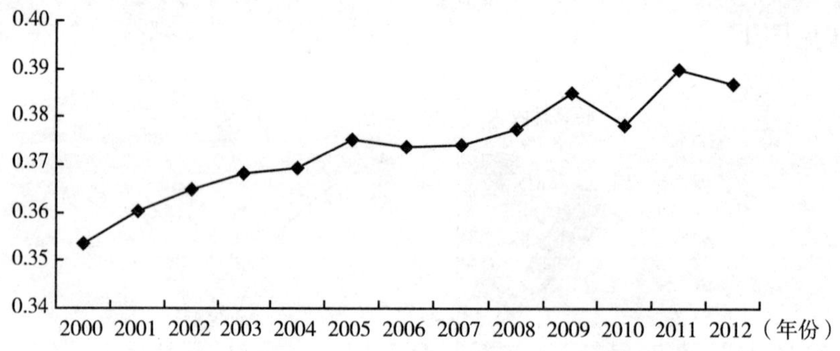

图2　2000～2012年农村居民基尼系数变化情况

2. 低收入户收入增长最快

将所有调查户按人均纯收入从低到高排队，每20%的户为一组分成5等份。2012年，低收入户人均纯收入2316元，比上年增长15.8%；中等偏下收入户人均纯收入4807元，增长13.0%；中等收入户人均纯收入7041元，增长13.4%；中等偏上收入户人均纯收入10142元，增长14.0%；高收入户人均纯收入19009元，增长13.3%（见表1）。

表 1　按农户人均纯收入 5 等份分组的农村居民纯收入比较

	2012 年(元/人)	2011 年(元/人)	2012 年比 2011 年增加(元/人)	2012 年比 2011 年增长(%)
低收入户	2316	2001	316	15.8
中等偏下收入户	4807	4256	552	13.0
中等收入户	7041	6208	833	13.4
中等偏上收入户	10142	8894	1248	14.0
高收入户	19009	16783	2226	13.3

低收入户收入增速最快的原因，一是转移性收入快速增长，人均 332 元，增长 25.4%，特别是新型农村社会养老保险收入增长了 125%。二是第一产业纯收入增长较快，人均 891 元，增长 13.7%，这部分农户第一产业经营中以农业为主，受增产及价格上升因素影响，农业纯收入增长较快；而牧业收入所占比重较小，受生猪价格下跌的影响很小。

3. 西部地区农村居民收入增速较快

2012 年东部、中部、西部、东北地区农村居民人均纯收入分别为 10817 元、7435 元、6027 元和 8846 元，人均纯收入增长速度分别为 12.9%、13.9%、14.9% 和 13.6%。西部地区农村居民人均纯收入增速比东部地区农村居民人均纯收入增速高 2.0 个百分点，比中部地区农村居民人均纯收入增速高 1.0 个百分点，比东北地区农村居民人均纯收入增速高 1.3 个百分点。

收入最高省份与最低省份的农村居民人均纯收入比值由 2011 年的 4.11 缩小到 3.95（以最低省份农村居民人均纯收入为 1）。

二　农村居民消费

（一）人均消费支出实际增长 10.4%

2012 年农村居民消费支出人均 5908 元，比 2011 年增加 687 元，增长13.2%。剔除价格因素影响，实际增长10.4%，增速比2011年下降2.2个百分点。分项消费支出情况见表2。

表2　2012年农村居民人均消费支出情况

指　标	绝对数(元)	名义增长速度(%)	构成(%)
人均消费支出	5908	13.2	100.0
1. 食品	2324	10.3	39.3
2. 衣着	396	16.1	6.7
3. 居住	1086	13.0	18.4
4. 家庭设备及用品	342	10.6	5.8
5. 交通通信	653	19.3	11.1
6. 文教娱乐	445	12.4	7.5
7. 医疗保健	514	17.6	8.7
8. 其他	148	21.0	2.5

1. 恩格尔系数首次降至40%以下

2012年农村居民食品支出人均2324元，比2011年增长10.3%。农村居民食品支出占消费支出的比重即恩格尔系数为39.3%，比2011年下降1.1个百分点，恩格尔系数首次降至40%以下（见图3）。在食品支出中，粮食支出人均419元，增长5.5%；蔬菜及制品支出人均212元，增长8.7%；肉禽蛋奶及制品支出人均621元，增长8.3%；水产品支出人均92元，增长14.3%。

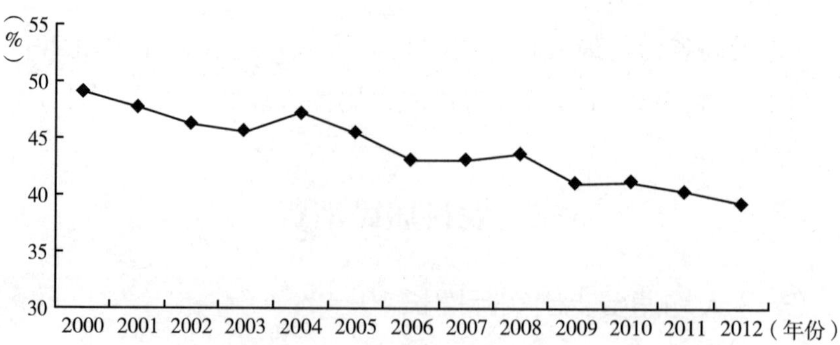

图3　2000~2012年农村居民恩格尔系数变化情况

2. 衣着、居住和医疗保健支出较快增长

2012 年农村居民衣着支出人均 396 元，同比增长 16.1%。其中，购买服装支出人均 271 元，增长 15.3%；购买鞋类支出人均 95 元，增长 18.8%。

居住支出人均 1086 元，同比增长 13.0%。其中，购买建材支出人均 485 元，增长 9.7%；建筑、维修生活用房雇工支出人均 153 元，增长 20.0%；生活用水、电、燃料支出人均 296 元，增长 14.5%。

医疗保健支出人均 514 元，同比增长 17.6%。其中，购买药品支出人均 154 元，增长 10.7%；医疗费支出人均 348 元，增长 21.4%。

3. 交通通信和文教娱乐支出增速加快

2012 年农村居民交通通信支出人均 653 元，增长 19.3%，增速比 2011 年提高 0.7 个百分点。其中，购买交通工具支出人均 223 元，增长 28.5%；购买交通工具用燃料支出人均 110 元，增长 19.5%；购买通信工具支出人均 47 元，增长 20.0%；通信费支出人均 137 元，增长 12.9%。

文教娱乐支出人均 445 元，同比增长 12.4%，增速比 2011 年提高 4.3 个百分点。其中，购买文教娱乐用品支出人均 119 元，增长 7.2%；教育服务支出人均 254 元，增长 9.9%；文体娱乐服务支出人均 73 元，增长 33.7%。

4. 家庭设备及用品支出增速大幅回落

2012 年农村居民家庭设备及用品支出人均 342 元，同比增长 10.6%，增速比 2011 年回落 21.4 个百分点。其中，购买机电设备支出人均 111 元，与 2011 年基本持平；购买日用品支出人均 111 元，增长 16.0%；购买家具支出人均 66 元，增长 16.5%。家庭设备及用品支出增速明显回落的主要原因是：随着家电以旧换新、节能补贴短期刺激政策的落幕，人均购买机电设备支出额由 2011 年的增长 31.1% 转变为基本零增长。

5. 消费支出结构与上年基本相同

与2011年比较，2012年农村居民8大项消费结构及变动与上年基本相同，为3降1平4升态势。在农村居民消费支出中：食品支出占39.3%，比2011年下降1.1个百分点；家庭设备及用品支出占5.8%，比2011年略降0.1个百分点；文教娱乐支出占7.5%，比2011年略降0.1个百分点；居住支出占18.4%，与2011年持平；交通通信支出占11.1%，比2011年提高0.6个百分点；医疗保健支出占8.7%，比2011年提高0.3个百分点；衣着支出占6.7%，比2011年提高0.2个百分点；其他商品支出占2.5%，比2011年提高0.2个百分点（见图4）。

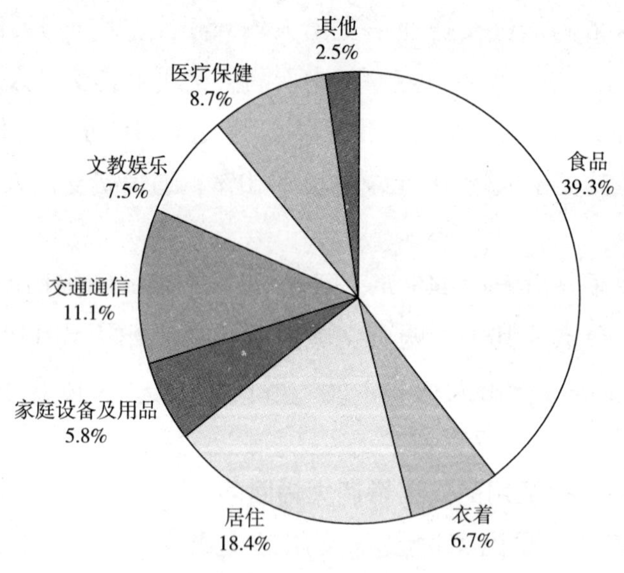

图4　2012年农村居民消费支出构成

（二）生活质量继续改善情况

1. 营养性食品消费稳定增加

2012年农村居民的粮食、蔬菜消费量减少，其他食品消费量增加。农村居民消费粮食人均165公斤，比2011年减少3.8%；消费蔬菜人均85公斤，比2011年减少5.2%；消费食用油人均7.8公斤，比2011年增长4.6%，其中消费的植物油占88.5%；消费禽蛋人均5.9公斤，比2011年增长8.8%；消费肉类人均23.5公斤，比2011年增长0.7%，其中主要是牛羊肉消费量增加，猪肉消费量基本持平；消费水产品人均5.4公斤，与2011年基本持平；消费瓜果人均22.8公斤，比2011年增长7.1%。

2. 居住条件和居住环境进一步改善

2012年农村居民住房更加宽敞舒适，人均居住住房面积37.1平方米，比2011年增长2.3%。其中人均居住住房面积大于25平方米的农村居民调查户占71.1%，比2011年提高1.5个百分点。居住在钢筋混凝土结构住房中的农村居民调查户占38.1%，比2011年提高0.8个百分点；居住在砖木结构住房中的农村居民调查户占57.5%，比2011年提高0.2个百分点。

2012年农村居民居住条件和居住环境进一步改善。

一是住房卫生条件不断提高。2012年有94.5%的农村居民调查户住房拥有卫生设备，比2011年提高0.4个百分点；其中，住房有水冲式卫生厕所的调查户占24.0%，比2011年提高1.1个百分点，无厕所的调查户占5.5%，减少0.4个百分点。

二是住房取暖条件持续改善。2012年有44.2%的农村居民调查户住房拥有取暖设备，其中使用空调和暖气的调查户占21.9%，比2011年提高1.1个百分点。

三是使用清洁能源的户数增多。2012年使用清洁燃料如沼气、燃气、燃油、电、太阳能的农村居民调查户占39.7%，比2011年提高1.6个百分点。

四是饮用自来水的户数超过一半。2012年有79.6%的农村居民调查户饮用安全卫生水，比2011年提高0.6个百分点；其中，饮用自来水的农村居民调查户占57.3%，提高2.2个百分点。

五是住房外部环境进一步改善。2012 年有 55.7% 的农村居民调查户住宅外有水泥或柏油状路面，比 2011 年提高 2.8 个百分点；住宅外有石头或石板等硬质路面的农村居民调查户占 21.6%，比 2011 年下降 0.9 个百分点；住宅外为土路等非硬质路面的农村居民调查户占 22.7%，比 2011 年下降 1.9 个百分点。

3. 新型耐用消费品需求较旺

2012 年，农村居民家庭年末拥有的主要传统耐用消费品稳定增加，时尚、新型的耐用消费品需求较旺。平均每百户农村居民家庭拥有彩色电视机 116.9 台，比 2011 年增长 1.2%；洗衣机 67.2 台，增长 7.4%；电冰箱 67.3 台，增长 9.4%；摩托车 62.2 辆，增长 2.2%；电动自行车 35.5 辆，增长 8.7%；移动电话 197.8 部，增长 10.0%；空调 25.4 台，增长 12.3%；抽油烟机 14.7 台，增长 11.0%；微波炉 12.8 台，增长 8.8%；热水器 40.8 台，增长 11.1%，其中具有节能功能的太阳能热水器 26.4 台，增长 12.3%。此外，2012 年平均每百户农村居民家庭拥有生活用汽车 6.6 辆，比 2011 年增长 19.5%；电脑 21.4 台，比 2011 年增长 18.9%，其中有 76.8% 的电脑接入了互联网，比 2011 年提高 3.4 个百分点。

（三）农村居民现金消费支出情况

1. 现金消费支出比重提高

2012 年农村居民人均现金消费支出 5414 元，占全部消费支出的 91.6%，比 2011 年提高了 1.0 个百分点。其中，购买食品的现金消费支出占食品总支出的 80.2%，比 2011 年提高 1.8 个百分点；此外，在外用餐支出稳定增加。2012 年农村居民在外饮食支出人均 284 元，比 2011 年增长 14.5%。

2. 低收入组农户消费支出增幅较高

将所有调查户按人均纯收入从低到高排队，每 20% 的户为一组分成 5 等份。从分组情况看，2012 年低收入组农户、中等偏下收入组农户、中等收入组农户、中等偏上收入组农户和高收入组农户人均消费支出比 2011 年分别增长 13.0%、12.7%、12.7%、15.3% 和 12.3%。低收入组农户消费支出增幅仅次于中等偏上收入组农户(见表3)。

表3　按农户人均纯收入5等份分组的农村居民消费支出比较

	2012 年(元/人)	2011 年(元/人)	2012 年比 2011 年增加(元/人)	2012 年比 2011 年增长(%)
低收入户	3742	3313	429	13.0
中等偏下收入户	4464	3962	502	12.7
中等收入户	5430	4818	612	12.7
中等偏上收入户	6924	6003	921	15.3
高收入户	10275	9150	1125	12.3

3. 西部地区省份农村居民消费支出增速较快

2012 年东部、中部、西部、东北地区农村居民人均消费支出分别为 7683 元、5469 元、4798 元和 5941 元，比 2011 年分别增长 12.1%、14.3%、14.6% 和 11.1%。西部地区农村居民人均消费支出增速比东部地区农村居民人均消费支出增速高 2.5 个百分点，比中部地区农村居民人均消费支出增速高 0.3 个百分点，比东北地区农村居民人均消费支出增速高 3.5 个百分点。

G.9

农村区域经济发展

2012年，我国农村区域经济发展形势良好，四大地区粮食增产，畜牧业生产稳定发展，农民收入与消费均稳步增长。

一 各区域农林牧渔业总产值与结构变化

1. 各区域农林牧渔业总产值普遍增长，东部、中部、西部地区增速均高于上年，东北地区农林牧渔业总产值突破一万亿元①

初步预计，2012年东部、中部、西部和东北地区农林牧渔业现价总产值分别为31591亿元、23760亿元、23598亿元和10517亿元，按可比价计算，分别比上年增长4.0%、4.9%、6.0%和5.7%，西部地区增长最快，东北地区次之。东部、中部、西部增速分别比上年高0.4个、0.8个和1.2个百分点（见表1）。

2. 西部和东北地区农林牧渔业总产值占全国的比重继续上升，东部和中部地区所占比重下降

2012年，东部、中部、西部和东北地区农林牧渔业现价总产值占全国的比重分别为35.3%、26.6%、26.4%和11.8%；与上年相比，西部地区和东北地区农林牧渔业总产值占全国农林牧渔业总产值的比重分别提高0.4个和0.5个百分点，东部地区和中部地区所占比重分别下降0.6个和0.3个百分点。

3. 西部地区农业增速快，中部地区牧业增长迅速

2012年，东部、中部、西部和东北地区农业总产值分别为15739

---

① 本文中农林牧渔业产值包括了农林牧渔业服务业产值。

亿元、12806亿元、13349亿元和5022亿元，按可比价格计算，分别比上年增长3.1%、3.6%、6.1%和5.8%，西部地区增长最快，东北地区次之（见表2）。

表1　四大地区农林牧渔业总产值及占全国比重

单位：亿元，%

地区	农林牧渔业总产值			占全国比重		
	2011年	2012年	2012年比2011年增长	2011年	2012年	2012年比2011年提高(个百分点)
东部	29223	31591	4.0	35.9	35.3	-0.6
中部	21854	23760	4.9	26.9	26.6	-0.3
西部	21094	23598	6.0	25.9	26.4	0.4
东北	9132	10517	5.7	11.2	11.8	0.5
全国	81304	89466	5.0	100	100	

表2　各地区农林牧渔业产值

单位：亿元，%

地区	农业			林业			牧业			渔业		
	2011年	2012年	可比增长	2011年	2012年	可比增长	2011年	2012年	可比增长	2011年	2012年	可比增长
东部	14500	15739	3.1	1022	1113	7.3	7754	7974	4.9	4834	5547	3.9
中部	11691	12806	3.6	914	1026	5.5	6943	7268	6.2	1462	1717	7.7
西部	11669	13349	6.1	885	949	8.6	7288	7890	5.3	622	702	8.0
东北	4129	5022	5.8	299	361	5.2	3785	4102	5.8	650	731	4.7
全国	41989	46915	4.3	3121	3449	6.9	25771	27234	5.5	7568	8696	4.7

2012年，东部、中部、西部和东北地区牧业总产值分别为7974亿元、7268亿元、7890亿元和4102亿元，按可比价格计算，分别比上年增长4.9%、6.2%、5.3%和5.8%，中部地区增长最快，东北地区次之（见表2）。

4. 受价格因素影响，农业产值占各地区农林牧渔业总产值的比重均有所上升，牧业产值比重下降

2012年，全国农产品生产者价格指数中，农业产品生产者价格指数为104.8，牧业产品生产者价格指数为99.7。受价格因素影响，农业产值占各地区农林牧渔业总产值的比重均有所上升，牧业产值比重均有所下降（见表3）。

表3　各地区农林牧渔业总产值构成

单位：%

地区	农业		林业		牧业		渔业	
	2011年	2012年	2011年	2012年	2011年	2012年	2011年	2012年
东部	49.6	49.8	3.5	3.5	26.5	25.2	16.5	17.6
中部	53.5	53.9	4.2	4.3	31.8	30.6	6.7	7.2
西部	55.3	56.6	4.2	4.0	34.5	33.4	2.9	3
东北	45.2	47.8	3.3	3.4	41.5	39.0	7.1	6.9

2012年，东部、中部、西部和东北地区农业总产值占其农林牧渔业总产值的比重分别为49.8%、53.9%、56.6%和47.8%，分别比上年提升0.2个、0.4个、1.2个和2.5个百分点。

2012年，东部、中部、西部和东北地区牧业总产值占其农林牧渔业总产值的比重分别为25.2%、30.6%、33.4%和39.0%，分别比上年下降1.3个、1.2个、1.1个和2.4个百分点。

东北地区的农林牧渔业产值结构变化最大，表现为农业比重较大提高，牧业比重较大幅度下降。

二　各区域农业生产与结构变化

1. 各地区粮食产量普遍增长，西部地区粮食生产增速高

2012年，东部、中部、西部和东北地区粮食产量分别为14552

万吨、17735 万吨、15495 万吨和 11175 万吨，与上年相比，分别增长 1.6%、2.8%、4.9%和 3.7%（见表 4）。

分产区看，2012 年，13 个粮食主产省（区）粮食产量合计为 44610 万吨，比 2011 年增产 1188 万吨，增长 2.7%，增产量占全国总增产量的 64.7%。东北及内蒙古 4 省（区）增产 539 万吨，占全国增产总量的 29.3%。

表 4　各地区粮食产量及占全国粮食总产量的比重

单位：万吨，%

地区	粮食产量			占全国粮食总产量的比重		
	2011 年	2012 年	2012 年增长	2011 年	2012 年	2012 年比 2011 年提高百分点
东部	14316	14552	1.6	25.1	24.7	-0.4
中部	17252	17735	2.8	30.2	30.1	-0.1
西部	14776	15495	4.9	25.9	26.3	0.4
东北	10777	11175	3.7	18.9	19.0	0.1
全国	57121	58957	3.2	100	100	

其中黑龙江增产 191 万吨、吉林增产 172 万吨、内蒙古增产 141 万吨。主产区以外的 18 个省（市、区）粮食产量合计为 14347 万吨，增产 648 万吨，增长 4.7%。贵州 2011 年大旱减产后，2012 年恢复性增产 203 万吨，甘肃和山西分别增产 95 万吨和 81 万吨。

2. 西部和东北地区粮食产量占全国粮食产量的比重提高，东部和中部地区所占比重下降

2012 年，东部、中部、西部和东北地区粮食产量占全国粮食产量的比重分别为 24.7%、30.1%、26.3%和 19.0%。与上年比较，东部和中部地区粮食产量占全国粮食产量的比重分别下降 0.4 个和 0.1 个百分点，西部和东北地区粮食产量占全国粮食产量的比重分别提升 0.4 个和 0.1 个百分点。西部地区粮食恢复性增产是其粮食产量占比提高的主要原因。

分产区看，粮食主产区粮食产量占全国粮食总产量的比重为75.7%，比上年下降0.4个百分点。

3. 新疆西北棉区棉花增产，黄淮海棉区和长江流域棉区棉花减产①

初步统计，2012年，新疆西北棉区棉花产量为369万吨，比上年增长21.3%，对我国2012年棉花总产量的增长作出重大贡献。黄淮海棉区和长江流域棉区棉花产量分别为163万吨和152万吨，分别比上年减少17.2%和3.9%。

4. 四大地区油料全面增产，中部地区增加最多，东北地区增长最快

初步统计，2012年，东部、中部、西部和东北地区油料作物产量分别为816万吨、1474万吨、951万吨和235万吨，分别比上年增加17万吨、75万吨、55万吨和23万吨，分别比上年增长2.1%、5.4%、6.1%和10.7%。中部地区油料增加最多，对2012年我国油料增产的贡献率达到44.4%。东北地区增长最快（见表5）。

表5　各地区油料产量及增长情况

单位：万吨，%

地区	2011年	2012年	2012年比2011年增加	2012年比2011年增长
东部	800	816	17	2.1
中部	1398	1474	75	5.4
西部	896	951	55	6.1
东北	213	235	23	10.7

① 黄淮海棉区：北京、天津、河北、山西、内蒙古、辽宁、吉林、山东、河南；长江流域棉区：上海、江苏、浙江、安徽、福建、山西、湖北、湖南、广西、重庆、四川、贵州、云南；新疆西北棉区：陕西、甘肃、新疆。

三　各区域畜牧业生产与结构变化

1. 各地区畜牧业生产呈稳定发展态势，猪牛羊禽肉产量比上年增速明显提高，中部地区增速最高

2012年，东部、中部、西部和东北地区猪牛羊禽肉产量分别为2572万吨、2366万吨、2412万吨和879万吨，分别比上年增长5.6%、6.1%、4.6%和5.0%，增速比上年分别提高4.9个、6.0个、4.8个和3.9个百分点。中部地区增速最高（见表6）。

表6　各地区猪牛羊禽肉产量

单位：万吨，%

地区	年份	猪牛羊禽肉	猪肉	牛肉	羊肉	禽肉
东部	2011	2436	1476	142	77	741
	2012	2572	1556	144	78	793
	增长	5.6	5.4	1.5	1.1	7.1
中部	2011	2231	1612	150	64	404
	2012	2366	1721	151	65	429
	增长	6.1	6.7	0.6	1.5	6.2
西部	2011	2306	1507	231	228	340
	2012	2412	1575	239	234	364
	增长	4.6	4.5	3.7	2.4	7.1
东北	2011	837	465	125	24	224
	2012	879	491	128	24	236
	增长	5.0	5.7	2.5	2.2	5.3

2. 各地区猪牛羊禽肉产量全面增加，猪肉和禽肉增长的带动力量大

2012年，东部、中部、西部和东北地区猪肉产量分别为1556万吨、1721万吨、1575万吨和491万吨。东部、中部和西部地区猪肉产量扭转了上年的减少趋势，分别比上年增长5.4%、6.7%和4.5%，东北地区猪肉产量增长5.7%，比上年提高5.3个百分点。

2012 年东部、中部、西部和东北地区禽肉产量分别为 793 万吨、429 万吨、364 万吨和 236 万吨，分别比上年增长 7.1%、6.2%、7.1%和5.3%，增速均比上年有明显提高。

2012 年，东部、中部、西部和东北地区牛肉产量分别为 144 万吨、151 万吨、239 万吨和 128 万吨，东部和中部地区牛肉产量扭转上年的下降趋势，分别比上年增长 1.5%、0.6%，西部和东北地区比上年增长 3.7%和2.5%，增速比上年提高 3.7 个和 1.7 个百分点。

2012 年东部、中部、西部和东北地区羊肉产量分别为 78 万吨、65 万吨、234 万吨和 24 万吨，东部、中部和西部地区羊肉产量扭转上年的下降趋势，分别比上年增长 1.1%、1.5%和2.4%，东北地区羊肉产量比上年增长 2.2%。

各地区猪肉产量和禽肉产量的高速增长成为各地区猪牛羊禽肉产量增长的主要带动力量。

3. 禽肉产量占各地区猪牛羊禽肉产量的比重继续上升，猪肉比重有升有降，牛羊肉产量占猪牛羊禽肉产量的比重全面下降

2012 年，东部、西部和东北地区禽肉产量占其猪牛羊禽肉产量的比重分别比上年提高了 0.4 个、0.3 个和 0.1 个百分点，中部地区禽肉产量占其猪牛羊禽肉产量的比重与上年持平；2012 年，中部和东北地区猪肉产量占其猪牛羊禽肉产量的比重均比上年提高 0.4 个百分点，东部和西部地区比重分别下降 0.1 个和 0.3 个百分点；牛肉和羊肉产量占各地区猪牛羊禽肉产量的比重全面下降（见表 7）。

表 7　各地区猪牛羊禽肉产量构成

单位：%

类别	东部		中部		西部		东北	
	2011 年	2012 年	2011 年	2012 年	2011 年	2012 年	2011 年	2012 年
猪肉	60.6	60.5	72.3	72.7	65.4	65.3	55.5	55.9
牛肉	5.8	5.6	6.7	6.4	10.0	9.9	14.9	14.5
羊肉	3.2	3.0	2.9	2.7	9.9	9.7	2.8	2.7
禽肉	30.4	30.8	18.1	18.1	14.8	15.1	26.8	26.8

四　各区域农民收入与结构变化

1. 各地区农民人均纯收入普遍增长，但增速均低于上年

2012 年，东部、中部、西部和东北地区农民人均纯收入分别为 10817 元、7435 元、6027 元和 8846 元，按现价计算，分别比上年增长 12.9%、13.9%、14.9% 和 13.6%，西部地区增长最快，中部和东北地区农民人均纯收入的增速高于东部地区，但和上年比有所下降（见表 8）。2012 年，东部、中部、西部和东北地区农民人均纯收入的增速分别比上年下降 4.8 个、4.6 个、3.9 个和 7.5 个百分点。

表 8　各地区农民人均纯收入

单位：元，%

地区	2011 年	2012 年	2012 年比 2011 年增长
东部	9585	10817	12.9
中部	6530	7435	13.9
西部	5247	6027	14.9
东北	7791	8847	13.6

2. 农民人均纯收入结构特点

（1）各地区工资性收入占农民纯收入的比重继续提高，中部地区农民人均工资性收入增速继续领跑其他地区。2012 年，东部、中部、西部和东北地区工资性收入占农民纯收入的比重分别为 53.5%、44.8%、35.3% 和 26.9%，分别比上年提升 1.2 个、1.7 个、0.7 个和 0.9 个百分点。中部地区农民人均工资性收入比上年增长 18.5%，西部和东北地区分别比上年增长 17.3% 和 17.7%，东部地区增长相对较慢，为 15.5%。西部地区和东北地区农民工资性收入占纯收入的比重较低，分别比东部地区低 18.3 个和 26.7 个百分点，差距比上年扩大（见表 9、表 10）。

表 9　各地区农民分项人均纯收入

单位：元

类别	东部		中部		西部		东北	
	2011 年	2012 年	2011 年	2012 年	2011 年	2012 年	2011 年	2012 年
纯收入	9585	10817	6530	7435	5247	6027	7791	8846
工资性收入	5015	5791	2809	3328	1811	2124	2021	2378
家庭经营纯收入	3445	3711	3184	3483	2781	3084	4670	5283
财产性纯收入	407	452	111	113	137	155	407	421
转移性纯收入	718	864	425	511	517	663	693	764

表 10　各地区农民纯收入结构

单位：%

类别	东部		中部		西部		东北	
	2011 年	2012 年	2011 年	2012 年	2011 年	2012 年	2011 年	2012 年
工资性收入	52. 3	53. 5	43. 0	44. 8	34. 5	35. 3	25. 9	26. 9
家庭经营纯收入	35. 9	34. 3	48. 8	46. 8	53. 0	51. 2	59. 9	59. 7
财产性纯收入	4. 2	4. 2	1. 7	1. 5	2. 6	2. 6	5. 2	4. 8
转移性纯收入	7. 5	8. 0	6. 5	6. 9	9. 9	11. 0	8. 9	8. 6

（2）各地区农民家庭经营纯收入占农民纯收入的比重普遍下降。2012 年，东部、中部、西部和东北地区农民家庭经营纯收入占农民纯收入的比重分别为 34. 3%、46. 8%、51. 2% 和 59. 7%。与上年相比，东部、中部、西部和东北地区农民家庭经营收入占农民纯收入的比重分别下降 1. 6 个、1. 9 个、1. 8 个和 0. 2 个百分点，中部地区下降最多，东北地区下降最少。

（3）东部地区农民工资性收入占农民人均纯收入的比重最大，中部、西部和东北地区家庭经营纯收入比重最大。东部地区农民工资性收入占农民纯收入的比重比家庭经营纯收入占农民纯收入的比重高 19. 2 个百分点，比上年扩大 2. 8 个百分点；中部、西部和东北地区工资性收入与家庭经营收入的差距由上年的5.7个、18.5个和34.0个百分点，分别缩小为2.1个、15.9个和32.8个百分点。

3. 中部、西部和东北地区农民人均纯收入与东部地区的绝对差距继续扩大，相对差距继续缩小

2012年，中部地区农民人均纯收入与东部地区的绝对差距由2011年的3055元扩大到3382元，西部地区由4338元扩大到4791元，东北地区由1794元扩大到1971元，绝对差距继续扩大。但这些地区与东部地区农民人均纯收入的相对差距继续缩小。2012年，中部、西部和东北地区农民人均纯收入与东部地区的差距分别为45.5%、79.5%和22.3%，分别比上年下降1.3个、3.2个和0.7个百分点（见表11）。

表11　农民人均纯收入地区差距

单位：元，%

类别	2011年	2012年	类别	2011年	2012年
东部与中部的绝对差距	3055	3382	东部比中部高	46.8	45.5
东部与西部的绝对差距	4338	4791	东部比西部高	82.7	79.5
东部与东北的绝对差距	1794	1971	东部比东北高	23.0	22.3

五　各区域农村居民消费与结构变化

1. 各地区农村居民人均生活消费支出普遍增长，但增速均明显低于上年

2012年，东部、中部、西部和东北地区农民人均生活消费支出分别为7683元、5469元、4798元和5941元，按现价计算，分别比上年增长12.1%、13.9%、14.9%和13.6%，其中，中部地区农民人均消费支出的增长速度高于农民人均纯收入增长速度，东部、西部和东北地区均低于收入增长速度。但是，由于2012年农村居民消费价格指数偏低，各地区农民人均生活消费支出名义增长速度均明显低于上年，分别比上年下降7.4个、6.7个、3.8个和11.8个百分点（见表12）。

表12　各地区农村居民人均生活消费支出

单位：元，%

地区	2012年			2011年	
	消费支出	比上年增长	比收入增速高（个百分点）	消费支出	比上年增长
东部	7683	12.1	-0.8	6856	19.5
中部	5469	14.3	0.4	4786	21.0
西部	4798	14.6	-0.3	4188	18.4
东北	5941	11.1	-2.5	5349	22.9

2. 各地区农户食品、家庭设备及用品、居住消费支出比重普遍下降，衣着、交通通信、医疗保健、其他商品和服务消费支出比例普遍提高

2012年，我国东部、中部、西部和东北地区农民恩格尔系数分别为38.4%、38.7%、41.5%和37.7%，分别比上年下降0.5个、2.1个、1.0个和0.3个百分点。东部、西部和东北地区农户人均居住消费支出占农民人均消费支出的比重分别比上年下降0.3个、0.1个和2.0个百分点（见表13、表14）。

表13　各地区分项农民人均生活消费支出

单位：元

指标名称	东部		中部		西部		东北	
	2012年	2011年	2012年	2011年	2012年	2011年	2012年	2011年
食品	2948	2667	2119	1955	1992	1780	2237	2029
衣着	498	440	355	302	322	270	517	443
居住	1380	1250	1108	923	878	771	849	873
家庭设备及用品	444	403	350	315	272	244	243	221

续表

指标名称	东部		中部		西部		东北	
	2012 年	2011 年	2012 年	2011 年	2012 年	2011 年	2012 年	2011 年
交通通信	966	802	516	430	504	422	655	573
文教娱乐	647	581	386	341	306	269	556	489
医疗保健	605	545	492	400	419	349	704	574
其他商品和服务	196	168	143	119	105	81	181	147

表 14　各地区分项农民人均生活消费支出结构

单位：%

指标名称	东部		中部		西部		东北	
	2012 年	2011 年	2012 年	2011 年	2012 年	2011 年	2012 年	2011 年
食品	38.4	38.9	38.7	40.9	41.5	42.5	37.7	37.9
衣着	6.5	6.4	6.5	6.3	6.7	6.5	8.7	8.3
居住	18.0	18.2	20.3	19.3	18.3	18.4	14.3	16.3
家庭设备及用品	5.8	5.9	6.4	6.6	5.7	5.8	4.1	4.1
交通通信	12.6	11.7	9.4	9.0	10.5	10.1	11.0	10.7
文教娱乐	8.4	8.5	7.1	7.1	6.4	6.4	9.4	9.1
医疗保健	7.9	7.9	9.0	8.4	8.7	8.3	11.8	10.7
其他商品和服务	2.6	2.5	2.6	2.5	2.2	1.9	3.0	2.7

东部、中部、西部和东北地区农户人均衣着消费支出占人均消费支出的比重分别比上年提高0.1个、0.2个、0.3个和0.4个百分点；交通通信消费支出比重分别比上年提高0.9个、0.4个、0.4个和0.3个百分点；其他商品和服务消费支出比重分别比上年提高0.1个、0.1个、0.3个和0.3个百分点；中部、西部和东北地区农户医疗保健消费支出比重分别比上年提高0.6个、0.4个和1.1个百分点。

3. 中部、西部和东北地区与东部地区农民人均生活消费支出的绝对差距继续扩大，中部、西部与东部地区的相对差距缩小，东北地区与东部地区的相对差距扩大

2012 年，中部、西部和东北地区与东部地区农村居民人均生活消费支出的绝对差距由上年的 2070 元、2668 元和 1508 元分别扩大到 2214 元、2885 元和 1742 元。中部、西部与东部地区农民人均生活消费支出的相对差距分别由上年的 43.3% 和 63.7% 缩小到 40.5% 和 60.1%，东北地区农民人均生活消费支出与东部地区的差距由上年的 28.2% 扩大到 29.3%（见表 15）。

表 15　农民人均生活消费支出地区差距

单位：元，%

类别	2012 年	2011 年	类别	2012 年	2011 年
东部与中部的绝对差距	2214	2070	东部比中部高	40.5	43.3
东部与西部的绝对差距	2885	2668	东部比西部高	60.1	63.7
东部与东北的绝对差距	1742	1508	东部比东北高	29.3	28.2

G.10
农村生态环境与可持续发展

2012年，农村生态环境和可持续发展的总体特征为：农村生态系统压力基本稳定，农业环境污染压力仍在加重；农村生态环境建设力度持续增大，农村可持续发展能力稳步提升。具体表现为以下四点。

第一，耕地资源的数量、质量和生态管理并重成为耕地保护的重要战略，建设高标准农田成为耕地保护的重要举措，测土配方施肥和节水增粮行动将进一步提高耕地资源利用的可持续性，土地荒漠化面积扩展的局面初步得到扭转。

第二，在生态系统服务功能和价值得到重视的背景下，生态补偿成为森林生态系统、草原生态系统和湿地生态系统管理的重要举措，包括：通过森林抚育经营补贴促进森林生态系统质量的提高，通过对草原禁牧育封的补助和奖励实现保护草原生态系统的目标。

第三，现代农业发展中的环境问题压力增加，表现为农业投入品对环境的污染和对农产品质量安全的威胁，以及畜禽养殖业的环境污染。农业环境问题已经成为我国环境保护的重点和全社会关注的热点，相关政策和措施不断出台。

第四，全国各地农村环境综合整治正在逐步推开，伴随着工业化、城镇化和农业现代化的进程，一些地方的农村环境连片综合整治融入到城乡一体化发展的进程中。

展望2013年，在生态文明布局和建设美丽中国的背景下，在工业化、城镇化和农业现代化进程的关键时期，在农村生态建设取得阶段性成效的基础上，对中国农村生态环境与可持续发展管理做出以下

三点总体判断。

第一，在农村生态资源管理中，数量和质量已放到同等重要位置，将更加重视生态系统服务的功能和价值，生态补偿成为生态系统保护的重要实现途径；面临的挑战是：需要制定出将耕地数量管制纳入农地保护框架中的制度与政策，特别要重视和严格控制非农用地占用“荒地”的现象，不能以损害草原生态系统和荒漠生态系统的功能而实现“占补平衡”的目标。

第二，现代农业发展中面临着投入品数量和质量安全监管的难题，突出表现为化肥过量使用，不合格农药、兽药、饲料和添加剂使用等。

第三，以生态县、生态乡镇和生态村为载体的生态示范创建力度将引起更多的关注，成为生态文明建设的切入点和亮点。

一 农村生态环境状况

（一）生态资源状况

1. 耕地资源状况

国土资源部发布的2011年度全国土地变更调查数据显示，[①] 截至2011年底，全国耕地保有量为18.2476亿亩；2011年度，全国耕地减少532.7万亩，其中建设占用耕地485万亩，灾毁耕地33.5万亩，生态退耕14.2万亩；同期耕地增加483.7万亩，增减相抵，耕地面积净减少49.0万亩。[②] 2006～2011年，建设占用耕地面积呈现

① 《2011年度全国土地变更调查数据发布》，国土资源部网站，2012年12月13日。

② 此次公布的数据与2011年全国国土资源工作总结中的数据有差异，当时给出的数据是：2011年全国实现补充耕地480多万亩，占补平衡后净增耕地70万亩，见《回眸2011年全年国土资源工作》，国土资源部网站，2012年1月9日。

为波动且趋于上升的态势，其中：2006～2010 年期间当年耕地增加面积大于建设占用耕地面积，2011 年出现了当年耕地增加小于建设占用面积的情况（见表 1）。

表 1　2006～2011 年全国新增耕地面积和建设占用耕地面积

单位：万亩

年份	2006	2007	2008	2009	2010	2011
耕地增加	401.25	411.00	478.95	403.50	560.55	483.70
建设占用耕地面积	251.05	282.43	287.35	367.00	328.50	485.00

资料来源：2006～2009 年数据来自《中国国土资源统计年鉴》，2010 年数据来自《中国国土资源公报》，2011 年数据来自国土资源部网站。

2. 森林资源状况

到 2012 年底，全国森林面积和森林覆盖率继续使用 2009 年 11 月国务院公布的第七次全国森林资源清查数据，即：森林面积 1.95 亿公顷，森林覆盖率 20.36%，活立木总蓄积 149.13 亿立方米，森林蓄积 137.21 亿立方米。截至 2012 年 11 月底，13 个省份超额完成了全年造林任务，全国共完成造林 9012 万亩，提前完成全年任务；义务植树 24.94 亿株，为计划的 99.8%。①

3. 湿地生态系统保护

2012 年国务院批准了《全国湿地保护工程“十二五”实施规划》，全年恢复湿地 2 万公顷，新增湿地保护面积 9 万公顷和 68 处国家湿地公园试点，确认了 11 处国家重要湿地。完成了第二次全国湿地资源调查。湿地生态系统还有一半尚未得到保护，面积减少、功能退化的趋势依然在持续。②

4. 草原资源状况

截至 2012 年，全国约 90% 的可利用天然草原出现不同程度

① 《造林绿化任务全面完成》，国家林业局政府网，2012 年 12 月 27 日。

② 《林业重点工程深入实施》，国家林业局政府网，2012 年 12 月 27 日。

退化，中度和重度退化面积达23亿亩。尽管近年来国家先后实施了草原围栏、退牧还草等工程项目，项目区草原植被得到较好恢复，但全国草原生态“点上好转、面上退化，局部改善、总体恶化”的形势尚未得到根本扭转，草原生态安全形势依然十分严峻。①

自2011年明确提出草原牧区要实施“生产生态有机结合、生态优先”的发展战略以来，草原生态加快恢复。2012年底全国草原综合植被盖度达到53.8%，比2011年提高2.8个百分点，为近10年来最好水平。全国天然草原鲜草总产量约10.5亿吨，较2011年增加4.7%；载畜能力约2.55亿羊单位，较上年增加3.4%。②

5. 土地荒漠化状况

我国土地荒漠化整体扩展的趋势得到初步遏制，由过去持续扩展转变为净减少；但荒漠生态系统问题仍很严重。根据2012年国家林业局公布的第二次石漠化监测结果显示，③ 截至2011年，我国石漠化土地面积为1200.2万公顷，比2005年净减少96万公顷。在此之前，2011年国家林业局发布的《中国荒漠化和沙化状况公报》显示：截至2009年底，我国荒漠化土地面积为262.37万平方公里，比2004年净减少12454平方公里；沙化土地面积为173.11万平方公里，比2004年净减少8587平方公里。

6. 农业用水量状况

2011年全国用水总量为6080亿立方米，农业用水总量3790亿立方米，占用水总量的62.4%；与2010年比较，全国用水总量增加58亿立方米，农业用水总量增加67亿立方米，农业用水占用水

① 《草原新政与监理工作的形势任务》，中国草原网，2012年7月2日。

② 《现代畜牧业建设取得新成效》，中国草原网，2012年12月25日。

③ 本次监测范围涉及湖北、湖南、广东、广西、重庆、四川、贵州、云南8个省份的463个县。

总量比重较 2010 年上升 1.1 个百分点，表明农业用水效率仍待提高。

（二）农村环境状况

1. 化肥施用量继续增加

2011 年全国农用化肥施用量为 5704 万吨，较 2010 年的 5562 万吨增加 142 万吨；无机氮肥[①]施用量为 3329 万吨，较 2010 年的 3253 万吨增加 76 万吨。每公顷耕地面积化肥施用量为 469 公斤，较 2010 年每公顷 457 公斤增加了 12 公斤；每公顷耕地面积无机氮肥施用量为 274 公斤，较 2010 年每公顷 267 公斤增加了 7 公斤。耕地化肥施用总量和单位耕地面积的施用量仍呈现增加趋势。

2. 畜禽规模化养殖污染严重

随着规模化畜禽养殖的快速增长，饲料工业发展迅猛。2011 年，全国工业饲料总产量 1.81 亿吨，总产值 6348 亿元，分别是 2005 年的 1.7 倍和 2.3 倍，年均增长率分别达 8.8% 和 13.5%，总体规模已居全球第一位。其中，配合饲料、浓缩饲料和添加剂预混合饲料产量分别为 1.49 亿吨、2543 万吨和 605 万吨，与 2005 年相比，分别增长 91.5%、2% 和 26.3%。

污染源普查动态更新数据表明，2010 年全国畜禽养殖业的化学需氧量、氨氮排放量分别达到 1184 万吨、65 万吨，分别占全国排放总量的 45%、25%，分别占农业源排放量的 95%、79%，规模化畜禽养殖污染已经成为最主要的农业污染源。[②]

---

① 无机氮肥总量 = 氮肥 + 复合肥 × 50%。

② 按照 2010 年发布的《第一次全国污染源普查公报》显示，农业源排放的化学需氧量、总氮、总磷等主要污染物已分别占全国排放总量的 44%、57% 和 67%。

二　农村生态环境保护和管理进展

（一）耕地资源管理政策进展

1. 耕地资源数量、质量管理并重

2012 年我国耕地资源管理的重要举措有以下 4 个方面。

第一，继续实施保发展保红线工程（“双保工程”）。2012 年 3 月，国土资源部印发《保发展保红线工程 2012 年行动方案》，工作重点围绕“节约集约保发展，严格规范守红线”展开。耕地保护方面的目标是，在确保耕地数量稳定的基础上，加大基本农田保护力度，提高耕地质量，实现耕地保护数量质量并重。

第二，耕地质量建设得到进一步的重视。2012 年 3 月，国务院批准实施《全国土地整治规划》。该《规划》明确，到 2015 年，新建 4 亿亩旱涝保收高标准基本农田，经整治后耕地质量平均提高 1 个等级，粮食亩产增加 100 公斤以上。在此基础上，7 月，国土资源部发布《关于提升耕地保护水平全面加强耕地质量建设与管理的通知》，初步构建出我国耕地质量管理的整体框架，明确提出 2012 年度 1 亿亩高标准基本农田建设任务，并启动 500 个高标准基本农田示范县建设，标志着耕地数量、质量并重保护的理念与行动，已经转化为具体的政策措施。

第三，耕地管理的技术手段日趋完善。自 2012 年 10 月 1 日起，《农用地质量分等规程》、《农用地定级规程》和《农用地估价规程》3 项国家标准正式实施。3 项国家标准进一步规范了我国农用地质量等级评定和价格评估工作，对提升农用地质量监管水平、加快高标准基本农田建设等具有重要意义。[①] 在基本农田保护的具体工作中，开

---

① 《2012 年国土工作十大看点》，《中国国土资源报》2013 年 1 月 4 日。

始重视发挥以遥感监测图为基础的核心数据库的作用，逐步建立和完善基本农田动态监管系统，强化耕地质量管理。

第四，提高土壤肥力的政策项目仍在实施。测土配方施肥补贴和土壤有机质提升试点补贴，是2005年农业部围绕提高土壤肥力和改良土壤结构实施的加强耕地质量建设的政策项目。到2012年，测土配方施肥项目已走过了由试点到巩固再到普及的重大发展历程，项目县（场、单位）达到2498个，基本覆盖全国所有县级农业行政区，技术推广面积达到12亿亩以上，累计减少不科学用肥600万吨以上，增产增收和节能减排效果明显。[①] 北京市调查统计结果显示，应用测土配方施肥技术与常规施肥相比，平均亩节肥2.3公斤。[②] 土壤有机质提升补贴项目实施以来，中央财政共安排补贴资金16亿元，项目覆盖面积近8000万亩，在减轻秸秆焚烧、培肥基础地力、改善生态环境等方面发挥了积极作用。

2. 全面推进农村集体土地确权登记发证

2011年我国开始推进农村集体土地确权登记工作，要求2012年基本完成覆盖农村集体各类土地的所有权确权登记颁证，加快推进包括农民宅基地在内的农村集体建设用地使用权确权登记颁证。截至2012年11月底，全国农村集体土地所有权确权登记发证率为89%。[③]

3. 节水增粮行动

2012年6月，我国启动实施“东北四省区节水增粮行动”，这是一项由财政部、水利部、农业部共同参与的项目。其战略目标是，通过提高粮食生产能力实现保障国家粮食安全战略，提高水资源利用效率和发展现代农业；其具体目标任务是，用4年时间，投资380亿

---

① 《测土配方施肥：政府“搭台”企业“唱戏”——访农业部测土配方施肥专家组组长张福锁教授》，《农民日报》2012年6月18日。

② 《北京市测土配方施肥推广工作取得显著成效》，农业部网站，2012年12月14日。

③ 《2012年国土工作十大看点》，《中国国土资源报》2013年1月4日。

元，在东北四省区集中连片建设3800万亩高效节水灌溉工程，其中：发展喷灌1542万亩，微灌2034万亩，管道输水灌溉224万亩；新增粮食综合生产能力200亿斤。项目覆盖到4省区的189个县（旗）。

东北四省区拥有全国23.5%的耕地面积，2011年粮食总产达2633亿斤，占全国粮食总产量的22%；是我国最重要的粮食主产区之一，在保障国家粮食安全中具有极为重要的战略地位。①

（二）林业生态建设进展

1. 林业生态建设重点工程继续实施

2012年，林业生态建设重点工程继续实施，包括：国务院决定在重点生态脆弱区继续退耕还林，并从2013年起提高巩固退耕还林成果部分项目补助标准；召开了“三北”工程四期总结暨五期工程启动大会，五期工程规划正式获批实施，增加了退化林修复和百万亩人工林基地建设内容；长江、珠江等防护林体系建设工程持续推进，完成了三期规划编制工作；国务院批准了《京津风沙源治理二期工程规划》，建设范围扩大到6个省（区、市）138个县，增加了林草植被保护、工程固沙等林业建设内容。天保工程2012年中央财政直接资金计划投入155亿元，中央基建资金计划投入12亿元，天保工程区生态效益补偿金34.2亿元。截至2012年第三季度，资金累计到位153亿元，完成投资121亿元；完成公益林建设任务25万公顷，森林资源培育58万公顷，森林管护面积1.17亿公顷。资金到位、资金完成情况及任务完成情况较好，全年工作目标基本实现。②

2012年国家林业局制定了《造林绿化目标责任制考核评价办法》，加强了部门绿化检查和春季造林绿化督查。社会造林和工程造林齐头并进，企业造林、大户造林、专业队造林快速发展，义务植

---

① 《东北四省区节水增粮行动全面启动实施》，水利部网站，2012年6月26日。

② 《天保工程今年工作目标基本实现》，国家林业局政府网，2012年11月20日。

树、身边增绿、通道绿化、森林进城等活动深入开展。

2. 积极试点提高森林质量的管理机制

2012 年正在试点的提高森林质量的管理机制有两项：森林抚育补贴试点和以森林采伐管理改革为核心的森林资源可持续经营管理试点。

第一，森林抚育补贴试点启动以来，资金规模由 2009 年的 5 亿元增加到 2012 年的 56.76 亿元，抚育任务由 500 万亩增加到 5100 多万亩，试点范围由最初的 13 个省（区）和森工集团发展到全国覆盖，森林抚育补贴对象由国家级公益林扩大到所有公益林。森林抚育补贴试点成为继天保工程、退耕还林、生态效益补偿之后中央财政投入林业的又一个重大建设项目。[①] 2012 年，森林抚育经营由试点转向全面推开，截至 11 月底，全国共完成森林抚育 12360 万亩，为计划的 117.7%。[②]

第二，为了探索提高森林质量的管理机制，2011 年底国家林业局在全国 200 个单位开展以森林采伐管理改革为核心的森林资源可持续经营管理试点，目的是进一步加强我国森林资源可持续经营管理工作。2012 年，国家林业局对全国 26 个省（区、市）的 36 个县（区、市、旗）的 2011 年度森林采伐限额执行情况进行了检查。检查结果表明，36 个县年林木采伐量均控制在采伐限额以内，36 个县的总采伐量占总采伐限额的 39.2%，与 2010 年度的 42.0% 相比，下降了 2.8 个百分点。在检查的 1187 个有证伐区中，有 1083 个伐区的采伐量未超采伐证规定数量，占检查伐区总数的 91.2%，比 2010 年度有了较大提升。36 个县的发证率、发证合格率、伐区凭证采伐率平均分别为 78.6%、88.4%、97.7%。检查结果的通报显示，2011 年，各地按要求及时将限额分解落实到编限单位，并采取得力措施加强监管，林木采伐管理政策基本得到落实，总采伐量未超总采伐限额，但

① 《森林抚育经营关乎林业发展大局》，国家林业局政府网，2012 年 11 月 29 日。

② 《林业重点工程深入实施》，国家林业局政府网，2012 年 12 月 27 日。

仍存在超证采伐、无证成片采伐、发证合格率低、森林抚育补贴试点项目未按设计开展及伐区作业设计质量低等问题。①

3. 集体林的家庭承包经营权基本落实

2012 年召开了全国深化集体林权制度改革工作会议。全国确权集体林地 27 亿亩，占集体林地总面积的 97.7%；发证面积 25.78 亿亩，占确权林地的 95.5%，8949 万农户拿到林权证，基本落实了农民家庭承包经营权。

（三）草原生态保护建设

1. 草原生态加快恢复

2012 年，草原生态保护补助奖励政策进一步完善，新增补奖资金 14 亿元，政策覆盖全国所有牧区，涉及 13 个省（区）的 665 个县（旗、市）。全国累计完成种草改良 1.5 亿亩，建设草原围栏 7700 万亩，累计落实草原承包面积 41 亿亩，草原禁牧面积 14 亿亩，草畜平衡面积 26 亿亩。2012 年，全国 21% 的草原通过补奖政策的禁牧封育措施得以休养生息，46% 的草原通过休牧轮牧和减畜初步实现草畜平衡。②

2. 草原管理制度和法律逐步完善

2012 年建立了草原植被恢复费征收制度，各地草原植被恢复费收费标准及收费管理办法将加快制定出台。积极推行基本草原保护、禁牧休牧、草原经营承包和草畜平衡等制度。内蒙古自治区率先开展基本草原划定工作，到 2012 年已划定基本草原 8.4 亿亩；2012 年全国禁牧休牧轮牧草原面积已达到 38.71 亿亩，禁牧休牧区草原生态状况明显好转；草原承包经营制不断落实和完善，截至 2012 年全国已落实草原承包面积 36.39 亿亩。③

---

① 《国家林业局通报森林采伐情况检查结果》，国家林业局政府网，2013 年 1 月 15 日。

② 《草原补奖政策实施成效显著》，中国草原网，2012 年 12 月 12 日。

③ 《马有祥：草原新政与监理工作的形势任务》，中国草原网，2012 年 7 月 2 日。

全国《草畜平衡管理办法》正在修订中,《甘肃省草畜平衡管理办法》已经于2012年11月1日施行。2012年,依照《中华人民共和国刑法》的有关规定,最高人民法院出台了《最高人民法院关于审理破坏草原资源刑事案件应用法律若干问题的解释》,并于2012年11月22日起施行。司法解释的出台是草原法制建设新的重要里程碑,为依法打击各种破坏草原资源和生态环境的违法犯罪行为提供了重要司法保障。

3. 退牧还草取得成效

退牧还草工程是改革开放以来国家在草原保护建设方面实施的最大的生态工程。自2003年以来,在内蒙古、黑龙江、四川、云南、贵州、西藏、甘肃、青海、宁夏、新疆等10个省区及新疆生产建设兵团安排围栏建设任务91165万亩,其中禁牧围栏39326万亩,休牧围栏47593万亩,划区轮牧围栏3934万亩;退化草原补播改良22993万亩;舍饲棚圈12.7万户;人工饲草地153万亩;西南岩溶草地治理试点围栏建设任务153万亩。截至2012年,退牧还草工程已经累计下达投资232.83亿元,其中中央投资175.69亿元,地方配套57.14亿元。实施退牧还草工程,推进了草原家庭承包经营制的完善,促进了各项草原保护制度的落实;促进了项目区草原植被恢复,改善了草原生态环境;推动了草原畜牧业生产经营方式转变,促进了牧区经济发展和牧民增收。①

(四)农村饮水工程建设成效

2012年3月,国务院讨论通过的《全国农村饮水安全工程"十二五"规划》提出:"十二五"期间,要在持续巩固已建工程成果基础上,进一步加快建设步伐,全面解决2.98亿农村人口和11.4万所农村学校的饮水安全问题,使全国农村集中式供水人口比例提高到80%左右。

① 《马有祥:甘肃检查退牧还草工程实施情况》,中国草原网,2012年8月28日。

2012年，农村饮水工程建设的中央投入继续增加，全年安排投资280亿元，解决了7000多万农村人口的饮水安全问题，完成了2012年度目标任务。这意味着“十二五”前两年，累计已让饮水不安全的1.3亿农民和1800万农村学校师生喝上放心水，完成了“十二五”规划任务的40.6%。目前砷病区村、血吸虫疫区以及其他涉水重病区村的饮水问题全部得到解决，中重度氟病区村基本得到解决。①

（五）水土流失综合治理

2012年，全国共完成水土流失综合防治7.9万平方公里，其中，新增综合治理5.3万平方公里，实施封育保护2.6万平方公里；治理小流域3400条，新建大中型淤地坝340多座，治理崩岗2100多处；国家水土保持重点工程投入不断加大，中央投资54.66亿元，较2011年增长近1倍。其中，全国坡耕地水土流失综合治理试点工程落实中央专项投资14亿元，实施范围由2011年的22个省（区）100个县扩大到140个县；水土保持综合防治力度逐年加大（见表2）。

表2　全国水土流失综合防治进展

单位：%

	单位	2009年	2010年	2011年	2012年
综合防治	万平方公里	6.82	7.5	7.9	7.9
其中:综合治理	万平方公里	4.8	4.85	5.1	5.3
封育保护	万平方公里	2.7	—	2.8	2.6
治理小流域	条	2672	3250	3300	3400
坡耕地水土流失综合治理试点中央资金投入	亿元	—	7	10	14
试点县的数量	个	—	70	100	140

① 赵永平：《中央480亿元投入农村饮水安全》，《人民日报》2012年12月30日。

水土保持生态修复继续推进。全国已有1250个县出台封禁政策，国家水土保持重点工程项目区全面实施了封育保护，累计实施封育保护面积达75万平方公里，其中47万平方公里生态得到初步修复。实施生态修复的区域内乔灌草等植物自然萌生速度明显加快，植被覆盖度大幅度提高，生态环境显著改善。在2000～2005年期间，黄河上中游24个生态修复区林草覆盖度由27.5%提高到60%。宁夏中部干旱带盐池、同心、海原等县封山禁牧3年后，植被覆盖率增加25%～50%。[①]

（六）农村环境综合整治试点

2008年中央财政设立农村环境保护专项资金，开始实施“以奖促治”政策；2010年财政部、环境保护部与8省（区、市）签署协议开展农村环境连片整治示范。2012年，农村“以奖促治”增资扩面。截至2012年底，全国共有23个省（区、市）纳入连片整治示范范围，中央财政累计投入135亿元，2.6万个村庄、5700多万农村人口受益（见表3）。2012年，环境保护部印发《全国农村环境综合整治“十二五”规划》，进一步明确总体目标、主要任务和保障措施。[②]在城乡发展一体化的背景下，农村环境连片整治已经开始融入地方的经济社会发展中，地方财政资金和项目发挥着日益重要的作用。2012年，山东省财政筹集资金6亿元，在20个示范区开展了农村环境连片整治，积极推进农村生态环境建设。该项政策惠及4235个自然村。

（七）农业污染防治

1. 明确提出畜禽养殖污染防治目标

畜禽养殖污染是农业生产中最大的污染源，2012年畜禽养殖场

① 《全国水土保持人事回眸》，中国水土保持建设网，2012年12月31日。

② 《全国环境保护工作会议在京召开》，环境保护部网站，2013年1月25日。

表 3　农村环境综合整治情况

单位：%

年份	2009	2010	2011	2012
中央财政累计投入(亿元)	10	25	80	135
覆盖村庄(个)	1200	6600	16300	26000
覆盖人口(万人)	900	2800	4234	5700
纳入连片整治示范省(区、市)(个)	—	8	17	23

污染防治已经列入我国以“六厂（场）一车”（火电厂、钢铁厂、水泥厂、造纸厂、城镇污水处理厂、畜禽养殖场和机动车）为重点的主要污染物减排工作中，得到国家重点减排工程项目和保障措施的支持。

2012 年底，环境保护部、农业部联合印发了《全国畜禽养殖污染防治“十二五”规划》。该《规划》明确了畜禽养殖污染防治的目标，到 2015 年，全国畜禽养殖污染状况基本摸清，畜禽养殖污染防治法规标准体系基本健全，畜禽养殖环境监管和污染防治科技支撑能力明显提升，畜禽养殖废弃物综合利用和污染治理设施建设得到加强，严重危害群众健康的突出畜禽养殖污染问题基本解决，全国畜禽养殖化学需氧量、氨氮排放量较 2010 年分别减少 8%、10% 以上，分别新增削减能力 140 万吨/年、10 万吨/年。

2. 农药质量安全不容乐观

根据农业部 2012 年第一批农药监督抽查结果的情况通报，抽检农药样品 1561 个，合格农药样品 1420 个，合格率为 91.0%。从产品合格率看，除草剂最高，为 97.0%；杀虫剂最低，为 88.1%。从施用作物合格率看，果树用药最高，为 93.3%；大豆用药最低，为 84.2%（见表 4）。

表 4　2012 年农药监督抽查结果（第一批）

		样本数	合格率(%)
抽检农药总体		1561	91.0
按产品	杀虫剂	871	88.1
	杀菌剂	375	92.5
	除草剂	302	97.0
按施用作物	蔬菜用药	513	91.4
	果树用药	330	93.3
	茶树用药	38	89.5
	水稻用药	264	89.4
	小麦用药	169	91.1
	玉米用药	103	87.4
	棉花用药	74	87.8
	大豆用药	19	84.2

3. 饲料质量管理加强

近年来，饲料的数量安全和质量安全日益成为我国养殖业稳定健康发展的重要制约因素，突出的问题表现为：（1）缺乏饲料管理法律法规体系和严格的行业准入规则；（2）饲料行业生产企业规模小，监管难度大；（3）非法添加“瘦肉精”案件时有发生。

为此，我国已于 2012 年 5 月 1 日起正式施行经国务院修订的《饲料和饲料添加剂管理条例》（以下简称《条例》）；为配合《条例》实施，农业部制定发布了《饲料和饲料添加剂生产许可管理办法》，自 2012 年 7 月 1 日起施行，目的是将行业管理工作的核心和重点转到提高门槛、减少数量，转变方式、增加效益，加强监管、保证安全上来。

2012 年，饲料质量安全有所改善。根据农业部 2012 年在全国 30 个省（区、市）组织开展的饲料质量安全监测结果显示：在抽检商品饲料 6616 批次，产品合格率为 95.71%，比 2011 年提高 0.2 个百分点。①

① 《农业部办公厅关于 2012 年全国饲料质量安全监测结果的通报》，农业部畜牧业司网站，2012 年 12 月 20 日。

（八）深入推进生态示范创建

2000年以来，我国组织开展了生态省、市、县创建活动。到2012年，已有15个省（区、市）开展生态省建设，1000多个县（市、区）开展生态县建设，并有38个县（市、区）建成了生态县（市、区），1559个乡镇建成国家级生态乡镇。[①] 在生态市、县创建的基础上，2008、2009年和2011年，环境保护部批准了4批共53个全国生态文明建设试点，其中包括：已创成生态市、县的地区，直接转为生态文明建设试点，鼓励其向更高的目标迈进。[②]

为推进生态文明建设和进一步规范国家生态建设示范区创建工作，2012年环境保护部制定了《国家生态建设示范区管理规程》。国家生态建设示范区包括生态省、生态市、生态县、生态乡镇、生态村和生态工业园区，在全国生态环境保护与建设方面发挥示范作用的市、县，环境保护部授予相应的国家生态建设示范区称号。在生态文明和美丽中国的背景下，生态创建得到进一步的重视。

三 农村生态环境和可持续发展展望

展望2013年，在生态文明布局和建设美丽中国的背景下，对中国农村生态环境与可持续发展的总体判断是：第一，农村生态资源管理，将更加重视生态系统质量的提高和对生态系统保护的补偿；第二，农业环境问题的关注度和治理力度将显著加强，畜禽养殖污染防治和农产品质量安全将是重中之重；第三，生态创建将成为农村可持

---

① 周生贤：《推进生态文明建设美丽中国》，环境保护部网站，2012年12月12日。

② 《李干杰副部长在中国环境科学学会第三届传统文化与生态文明国际研讨会上的讲话》，环境保护部网站，2012年11月17日。

续发展和生态文明创建的一个重要切入点，农村环境连片综合治理将在城乡一体化进程中得到推进。

（一）以提高生态系统质量为核心的生态资源管理

2013 年，在生态系统功能和价值得到重视的前提下，农村生态资源管理将进入以提高生态系统质量为核心的阶段，具体表现为：第一，耕地质量管理已经被提到一定的战略高度，重点行动包括：高标准农田建设，坡耕地治理，测土配方施肥，节水增粮；由此显示出，提高耕地质量是跨部门的工程，而不再局限于是国土部门的管控措施。第二，森林资源管理在实现数量稳定目标后，通过抚育经营提高森林质量和增强生态系统功能的措施已开始推广；草原生态保护优先战略的确定将会扭转草原生态系统整体退化的态势。第三，保护农业用地将成为农村生态资源管理的重要内容，在坚守耕地“红线”的同时，必须高度关注以“荒地”来补充耕地实现“占补平衡”的行为，将严格控制将草地和林地转变为非农用地的行为，而且要重视荒漠生态系统的功能和价值。

（二）从国家环境安全的高度重视农业环境污染

2013 年，农业环境问题的最大挑战是畜禽养殖污染防治和农产品质量安全管控。2012 年底我国已明确提出了“十二五”畜禽养殖污染防治的目标。面对化肥过量施用，土壤污染形势严峻，农药、饲料的添加剂质量不合格等威胁，产品质量安全已引起全社会关注。这些环境问题的出现与我国现代农业生产发展和社会发展水平的提高相联系。2013 年畜禽养殖污染将不仅是农业环境污染防治的重中之重，而且将会从国家环境安全战略的高度来解决这一问题。

（三）生态创建提升为生态文明建设的示范

2013 年，在生态文明和美丽中国建设的背景下，已经开展了 10

多年的生态创建工作将得到重大提升。在创建更加规范的生态村、生态乡镇、生态县的基础上，将跨越区域概念，出现一批典型生态系统的示范试点；生态创建将作为生态文明建设的切入点，得到各生态资源管理部门和各级政府的更多关注和政策支持；在深化“以奖促治”、“以奖代补”政策和扩大农村环境连片整治范围的过程中，村环境连片综合治理将与生态文明创建相结合并在城乡一体化进程中得到推进。

G.11
农垦经济形势分析与展望

2012 年是实施“十二五”规划的重要一年，面对错综复杂的宏观经济形势和频发多发的自然灾害，农垦经济社会总体保持全面发展的良好势头。全系统全年生产总值突破 5000 亿元大关，粮食总产超过 670 亿斤，人均收入首次突破万元大关，现代农业建设和民生改善等各项事业取得新进展。

一 2012 年农垦经济社会发展情况

（一）主要经济指标

1. 农垦经济持续快速发展，第二产业比重逐步提高

预计 2012 年全年农垦系统实现生产总值 5008.08 亿元，比上年增加 795.61 亿元，按不变价格计算，同比增长 13.7%，连续 10 年保持 12% 以上的增长速度。三次产业增加值分别为 1578.22 亿元、2181.84 亿元和 1248.02 亿元，三次产业构成为 31.5%、43.6% 和 24.9%。“十一五”期间，农垦完成了从第一产业为主向第二产业为主的结构性转变，第二产业在农垦经济中所占比重快速提高（见图 1），农垦工业发展成为农垦经济增长的重要动力和利润来源。

2012 年预计生产总值超过百亿元的垦区有 12 个，分别是新疆生产建设兵团（1172 亿元）、黑龙江（1108 亿元）、湖北（552 亿元）、河北（352 亿元）、广西（347 亿元）、辽宁（234 亿元）、海南（153 亿元）、江西（142 亿元）、上海（134 亿元）、广东（110 亿元）、内

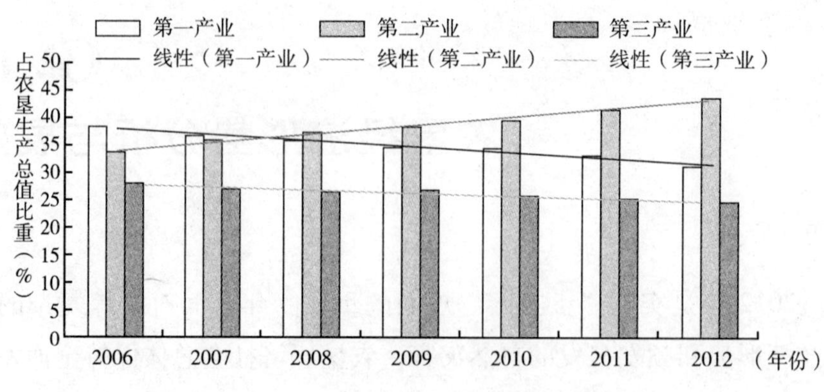

图 1 农垦产业结构变化情况

蒙古（109 亿元）和湖南（104 亿元），合计占到农垦生产总值的 90.2%。

全年工农业总产值预计达到 9978.89 亿元，比上年增加 1687.29 亿元，增长 20.4%。其中农业总产值 3207.74 亿元，同比增长 14.4%；工业总产值 6771.15 亿元，同比增长 23.4%。

2. 职工收入稳定增长，垦区民生持续改善

农垦人均纯收入首次突破万元大关，预计达到 10600 元，比上年增加 1600 元，按不变价格计算，实际增长 9.3%，连续 9 年实现较快增长。

全年落实“四补贴”等强农惠农富农政策资金近 70 亿元，比上年增加近 10 亿元。

垦区社会保险参保率持续提高，人均退休金达到 13543 元，比上年增长 7.5%。

科教文卫等社会事业健康发展，水电路房等民生工程加快推进，全年落实危房改造任务 50 多万套，完工 24 万套。

3. 农垦企业利润略有下降

受外部环境与自身因素的双重制约，国有及国有控股农垦企业利润有所降低，预计全年实现利润 149 亿元以上，但仍属历史第二高

位。分行业看，第一产业预计实现利润总额47.64亿元，比上年减少19.4亿元；第二产业预计实现利润总额65.65亿元，增长1.98%，其中工业预计实现利润总额52.15亿元，比上年减少6.47亿元，建筑业预计实现利润总额13.50亿元，比上年增加7.74亿元；第三产业预计实现利润总额35.73亿元，同比下降14.25%。

4. 固定资产投资稳步增长

预计全年农垦固定资产投资3080.26亿元，比上年增加639.00亿元，增长26.2%。固定资产投资主要集中在新疆生产建设兵团、黑龙江、湖北、辽宁、河北、广西、江西等垦区，上述7个垦区的固定投资总额合计为2701.84亿元，占到全国农垦固定资产投资总额的87.7%。

（二）农业生产

1. 粮食生产实现“9连增”

依托高产创建活动，农垦重点推广应用了水田集中秧田、旱田模式化栽培等先进技术，为垦区粮食生产实现“9连增”提供了强有力的支撑。预计全年农垦粮食播种面积4703千公顷，其中水稻播种面积2105千公顷，占农垦系统粮食播种面积的44.8%。全年粮食总产预计可达3350万吨（670亿斤），比上年增加151万吨，增长4.7%（见表1）。农垦粮食生产连续两年超过600亿斤大关。粮食平均亩产475公斤，高于全国平均水平120多公斤；粮豆商品率超过88%。

2. 棉花、油料、糖类等主要作物全面增产

全年棉花、糖料播种面积有所增加。预计全年棉花总产172万吨，比上年同期增加8万吨，增长5.0%；糖料总产861万吨，增加43万吨，增长5.2%；水果产量预计374万吨，比上年增加37万吨，增长10.9%。受油料播种面积减少影响，油料总产79万吨，比上年降低3.6万吨，减少4.4%（见表1）。

表1　农垦系统主要农作物生产情况

项目	单位	2012 年	上年同期	增减量	增减(%)
农作物播种面积	千公顷	6481. 76	6414. 64	67. 12	1. 1
粮食作物播种面积	千公顷	4702. 83	4613. 53	89. 30	1. 9
粮食总产量	万吨	3350. 00	3198. 65	151. 35	4. 7
粮食每公顷产量	千克/公顷	7123	6933	190	2. 7
棉花播种面积	千公顷	735. 30	719. 32	15. 98	2. 2
棉花总产量	万吨	171. 94	163. 80	8. 14	5. 0
棉花每公顷产量	千克/公顷	2338	2277	61	2. 7
油料播种面积	千公顷	374. 78	377. 47	-2. 69	-0. 7
油料总产量	万吨	79. 14	82. 75	-3. 61	-4. 4
油料每公顷产量	千克/公顷	2112	2192	-80	-3. 6
糖料播种面积	千公顷	114. 12	112. 55	1. 57	1. 4
糖料总产量	万吨	861. 35	818. 54	42. 81	5. 2
糖料每公顷产量	千克/公顷	75476	72730	2746	3. 8

资料来源：《中国农垦统计年鉴 2011》，2012 年为预测值。

3. 畜牧业生产形势良好

农垦规模化、标准化养殖示范场（区）建设不断推进，畜牧良种工程建设和质量安全监管工作不断加强，有效保证了畜产品的质量安全。目前，农垦生猪、奶牛规模化养殖所占比重分别在 72% 和 56% 以上，都比全国高近 20 个百分点。预计 2012 年农垦系统年末大牲畜存栏 350. 59 万头，比上年增长 2. 9%，其中奶牛存栏 158. 43 万头，比上年增长 3. 1%；猪存栏 1276. 42 万头，比上年增长 4. 9%；牛奶产量 429. 83 万吨，比上年增长 5. 9%；肉类总产量 290. 53 万吨，增长 4. 2%；水产品产量 134. 51 万吨，增长 6. 1%（见表 2）。

表 2 农垦系统牲畜存栏及主要畜产品产量

项目	单位	2012 年	上年同期	增减量	增减(%)
期末大牲畜存栏头数	万头	350.59	340.82	9.77	2.9
其中:奶牛存栏	万头	158.43	153.68	4.75	3.1
期末猪存栏头数	万头	1276.42	1216.57	59.85	4.9
期末羊存栏只数	万只	1358.14	1319.16	38.98	3.0
肉类总产量	万吨	290.53	278.91	11.62	4.2
禽蛋产量	万吨	47.87	44.04	3.83	8.7
牛奶产量	万吨	429.83	405.94	23.89	5.9
羊毛产量	万吨	2.77	2.77	0.00	0.0
水产品总产量	万吨	134.51	126.74	7.77	6.1

资料来源:《中国农垦统计年鉴 2011》,2012 年为预测值。

4. 热作行业健康发展,天然橡胶产量再创新高

热作行业继续开展热作标准化示范园创建活动,橡胶、木薯、香蕉、荔枝、咖啡、芒果、莲雾、火龙果等主要热作品种标准化生产技术规范得到有效落实,促进了热作产业的快速、高效发展。全年新增热作标准化生产示范园创建单位 107 个、热作标准化生产示范园 58 个,使总数分别达到 418 个和 220 个;建成种质资源圃、区域试种基地和苗木生产基地 77 个,以加强热作种质资源保护。2012 年,全国热带作物种植总面积 1.35 亿亩,比上年略增;总产量达 1.95 亿吨,比上年增长 7.7%。其中天然橡胶产量突破 80 万吨,连续 5 年增长,提前 3 年实现了"十二五"规划目标任务。农垦干胶产量预计达到 33 万吨,比上年同期增长 1 万吨,增长 3.4%。全年落实天然橡胶良种补贴政策资金 4000 万元,补贴面积 42 万亩,补贴种苗 1400 万株。

2012 年香蕉产量 1110.9 万吨,比上年增长 6.8%;木薯、咖啡产量增长 15% 以上,其他热作产品产量总体保持基本稳定。

（三）第二、第三产业发展

1. 工业继续保持较快增长态势

预计2012年全年实现工业增加值1741.85亿元，比上年增加362.57亿元，增长26.3%；完成工业总产值6771.15亿元，比上年增加1283.41亿元，增长23.4%。工业增加值排在前几位的垦区分别为新疆生产建设兵团、湖北、黑龙江、广西、辽宁和江西，上述6个垦区工业增加值合计占到农垦系统工业增加值的61.8%。

主要工业品产量稳步增长。在统计的14种主要工业产品中，除原煤、布、机制纸、砖减产外，机制糖、饮料酒、乳制品、大米、小麦粉、纱、服装、家具、水泥等均有一定程度的增长，增幅一般在10%~20%之间。

农垦工业成为农垦经济重要的利润来源。2012年，与国有及国有控股农垦企业利润降低相比，预计2012年农垦系统内包括非国有经济在内的工业企业利润总额超过328亿元，同比增长15.2%。其中，规模以上工业企业利润总额230亿元，增长8.4%；非公经济继续保持稳定高速的增长态势。

2. 产业化经营组织不断壮大，大型企业集团和产业化龙头企业作用日益增强

全国农垦各类产业化经营组织数达到4116个，其中国家级重点龙头企业70家，省级（及以上）国家重点龙头企业393家。产业化经营组织固定资产总值1444.89亿元，占全国农垦企业固定资产总值的55%以上；辐射带动农户881.45万户，农户因从事产业化经营增加收入227.34亿元，户均增收2579元。

大型企业集团和龙头企业实力壮大，逐渐成长为垦区经济发展的中坚力量。如上海光明集团从2009年起，开始推进国际化战略，海外并购4项，有外资背景并购1项、国内并购1项，并且向世界500强目标进军。黑龙江北大荒集团总公司进入实体化运作，整体竞争优

势日益增强。目前黑龙江垦区种养加、贸工农等2/3的经济活动进入北大荒集团这一市场化平台，“北大荒”品牌价值达到365.36亿元，成为亚洲农业第一品牌。北京首农集团业已成为保障首都市场供给的重要力量。

3. 第三产业较快发展

预计全年农垦第三产业实现增加值1248.02亿元，同比增长16.8%。绝大多数垦区第三产业增加值均有不同程度的增长。第三产业增加值排在前几位的垦区分别为新疆生产建设兵团、黑龙江、湖北、河北、广西和上海，上述6个垦区的第三产业增加值合计占到农垦系统第三产业增加值的78.1%。

农垦特色旅游、餐饮服务、酒店地产等优势产业保持较快增长。在一些第三产业发展较好的垦区，与农产品加工业相适应的物流配送、冷链运输、市场营销、电子商务等新型服务业快速发展；以全产业链为目标的农产品精深加工和全过程管理逐步付诸实施。部分垦区积极开发新型的电子商务销售模式和小额贷款等新型资本运作模式，组建农业产业发展或农产品公司，加快推进优良资产上市步伐。

4. 对外贸易与农垦“走出去”稳步推进

2012年，农垦商品出口额达到719.38亿元，比上年增加62.47亿元，同比增长9.5%。其中，新疆生产建设兵团出口商品总额为455.50亿元，占农垦出口商品总额的63.3%。外部贸易环境变化对农垦食品、机电、纺织、服装等劳动密集型产品的出口影响较为明显。受世界主要经济体市场低迷、人民币持续升值、外贸成本高企等多方面因素的综合影响，出口企业形势严峻。

农垦“走出去”扎实推进。依托项目带动，境外粮食和天然橡胶等作物种植面积扩大到270万亩，较上年增加59万亩。承担的援非农业科技示范中心已全部建成，进入推广运营阶段。跨国并购步伐明显加快，境外经营范围和产业规模不断扩大，经济效益稳步提高。

2012年，全国农垦新增境外投资93亿元，实现产值140亿元，利润21亿元，均比上年大幅度增加。

（四）改革与民生

1. 农业经济体制创新迈出新步伐

农业双层经营体制不断完善，职工家庭农场生产生活两费自理率分别达到89%和94%。适应现代农业发展需要，积极试行模拟股份制、联合体承包等农业经营新模式。农工负担监管长效机制不断建立。自2006年国有农场税费改革以来，累计减轻农场和农工负担368.2亿元。农业保险参保覆盖面不断扩大，降低了农业生产经营风险。

2. 办社会职能改革实现新突破

2012年，国有农场办社会职能改革正式纳入国务院农村综合改革范围，启动试点工作，借以推动各垦区加快农场政府职能社会事务的属地管理移交。对暂时移交不了的，或通过内部分开的方式争取经费保障，或通过企业化经营的途径实现良性发展。同时，适应职工居住方式和农业经营模式的新变化，调整优化农场内部组织架构，全面推行扁平化管理，管理成本大幅下降，运行效能逐步提升。

3. 垦区管理体制改革取得新进展

集团化垦区对内完善治理结构、推进产业重组，对外强化资本运作、推进战略并购和拓展发展空间，整体实力显著增强。如北京、上海等垦区，多次成功实施海内外资产并购；江苏农垦整合农场种植业资源，组建农业发展公司；广东、海南、重庆、甘肃等垦区，发行企业债，设立投融资平台，推进产业公司股改上市。非集团化垦区积极创新指导管理方式，强化指导和协调，并积极创造条件推进农场间合作，组建区域性、产业性集团。如内蒙古海拉尔和大兴安岭垦区，整合成立呼伦贝尔农垦集团；湖北农垦推进农场间横向联合，组建农垦现代农业集团。

4. 民生改善和社会发展政策实现广覆盖

各垦区从职工群众最关心的突出问题入手，不断加大改善民生力度，推动社会事业全面发展，维护社会和谐稳定。社会保障基本实现了全覆盖，全国农垦职工和退休人员养老保险参保率分别达到92.9%和99.7%，医疗保险参保率分别达到93%和92.7%。以城乡居民最低生活保障制度为基础的新型社会救助体系基本覆盖，弱势群体基本生活得以保障。国有农场自然灾害救助政策基本落实。

2012年，全系统落实危房改造直接配套基础设施和保障性安居工程配套基础设施中央投资超过40亿元，实现危房改造配套基础设施建设中央投资覆盖全部垦区。预计2012年底，全系统累计改造危房120万户，超过100万户职工迁入新居，部分垦区已基本完成危改任务。

垦区社会事业稳步发展。加大政策协调力度，积极争取各方支持，推动社会发展政策在垦区的同步实施，提高基本公共服务均等化程度。义务教育、公共卫生服务和公共文化服务体系建设逐步完善。扎实开展一事一议筹资筹劳工作，财政奖补资金规模稳步扩大。农场社区管理模式创新有序开展。

5. 农垦扶贫开发扎实推进

集中整合资源，加大对重点贫困农场的扶持力度。2012年全年共投入扶贫开发资金4.68亿元，实施扶贫建设项目272个。扶持壮大特色主导产业，增强贫困农场的“造血”功能。2012年303个贫困农场预计实现生产总值450.17亿元，绝大多数农场经营状况进一步改善，资产负债率下降1.5个百分点。

二 农垦经济发展的影响因素

经过较长时期的持续健康发展，农垦经济社会事业站在了新的历

史起点。农垦在现代农业建设中既具有自身的优势，同时其经济社会发展也越来越多地受到国内国际经济环境的影响。继续向前迈进，既面临前所未有的机遇，也面临前所未有的挑战。

（一）农垦现代农业建设优势

1. 农业基础设施和产出能力持续增强

改革开放以来，农垦始终加强农田水利的建设，加快中低产田改造，扩大节水灌溉面积，大规模建设旱涝保收高标准农田，不断引进、创新、推广农业机械的应用，全面提高了全系统设施装备水平。目前农垦耕种收机械化率达到86%，小麦、大豆生产基本实现全过程机械化，水稻综合机械化水平达到92%。耕地有效灌溉面积达5657万亩，占耕地总面积的62%，高出全国10个百分点。

随着农田水利基础设施和粮棉油糖等大型生产基地建设的日趋完善，农垦耕地基础地力和持续产出能力不断增强，粮棉油糖等大宗农产品的播种面积和单产、总产水平不断提高，大宗农产品在农业生产中所占比重逐年攀升。

2. 科技研发推广能力和应用水平不断提高

经过多年不懈努力，农垦一大批动植物新品种得到普及，主要农作物品种实现了大规模更新换代，动植物疫病防控取得突破，节水、节地、节肥、节药等节约型技术推广迈出重大步伐。目前农垦农业科技贡献率达到56%，其中黑龙江垦区为68%、新疆生产建设兵团为66%；优良品种率达到98%；统防统治面积比重达到68%。2012年农垦组织开展了“科技促进年”活动，通过校企、院企合作等方式，创建企业研发中心近300个，提升了垦区科技自主创新能力。农垦农产品质量追溯体系不断深化，种植业产品可追溯面积达483万亩，养殖业产品可追溯数量6713万只（头）。

以种植业高产创建、畜牧业高产攻关和现代农业示范区创建为抓手，提升农垦种养业整体水平。在深入做好100个全国农垦现代农业示范区创建的同时，全系统共有不同类型的现代农业示范区683个，成为区域现代农业建设的样板。2012年全年共实施农作物高产创建示范项目438个，比上年增加近1倍，带动粮食亩均增产12公斤以上；组织畜牧业高产攻关单位138家，攻关单位产量创新高。

3. 组织化、规模化和产业化优势在垦区进一步得到体现

各垦区结合自身发展特点与产业布局，加快形成各自的优势主导产业。例如，广西农垦通过产业整合，形成糖业、生化、畜牧、剑麻、茶叶、天然食品、水产、果业8家产业化（集团）公司；河北垦区目前已形成金属制造、化工、奶牛养殖、水产养殖、小麦良种繁育、水稻、马铃薯、饲草饲料作物、特色蔬菜9大主导产业；宁夏农垦大力实施“432111”六大产业倍增工程，打造以粮食、草畜以及葡萄为核心的农业产业集群；上海光明集团2012年新增两个百亿元级规模产业，使集团百亿元级规模的产业上升到5个：连锁零售业、糖业、乳业、品牌代理业和综合食品制造业。

与此同时，一些垦区积极推进农业资源的整合，构建现代农业发展的高端平台。如江苏农垦在垦区范围对种植业资源进行全面整合，注册设立了“江苏省农垦农业发展有限公司”，实现了种植业由“块块经济”向“条线经济”转变。广东农垦创新多元化发展方式，坚持产业资本与金融资本的融合，建立广垦现代农业发展产业基金，利用广垦橡胶、粤垦投资等平台，发行融资债券。

（二）农垦经济发展面临的挑战

1. 宏观经济环境变化对农垦的影响越加深远

随着开放程度的不断提高，农垦经济发展受宏观经济尤其是市场波动影响加大。2012年，受宏观经济的影响，全国农垦国有及国有控股企业预计实现利润比上年减少24亿元。主要原因是国际经济萧条导致棉花、天然橡胶、食糖等农产品市场价格大幅下降，加之原材料、劳动力及融资成本上升，大大压缩了企业的盈利空间。2012 年全国农垦企业预计营业收入增长 13.1%，而营业成本却增长 16%。未来一段时间，世界经济形势总体仍将延续低迷态势，我国经济发展的外部环境仍然偏紧，国内经济增长动力有待进一步的提振，生产要素、资源禀赋等制约因素日趋严峻，对农垦经济发展的不利影响依然存在。

2. 农垦自身存在的突出矛盾和问题依然尖锐

随着农垦改革发展的不断推进，各种新旧问题叠加、新旧矛盾交织，促进农垦经济社会持续健康发展的难度加大。一是发展不平衡、发展动力不足、发展方式粗放的问题比较突出。垦区间经济发展差距拉大，不同群体间生活水平差距扩大。第一产业比重仍占 30% 以上，依靠第二、第三产业推动农垦发展的机制有待进一步完善。土地等农业资源过度开发，化肥、农药等投入品过度消耗，单位 GDP 能耗偏高等问题亟待解决。二是民生改善任务繁重，距离职工群众期盼还有较大差距。普遍面临民生建设欠账多、投入不足的矛盾，仍有部分特困职工无力参加危旧房改造，仍有部分农场和职工因缴不起费而不能参加养老等社会保险。三是制约农垦科学发展的体制机制性障碍尚未根本消除，不适应改革发展新形势新要求的思想观念还不同程度存在。

3. 示范带动作用面临新的挑战

随着中央强农惠农富农政策的全面实施，农村基础建设和民生改善投入力度不断加大，农村农业生产力水平和居民生活水平迅速提高。特别是农业机械化、规模化、产业化、组织化等加速推进，科技支撑能力不断增强，农民人均纯收入快速增长，对农垦现代农业建设和示范带动作用发挥提出了更高要求。农垦要切实增强在现代农业和应用先进适用技术的示范带动作用，就需要始终保持在专业化组织、规模化生产、机械化应用等方面的领先优势，而随着国家对农村农业发展支持力度的持续增强，这种领先优势会面临越来越多的挑战，必

须积极有效地寻求创新发展的途径。个别垦区，受资源禀赋和发展格局的限制，与周边农村相比，进步并不明显，相反有些还落后了，无法体现示范带动作用。

（三）农垦经济发展的机遇

1. 全面建成小康社会新部署为农垦经济社会发展带来重大机遇

党的十八大对全面建成小康社会提出了新的目标，明确了中国特色社会主义事业“五位一体”的总布局，以及促进工业化、信息化、城镇化和农业现代化同步发展以及城乡一体化发展的目标途径。特别是再次强调“三农”是重中之重的战略思想，要求加快发展现代农业，增强农业综合生产能力，确保国家粮食安全和重要农产品有效供给；培育新型农业经营主体，发展新型农业经营体系，加强以保障和改善民生为重点的社会建设；等等。这一系列新部署、新要求，对农垦改革发展不仅具有重大的指导意义，而且带来了重大机遇。经过多年的快速发展，农垦全面建成小康社会已经具备了良好的基础。目前，农垦人均纯收入比全国农民人均纯收入高出2000多元，基础设施、生活条件、社会保障、社会建设等也总体好于农村。加快农垦小康社会建设步伐，与实现让职工群众富裕起来，过上幸福美好生活的根本目标相一致。

2. 农垦现代农业建设面临新的机遇

农垦从创建伊始，就被赋予保障粮食等主要农产品供给、探索我国农业现代化道路和为建设现代农业提供示范的历史使命。经过60多年的发展，农垦在现代农业建设上取得了巨大成就。农垦经济快速发展为率先实现农业现代化提供了有力支撑，较强的农业综合生产能力，较高的农业设施装备水平和农业应用科技水平，以及农垦长期形成的规模化、专业化、产业化发展，较好的农业生态环境等都为农垦现代农业发展奠定了坚实的基础，提供了强大动力。特别是2012年国务院发布的《现代农业发展规划（2011～2015）》，将新疆生产建

设兵团、黑龙江农垦、广东农垦等19个大型集团化垦区纳入全国现代农业的“率先实现区域”，强调集团化垦区要继续发挥规模优势，全面推进机械化、标准化、品牌化、产业化发展，加快农田基础设施和现代农业装备建设，着力建设国家商品粮供给重点保障区，建设天然橡胶、棉花、糖料、牛奶、种子等大型农产品商品生产基地，提升垦区现代农业发展水平，示范带动周边地区发展，并在农业“走出去”方面发挥重要作用。

三　2013年农垦经济发展展望

党的十八大确定了全面建成小康社会和全面深化改革开放的目标，确立了中国特色社会主义事业“五位一体”的总布局。当前和今后一个时期，农垦系统最重要的目标任务就是实现“两个率先”，即率先实现农业现代化，率先全面建成小康社会。

率先实现农业现代化，包括率先实现农业物质装备现代化，率先实现农业科技现代化，率先实现农业组织管理现代化，率先实现农业信息化，率先实现农业人才职业化，率先实现农业资源利用可持续化。按照十八大提出的“四化”同步发展的要求，通过提升工业化、信息化、城镇化水平来带动农业现代化。

率先全面建成小康社会，就是要全面解决农垦经济社会发展不平衡、不协调和不可持续等问题。切实改善民生、增加职工收入、扩大就业渠道、改善生活条件、加快社会事业建设、加快农垦特色新型城镇化建设。

根据当前农垦面临的新形势和推进实现“两个率先”目标的新任务，2013年，农垦工作的总体要求是：加快发展现代农业，加快提高居民生活水平。为此，要着力推进改革创新，完善体制机制，进一步增强经济发展的内生活力和动力；着力推进现代农业建设，培育壮大优势产业和龙头企业，进一步增强粮食等重要农产品供给保障能

力和示范带动能力；着力推进民生改善，切实解决重点难点问题，进一步保障职工政治经济权益，促进农垦经济社会持续健康发展。

2013 年力争全面实现农垦生产总值 5500 亿元，增长 9% 以上；人均纯收入 11500 元，增长 8% 以上；粮食总产量稳定在 630 亿斤以上。

G.12

中国生态建设进展的评价

一　中国生态建设提出的背景

20 世纪 90 年代末以来，中国政府越来越强调生态建设。简略地说，生态建设的提出有以下三个背景：一是生态压力的加大，使生态建设越来越具有紧迫性；二是综合国力的提高，使生态建设的条件越来越好；三是举国上下对可持续发展战略的认同，使生态建设具有了越来越好的基础。

（一）生态压力加大

中国的生态压力加大表现在以下几个方面。

1. 森林生态系统

1973 ~ 1976 年与 1900 年相比，森林面积减少 3827 万公顷，年均减少 50.36 万公顷，森林覆盖率由 16.7% 下降到 12.7%（见表 1）。加之留存的森林生态系统的逆向演替，由此引发的森林生态系统服务功能持续下降，加剧了我国生态系统的脆弱性。

2. 草原生态系统

中国草地处于湿润的森林区与干旱的荒漠区之间，是抵御荒漠化侵蚀的第一道生态屏障。中国草场生态系统的退化始于 20 世纪 60 年代，20 世纪 70 年代中期草地退化面积占草地总面积的 15%，20 世纪 90 年代草地退化面积比重增加到 50.2%。

3. 荒漠生态系统

中国荒漠以温带荒漠为主体，风蚀和水蚀引起的荒漠化面积各约

表 1　1700 年以来中国森林面积的变化

单位：万公顷，%

年份	森林面积	相邻两个时期的变化	平均每年变化	森林覆盖率
1700	24813			25.8
1800	21142	-3671	-36.71	22.0
1900	16013	-5129	-51.29	16.7
1973~1976	12186	-3827	-50.36	12.7
2004~2008	19545	7359	229.97	20.4

资料来源：历史数据引自何凡能等《近 300 年来中国森林的变迁》，《地理学报》第 62 卷，2007 年第 1 期；1973~1976 年以来的数据引自国家林业局的森林资源清查公报。

占一半。荒漠生物群落极为稀少，植被丰度极低。每年流失土壤总量约 50 亿吨。最近 50 年我国新增荒漠化土地 940.7 万公顷，其中耕地 66.7 万公顷、草地 235 万公顷、林地 639 万公顷。土地荒漠化的原因非常复杂，但从时间上看，人为活动对土地荒漠化施加的影响越来越大。

4. 湿地生态系统

中国湿地面积 6300 万公顷，其中沼泽约 1100 万公顷，湖泊 1200 万公顷，滩涂和盐沼地 210 万公顷，稻田 3800 万公顷。湿地有重要的净化水源的功能。湿地提供了 27000 亿吨淡水，占全国可利用淡水资源的 96%。最近 300 年，围垦湿地 1470 万公顷，其中 1696~1949 年的 250 多年里围垦 497 万公顷，而 1949~1996 年的近 50 年里围垦了 973 万公顷，[①] 年平均围垦面积是前 250 年的 10 倍左右。

（二）综合国力不断提高

改革开放以来，中国用了 10 多年的时间跨越了短缺经济阶段；

① 中国可持续发展林业战略研究项目组：《中国可持续发展林业战略·战略卷》，中国林业出版社，2003，第 302 页。

又用10多年的时间，一跃成为全球第二大经济体。这是改革开放以来30多年里，以年均接近10%的速度快速增长的结果，是实行市场经济，全面融入世界，充分运用全球的市场、资源、技术和智力的结果。如果按照购买力平价计算，中国的经济总量还要多出一大块。GDP总量可在一定程度体现一个国家的综合国力。这个变化不仅对中国，而且对世界都是极为重要的。更为重要的是，中国的内贸与外贸仍然具有非常好的发展态势，相对低的人均GDP，表明中国经济还有巨大的增长空间。我们不必妄自菲薄。

随着综合国力的增强，中国在教育、就业、养老、医疗等公共服务均等化方面奋起直追，生态建设也不例外。

作为世界第二大经济体，要肩负新的全球责任，就必须尽快解决粗放式增长方式留下的后遗症。而生态建设，是消除后遗症的重大举措之一。

（三）可持续发展成为政府和社会的共识

除了生态有压力，投入有保障外，政府和社会对生态建设越来越重视，也是不可或缺的重要条件。

20世纪90年代末，中国政府明确提出了生产发展、生活富裕、生态良好的发展战略，果断地实施了一系列生态建设工程，得到了全民的支持和响应。

而后，中国政府又提出了构建和谐社会的概念。并且强调，和谐社会不仅是人与人之间的和谐，还包括人与自然的和谐。有效遏制生态系统恶化趋势，成为促进人与自然和谐共存的基本举措。

更为重要的是，经济发展模式先从又快又好转向又好又快，又从又好又快转向持续健康。

为了向子孙后代和世人负责，具体举措有两条：一是“三个转变”的工作思路。即从重经济增长轻环境保护转变为保护环境与经济增长并重，从环境保护滞后于经济发展转变为环境保护和经济发展

同步，从主要用行政办法保护环境转变为综合运用法律、经济、技术和必要的行政办法解决环境问题。二是把生态建设和环境保护列为政府政绩考核的指标和内容。

二　中国生态保护与建设的进展

（一）生态保护理念不断完善：以自然保护为例

中国的自然保护经历了三个阶段。最初，自然保护的目的是为了发现具有更为重要的经济价值的物种。而后，自然保护的目的拓展为探寻更有效率的农业微观资源配置。最后，自然保护的目的又拓展为保护生物多样性。物种潜在经济价值的利用、生态系统潜在经济价值的利用和物种都具有不可或缺性，是自然保护理念不断完善的结果，而不是自然保护对象取舍上的变化。

1. 尚未发现的物种的保护

我国的自然保护始于对科学家尚未发现的物种的保护。1956 年 6 月，第一届全国人民代表大会第三次会议上，科学家代表提出了“请政府在全国各省（区）划定天然森林禁伐区，保护自然植被以供科学研究的需要”的提案。该提案获得通过后，国务院将其交给林业部和中国科学院办理。经过双方的协同工作，做出了在云南等 15 个省（区）建立 40 个自然保护区的规划。1956 年 10 月，该规划获得林业部的批准。[①] 此时，建立自然保护区的主要目的是为科学家发现新物种提供条件。所以，当时瞄准的是最有可能发现新物种的生物群落，而不是以大熊猫、金丝猴等已被发现的、特有的濒危物种为主体的生物群落。当时认为，人类对生物资源的认识进而对它们的利用是极为有限的。如何利用野生基因来提高栽培品种对疾病的抵抗能力

① 李霆：《当代中国的林业》，当代中国出版社，1985，第 255 页。

和生产力，是科学家必须承担的重大责任。毫无疑问，把这些具有很大的潜在价值的物种资源尽可能好地保护起来，是将上述可能变为现实的必要条件。

2. 典型生态系统保护

森林是地球上生物生产力最高的生态系统，平均每公顷森林年生产干物质12.9吨，约为农田（6.5吨）的两倍。20世纪70年代末，自然保护的目标由关注尚未发现的物种拓展为关注典型生态系统。不难理解，生态系统的类型越丰富，就越有可能找到更优的生物资源组合。在人类对生态系统研究还很有限，对各个生态系统的内部结构和各组成部分之间的关系的认识还很有限的情形下，根据已有的知识来决定它们的取舍，显然会有极大的局限性，甚至有可能铸成大错。把各种典型生态系统尽可能多地保存下来，无疑是一种积极的、负责任的选择。研究结果表明，若以生物量为度量指标，自然生态系统的生产力要大于现有农田的生产力，其主要原因是自然生态系统能较充分地利用土壤中的各种资源，而单一作物虽然采取了农业技术措施，仍不能像自然生态系统那样“灵活地”利用光、热、水。这意味着各种自然生态系统从整体上指出了改善生物资源配置的方向，也是进一步提高农业生产率的物质基础。

3. 生物多样性保护

20世纪90年代以来，自然保护进入生物多样性保护阶段。自然界中的生物多样性极为丰富，其中绝大部分属于功能性物种，它们成为经济性物种的可能性极小。但功能性物种并不会因为其不能成为经济性物种而不具有保护价值。一个功能性物种相当于航空母舰上的一个铆钉，掉一两个，对航空母舰整体性能的影响不会太大，如果铆钉不断丢失，航空母舰总有一天会崩溃。生态系统也是如此，物种消失越多，生态系统处于崩溃的风险就越大。所以，保护生物多样性并非因为它们具有尚未认识清楚的潜在价值，而是它们作为生态系统的有机组成部分具有不可或缺性。

（二）生态系统利用方式不断改进：以湿地为例

在很长一段时间里，尤其是在短缺经济时代，生态系统的优劣是以物质产品的产出来衡量的。所谓改造自然，就是将难以直接提供物质产品的自然生态系统改造成能够提供物质产品的人工生态系统。此时，湿地被贬为沼泽地。根治沼泽的主要措施是围垦，即先排水，再将其开垦为耕地。历史上的湿地，包括洞庭湖湿地、鄱阳湖湿地、太湖湿地、塔里木湿地、三江湿地，相当一部分被围垦了。

随着湿地萎缩引发的一系列问题变得越来越突出，人们对湿地的认识也发生了由地球之癌到地球之肾的转变。最近 30 年，湿地减少的速度大幅降低。每年减少的湿地面积由 1978 ~ 1990 年期间的 5523 平方公里降为 2000 ~ 2008 年的 831 平方公里。1978 ~ 1990 年间减少的自然湿地，几乎全部（98%）转换为非湿地，1990 ~ 2000 年间减少的自然湿地约有 86% 转化为非湿地，2000 ~ 2008 年，这一比例下降为 77%。从湿地减少的速度看，1990 年以前减少的湿地占 30 年减少量的 65%；2000 年之后，减少湿地只占全部减少湿地的 6.56%。同期，人工湿地从 1978 年的 9792 平方公里增加到 2008 年的 21745 平方公里，增加了约 122%。

20 世纪 90 年代末以来，中国出现了由围湿造田到退田还湿的转变，湿地保护的力度不断加大，每年新增湿地保护面积 30 多万公顷，恢复湿地 1 万多公顷，自然湿地保护率从“十五”末的 45% 增加到“十一五”末的 50.3%。截至 2011 年底，中国共设立 550 余处湿地保护区，国际重要湿地 41 块，国家湿地公园 213 处。近 5 年内，中国恢复湿地近 8 万公顷。主要江河源头及其中下游河流和湖泊湿地、主要沼泽湿地得到抢救性保护，部分项目区湿地生态状况明显改善。2010 年中国启动湿地生态效益补偿试点，建立了湿地保护中央财政专项资金。

（三）生态建设范围不断拓展：以森林生态系统建设为例

最近30年，中国是世界上森林面积增长最快的国家。在世界森林资源总体减少的情况下，我国森林覆盖率从12%增长到20.36%，森林蓄积量从102.6亿立方米增加到137亿立方米，平均每公顷森林固碳能力由20世纪80年代初的136.42吨增加到21世纪初的150.47吨。[①] 简略地说，改革开放以来的森林生态系统建设可概括为以下四个方面。

1. 造林的进展

（1）绿化宜林荒山荒地。为了促进宜林荒地绿化，中央政府于1981年颁布了《关于开展全民义务植树运动的决议》。截至2011年底，全国参加义务植树人数累计达到133亿人次，义务植树614亿株，折合绿化面积2082万公顷，相当于两个江苏省。

（2）边际农地造林。从2000年开始，国家实施了退耕还林工程。1999~2006年，25个省（区、市）累计完成退耕地造林1.34亿亩、荒山荒地造林1.74亿亩、封山育林2340万亩。边际农地造林工程引起了国际社会的普遍关注。

（3）发展城市森林。城市化的过程不仅是劳动力和资本向城市集聚的过程，也是森林进入城市的过程。近些年来，森林已成为城市生态系统中不可或缺的主体，成为城市里有生命的基础设施，成为增大城市生态容量最主要、最有效的措施。良好与完善的森林生态系统，已成为衡量城市宜居程度的重要指标。全国城市绿化覆盖率由1981年的10.1%提高到2011年的38.6%。

我国新增森林始于宜林荒山荒地造林，然后进入边际农地造林和城市用地造林，森林来源的多元化，特别是森林从上山入村拓展到国

---

① 贾治邦：《积极发挥森林在应对气候变化中的重大作用》，《求是》2008年第4期。

城进城，是改革开放以来中国森林生态系统建设转型的标志之一。

2. 公益林建设的进展

（1）建设防护林体系。改革开放伊始，为了给工农业生产和人民生活构筑生态屏障，中央政府启动了覆盖北方13个省（区、市）551个县（市、旗），规划面积占国土总面积42.4%的“三北”防护林工程。这是中国林业向木材生产与生态建设并重转变的标志性事件。至今，“三北”工程共完成造林2500多万公顷，工程区内的森林覆盖率提高到10%，活立木总蓄积增加4亿多立方米，20%的沙化土地得到初步治理，40%的水土流失面积得到基本控制，57%的农田实现了林网化，重点治理区的生态明显好转。此外，国家还启动了长江、黄河、珠江、太行山、平原、沿海等防护林工程。

（2）建设自然保护区体系。30多年来，林业部门管理的自然保护区从34个增加到1706个，保护区面积增加到1.2亿公顷，形成了类型较为齐全、功能较为完备的自然保护区体系。我国90%的陆地生态系统类型、45%的天然湿地、85%的野生动物种群和65%的高等植物群落得到了有效保护。

（3）建设公益林体系。30多年来，我国公益林的来源也发生了很大的变化。最初通过划定自然保护区的办法把一部分天然林划为公益林，把营造的防护林划为公益林；而后通过森林利用功能转型把一部分用材林调整为公益林。公益林来源的多元化，是反映改革开放以来中国森林生态系统建设转型的另一个标志。

（四）生态建设项目不断增大：以荒漠生态系统建设为例

中国的生态建设不仅涵盖所有生态系统，而且生态建设项目的量级越来越大，内容越来越完整。一般而言，保护荒漠生态系统所能得到的直接经济价值是最小的，但是即便如此，30多年来，各级政府对荒漠生态系统同样采取了强有力的治理举措。荒漠生态系统已经出现荒漠化土地面积持续缩小、荒漠化程度趋于下降的局面。

从20世纪中叶起，我国土地荒漠化面积以每年1000余平方公里的面积扩大；从20世纪70年代开始，年均扩大面积增至2460平方公里。两个阶段相加，荒漠化土地面积增加了10万平方公里左右。至1994年，我国土地荒漠化面积为267.4万平方公里，2009年减至262.4万平方公里，缩小了5万平方公里。

荒漠化土地转变为非荒漠化土地的难度是非常大的。所以，荒漠化土地治理的主要成绩表现为荒漠化程度的下降。从表2可以看出，轻度荒漠化土地面积由1999年的54.04万平方公里增至66.58万平方公里，增加了12.54万平方公里；同期，中度荒漠化土地面积由86.80万平方公里增至96.84万平方公里，增加了10.04万平方公里；重度荒漠化土地面积由56.51万平方公里减至42.66万平方公里，减少了13.85万平方公里；极重度荒漠化土地面积由70.06万平方公里减至56.30万平方公里，减少了13.76万平方公里。

表2 荒漠化程度的变化

单位：%

年份	1999		2004		2009	
类别	面积（万 km^2）	份额（%）	面积（万 km^2）	份额（%）	面积（万 km^2）	份额（%）
轻度荒漠化土地	54.04	20.21	63.11	23.94	66.58	25.37
中度荒漠化土地	86.80	32.46	98.53	37.38	96.84	36.91
重度荒漠化土地	56.51	21.13	43.34	16.44	42.66	16.26
极重度荒漠化土地	70.06	26.20	58.64	22.24	56.30	21.46
合　计	267.41	100	263.62	100	262.38	100

（五）生态建设政策体系不断健全：以草地生态系统建设为例

1. 草畜平衡制度

该制度有三方面内容：一是完善草原家庭承包政策，调动广大牧

民保护和建设草原的积极性。二是开展草畜平衡的宣传，改变牧民片面追求牲畜数量和以畜为财的观念。三是大力推行草原禁牧、休牧和划区轮牧，实行舍饲、半舍饲圈养，积极建设高产人工草地和饲草饲料基地，开展草原围栏、划区轮牧、舍饲圈养、人工草地和饲草饲料基地建设等方面的技术培训，提高牧民实行以草定畜的技术水平。通过围栏、补播、灌溉、施肥、杂草防除及管理等积极地探索草地的有效恢复策略，围栏后可使草地环境得到进一步的改善，草地植物种类、植被结构组成、草地植被地、土壤养分、土壤微生物、动物及土壤种子数量等方面表现出显著性变化，且变化幅度与围栏年限长短和草地围栏前的退化程度相关。

2. 退牧还草制度

退牧还草是我国在2003 年开始实施的对草原保护的一项重大生态工程，其目的在于在给予农牧民一定经济补偿的前提下，通过围栏建设、补播改良以及禁牧、休牧、划区轮牧等措施，恢复草原植被，改善草原生态，提高草原生产力，促进草原生态与畜牧业协调发展。经济补偿的内容包括口粮、饲料粮、生活补贴、围栏补贴以及基础设施建设，其中占投资比重较大的是口粮和围栏补贴。

3. 生态移民制度

在极度生态脆弱区，通过迁移脆弱区的人口，限制人畜在脆弱区的无节制的经济活动，杜绝人们在脆弱区内的破坏性开发活动，依靠大自然的自我修复功能，恢复草原植被，是保护生态环境最便捷、经济有效的办法。江河源头区和保护区内草原牧民的搬迁，所带来的生态屏障的恢复，河流源头水源地保护，生物多样性和野生动物的保护，其受益方包括东部经济发达地区、中下游流域地区乃至国际河流下游的国外地区。生态移民是一项耗费大、需要大量投资的复杂的庞大工程。

在一系列措施的共同作用下，草原生态系统恶化得到遏制。从2005 年到2011 年，中国天然草原鲜草总产量由93784 万吨增加到

100248 万吨，增长了 6.9%；牲畜超载率则由 2006 年的 34% 减少到 2011 年的 28%，下降了 6 个百分点。中国的草地生态系统有趋于改善的迹象。据分析，牧业税的取消，使地方政府失去了发展草地畜牧业的激励；替代生计的增多，使得愿意继续在自然草地放牧的牧民不断减少。随着草地畜牧业的逐步萎缩，牧业生产对草原的冲击趋于下降。2011 年与 20 世纪 70 年代相比，中国草地质量下降趋势有得到遏制的迹象，但草地的质量还有差距。其中，一、二级草地所占份额还低 2 个百分点，三、四级草地所占份额还低 3 个百分点，五、六级草地所占份额还低 4 个百分点，七、八级草地所占份额还分别高 1 个百分点和 8 个百分点（见表 3）。

表 3　中国不同草地等级占全部草地比重的变化

单位：%

	一、二级	三、四级	五、六级	七级	八级	合计
20 世纪 70 年代	9	18	33	18	22	100
2009 年	7	12	19	22	40	100
2010 年	8	13	26	20	33	100
2011 年	7	15	29	19	30	100

资料来源：2009 ~ 2011 年数据来自全国草原监测报告和 20 世纪 70 年代的草原调查资料。

4. 生态补偿制度

在生态建设的过程中，生态建设政策的调整发挥了极为重要的作用。最初，中国的生态建设实行的是义务工制度，即要求农民在农闲季节参与生态建设，基本上是无偿的，少量的补贴远远覆盖不了农民的付出。这是很长一段时间里实行的政策。

从 20 世纪 90 年代末开始，中国政府开始实施生态补偿制度。最初开展的天然林保护工程和退耕还林工程，采用的都是项目制度。在项目制度下，补偿对象、补偿标准和补偿年限都是特定的，在项目期间不会发生变化。即便延期，该特征仍然不会发生变化。从 21 世纪开始的公益林生态补偿属于基金制度。在基金制度下，基金的总量会随着财政收入总量的增加而增加，它没有特定的年限，也没有特定的对象，补偿标准也会随着时间推移而发生变化。

三　中国生态建设的展望

虽然生态建设是一个比较新的概念，但对应于这个概念的活动早就有了。最初的提法是绿化祖国，20 世纪 90 年代的提法是建设秀美山川，现在的提法是建设美丽中国。

党的十七大提出了生态文明的概念，并将其置于包括物质文明、精神文明、政治文明、社会文明在内的社会主义文明体系之中。党的十八大系统论述了生态文明建设的理念，并将其纳入包括经济建设、政治建设、文化建设、社会建设在内的中国特色社会主义事业的总体布局中。

党的十八大提出的生态文明建设的理念、美丽中国建设的任务和增强生态产品供给能力的举措，既是执政理念的发展和升华，也是尊重自然、顺应自然、保护自然的庄严承诺，既顺应了人类文明的发展潮流，又使实施持续健康发展战略有了坚实基石。包括理念、任务和举措三位一体的生态文明建设体系的形成，使科学发展观的体系更加丰满、结构更加完整、内容更加充实，使和谐社会建设的目标更加多元、任务更加明确、层次更加清晰，使发展方式转型的视角更加完备、途径更加明确、措施更加充分。

（一）生态建设的意义

培育生态文明、建设美丽中国，从国内看，它回应了人民群众日益增长的生态诉求，从国际看，它表达了作为国际社会重要成员的自觉担当；彰显了中华民族对子孙后代、对世界各国负责的精神。从狭义上看，旨在促成人与人的和谐；从广义上看，旨在促成人与自然的和谐。从宏观看，强调的是把生态建设融入经济建设、政治建设、文化建设、社会建设的全过程；从微观看，强调的是从自己做起，从身边的小事做起的行为方式。

培育生态文明，建设美丽中国，绝不是对经济建设中心论的调整，而是为经济建设确立更高的标准，有效纠正现实中片面强调GDP的政绩观。

培育生态文明、建设美丽中国，绝不是现实中存在的环境问题越来越严重，而是国家确立的发展目标越来越高，人民群众对生态服务的需求越来越高。毋庸讳言，中国的生态环境治理方面还存在很多问题，还需要继续加大生态环境治理的力度。但是，决不能像少数官员那样，讲政绩时倾向于展示好的一面，要投资时又倾向于展示差的一面。

培育生态文明、建设美丽中国，包括硬体建设和软体建设。其中，硬体建设是通过生态工程的推进，使生态系统的生态功能更齐全、更强大，景观格局更丰富、更完美，过程影响更正面、更有力。软体建设是通过生态教育，促成国民对生态文化的认同，促成中华生态文化的传承和繁荣。

培育生态文明，建设美丽中国，关系人民福祉、关乎民族未来。要从培养每一个社会成员的生态意识入手，逐步形成敬畏生态、善待生态的文化氛围和我参与、我奉献、我快乐的行动准则，让江河湖泊通过休养生息重现秀美景色，让森林草地通过保育焕发勃勃生机，让生产、生活和生态通过全体国民的共同努力而变得更美好。

作为世界上最大的发展中国家，中国在欠发达阶段就旗帜鲜明地提出培育生态文明、建设美丽中国的目标，不仅会推动国内的生态建设和国土治理，而且会在世界范围内产生积极影响。中国在生态建设中积累的经验，将会为世界上其他发展中国家提供借鉴。

（二）生态建设的策略

国民经济越过温饱阶段、短缺阶段之后，客观上需要各级政府把增加生态系统服务，改善国民福利，纳入社会经济发展的议事日程之中。

生态建设必须采取渐进性策略。生态建设是不可能一蹴而就、一步到位的。例如，新造林通常选择容易成活的先锋树种，等待森林景观形成之后，更新时再选择更好的树种，这就是所谓的新造林和再造林的关系。城镇的植被体系建设，要尽量避免采用诸如山区大树进城这样拔苗助长的措施。大树进城不仅费用昂贵，而且成活率很低。这显然是一种负和博弈的做法。

生态建设必须采取本土化策略。切切不能热衷于打造异域风情。大量外来物种的引入，不仅耗费人力物力，耗用大量的淡水资源，而且有可能孕育潜在的生态风险。

生态建设必须采取朴实性策略。要防止一些地区追求华丽，打造不具有可复制性的样板的倾向。我国仍处在社会主义的初级阶段，可用于生态建设的资金是有限的，可用于生态建设的水土资源也是有限的。在生态建设上要优先考虑生态建设的普遍性和建设水平的均匀性，要尽量选择建设成本低、管护难度小、用地、用水少的生态建设方案，使有限的资源提供更多的生态产品。

生态建设必须采取综合性策略。要规划和实施一系列生态工程，同时要围绕生态文明建设这个主题，完善生态建设中的法律制度体系、科学技术体系和人文关怀体系。

（三）生态建设的任务

改革开放以来，中国经济增长强劲，30 多年走完了先行发达国家 100 多年走完的道路，现已成为世界第二大经济体。经济越发展、社会越进步，越需要获得生态建设的支撑。二者合在一起，使追求生态文明成为中国发展转型的重要标志，成为对应于新的发展理念的必然选择。生态产品具有公共物品的属性，增加生态产品供给，客观上具有改善福利分配的效应。改革开放以来，尤其是1998年以来，中央政府规划和实施了一系列生态工程。各级政府在建设生态村、生态乡、生态县、生态市、生态省和生态产业园区等方面，也规划和实施了一系列工程。这是建设美丽中国的基础。

生态系统的功能的保护与利用是辩证的统一，绝不是保护得越多越好，利用得越少越好。比如草地生态系统，过度放牧和长期禁牧都会扰乱草原生态系统的生物链，都会造成它的生态功能退化。森林生态系统的过伐会造成它的生产功能退化，而长期禁伐也将使之演替到生长量等于自然损耗量的零增长状态。总之，对于绝大多数生态系统，不应该在滥用和禁用两个极端徘徊，如何运用适当的利用方式和利用强度使生态系统的功能变得越来越强，既是科学研究的重要任务，也是政策研究的重要任务。

建设美丽中国，实现永续发展，需要做好以下一系列工作。

第一，优化开发格局。要加快实施主体功能区战略，引导各地区严格按照主体功能定位，构建合理的城市空间格局、产业发展格局、生态安全格局；实现生产集约高效、生活宜居适度、生态顺向演替；既让当代人安居乐业，又给后代人留下水清、天蓝、地绿的美好家园。

第二，发展绿色经济。要依靠科技进步、管理进步、信息传递等支持手段，形成节约资源和保护生态的产业结构、生产方式和生活方式。使生态资源得到合理利用，筑牢经济社会永续发展的生态之基。

第三，保护生态系统。实施生态保护工程和防灾减灾体系建设工程，增强生态产品供给能力。以解决损害群众健康的突出环境问题为重点，强化水、大气、土壤等污染防治和综合治理。严守耕地、水资源等保护红线，将最严格的耕地保护制度、水资源管理制度落到实处。

第四，扩大生态修复范围。我们过去对生态系统索取太多，现在要给它有更多的修复机会。强调生态修复，就是要尽可能地借助于生态系统的内在力量促进原有生态功能的恢复，最大限度地减少人为干扰。

第五，优化体制机制。生态评价纳入经济社会发展评价体系；深化资源性产品价格和税费改革；健全生态环境保护责任追究制度和生态环境损害赔偿制度；建立体现生态文明要求的评价体系、考核办法、奖惩机制；按照代内补偿和代际补偿原则，建立健全生态补偿制度。

第六，开展生态文明教育。增强民众的生态保护意识，营造爱护生态环境的良好风气，形成尊重生态、珍爱生态、保护生态、修复生态的生态文明新风尚。

G.13

森林生态建设的进展与展望

一　森林生态建设的背景与意义

（一）森林生态建设的背景

森林具有调节服务、支撑服务等多种生态功能，主要包括涵养水源、保持水土、调节气候、改良土壤、防风固沙、维护生物多样性、减少环境污染、防灾减灾等。森林生态系统是生态功能全面、生态效应显著的自然生态系统。它是陆地生态系统的主体，是维护地球生态安全的重要保障，在生态文明建设中发挥着不可替代的作用。

当人类忽视森林的自然生态属性而无节制过度利用时，森林资源数量将减少，森林资源质量将降低，自然界的生态循环被破坏，极易引发多种自然灾害。在世界范围内，随着森林的不断减损，水土流失、水资源短缺、气候变暖、大气污染、土地荒漠化、生物多样性破坏等生态环境问题日益突出，森林资源保护受到国际社会的普遍关注。

随着经济社会发展对生态环境的要求越来越高，森林生态需求将取代森林生产需求，成为社会对森林资源的主导需求。林业生态化促进了生态林业的发展，而林业社会化则导致社会林业的广泛兴起。因此，应重视森林的自然属性，以人与自然和谐为根本，转变林业增长方式。坚持森林生态效益优先，生态效益、经济效益和社会效益相统一，实行森林可持续经营。

目前，我国经济社会发展已经进入工业化、城镇化发展的新阶段，国家做出了全面落实科学发展观、构建社会主义和谐社会、建设社会主义新农村、构建资源节约型和环境友好型社会、建设生态文明

等一系列重大战略决策。在这种新形势下，森林生态建设的作用更加突出，面临的任务也更加繁重。这就需要适应国内外形势的变化，顺应林业发展的内在规律，探索具有中国特色的林业建设与发展道路。把森林生态建设作为林业建设的核心，以重点林业生态工程建设为骨干，以生态脆弱区的治理为突破口，突出现有森林资源和生物多样性保护，全面推进现代林业建设。同时，拓展森林的多项功能，保护、培育和合理利用森林资源，实现林业跨越式发展。

（二）森林生态建设的重要意义

开展森林生态建设可以切实有效地改善生态环境，增加森林资源总量，提高森林资源质量，改善森林资源结构，增强森林生态系统功能。森林生态建设质量将对国家生态安全产生直接影响。同时，森林生态建设与工农业生产和人民生活密切相关，将促进我国经济与社会的可持续发展。

林业重点工程建设把我国生态建设推向一个大规模治理、重点突破的阶段。这些工程覆盖了我国水土流失严重、风沙危害较大的所有地区。这些工程的顺利实施，将使东、中、西部森林相对均匀分布，从整体上显著改善我国生态状况。这也必将推进西部大开发建设，满足经济社会发展的生态需求。

随着生态文明时代的到来，森林生态建设将成为国家实现绿色增长的必然途径。因此，加强森林生态建设具有重要的现实意义。

二　森林生态建设的发展阶段

新中国成立 60 多年来，森林资源从以生产经营为中心的单一功能利用模式转变为以生态保护为主的多功能利用模式，森林生态系统经过了过度开发、逐步恢复到加快建设的发展历程，这个历程可分为以下 3 个阶段。

（一）20 世纪 50 年代至 70 年代末：以森林利用为中心

新中国成立初期，尚处在木材是最重要的材料的阶段，加上国家全面推进基础设施建设和缺乏进口木材的外汇支付能力，不得不靠采伐天然林来满足木材需求。在传统林业经营思想的指导下，形成了以木材生产为中心的森林经营格局。森林资源的大规模开发利用，尤其是林木过度采伐，使森林生态系统遭受破坏。

该阶段已经开始营造各种类型的防护林，但是缺乏全国规划，大都零散分布，防护范围较小，难以形成整体效果。

20 世纪 70 年代后期，我国开展了大规模的植树造林运动。1978 年在东北、华北、西北地区启动了“三北”防护林体系建设工程。1979 年，第五届全国人大常委会第六次会议通过了《中华人民共和国森林法（试行）》，使森林资源保护和开发利用得到法律保障。

在这一时期，我国营造了不少人工林，林地面积呈缓慢增长态势，森林覆盖率有所提高。但是该阶段的森林蓄积量呈下降态势，特别是用材林资源过量消耗，大径级林木比重有所减小。

（二）20 世纪 70 年代末至 90 年代末：以森林利用为主、兼顾生态建设

在这个阶段，中国经济高速发展，森林资源的消耗也急剧增加，年均用材林赤字超过 5000 万立方米。同时，国家逐步加强了森林资源的保护，注重采育结合。全国开展了大规模的绿化造林，实施重点防护林体系工程，森林面积和森林蓄积量同步增长，森林覆盖率从 12.0% 提高到 16.55%。但用材林资源形势依然严峻，成熟林和过熟林资源趋于枯竭，逐步出现有林无材的局面。因此，国家采取用材林限额采伐管理和增加木材进口等主要措施，以有效控制林木资源特别是用材林资源下降的态势。

1981 年，第五届全国人民代表大会第四次会议做出了《关于开

展全民义务植树运动的决议》，倡导民众履行植树义务。1984 年第六届全国人大常委会第七次会议正式通过了《森林法》，该法对林地使用权、林木所有权等问题做出规定，突出强调林地使用者和林木所有者的权益保护问题。1992 年国务院批转国家体改委《关于一九九二年经济体制改革要点的通知》，明确提出“要建立林价制度和森林生态效益补偿制度，实行森林资源有偿使用”。1993 年，国务院《关于进一步加强造林绿化工作的通知》指出：“要改革造林绿化资金投入机制，逐步实行征收生态效益补偿费制度。”1995 年，原林业部颁布的《中国 21 世纪议程林业行动计划》确认，林业既是重要的基础产业，又是重要的公益事业，承担着改善生态环境和促进经济社会发展的双重任务。

1997 年，国家发出“再造秀美山川”的号召，重点开展生态建设。1998 年全国人大修订了《森林法》，并颁布了全球第一部《防沙治沙法》。国家制定了《全国生态环境建设规划》，将建设祖国秀美山川，作为我国现代化建设事业全面推向 21 世纪的重大战略部署。有计划地停止采伐天然林资源，以天然林资源保护工程启动为标志，实行森林资源保护。同时，实行保护和治理并重，加强生态脆弱地区的治理。坚决禁止毁林毁草，实施退耕还林还草工程。防护林的营造开始步入体系建设的发展阶段，从种植单一树种和林种向培育多树种、多林种转变，从粗放经营向集约化发展转变。

（三）20 世纪 90 年代末至今：林业生态建设为主，兼顾森林利用

在该阶段国家强调保护资源和环境，促进人口、资源和经济的协调发展。在世纪之交，国家开展了林业生产力结构和布局的战略性调整，将原来的十七项林业建设工程进行了系统整合，确立了林业六大重点工程，并且将其纳入了国民经济和社会发展计划。其中四项是林业生态工程，即天然林资源保护工程、退耕还林工程、京津风沙源治

理工程、“三北”和长江流域等重点防护林体系工程。

2001 年开始在全国部分省区实施森林分类经营改革试点，按照森林资源主导利用功能，将其划分为生态公益林和商品林两大类。2003 年，中共中央、国务院做出了《关于加快林业发展的决定》，明确了林业的定位，即在贯彻可持续发展中林业具有重要地位，在生态建设中林业具有首要地位，在西部大开发中林业具有基础地位。2009 年召开的中央林业工作会议，又提出林业“在应对气候变化中具有特殊地位”，进一步反映现代林业在我国生态建设中的重要地位和显著作用。国家确立了近期林业生态建设的目标：“确立以生态建设为主的林业可持续发展道路，建立以森林植被为主体、林草结合的国土生态安全体系，建设山川秀美的生态文明社会。”全国实施以生态建设为核心的林业可持续发展战略，全面开展林业重点工程建设，形成点、线、面相结合的森林生态网络，森林资源进入快速增长的新阶段。林业增长方式由数量扩张为主向数量与质量并重转变，外延扩大与内涵提高并重，实现由传统林业向现代林业的跨越式发展。

三 森林生态建设工程、政策与制度变革

（一）林业重点生态工程建设的进程

1. 天然林资源保护工程

天然林资源保护一期工程（1998～2010 年）的实施地区包括湖北、海南、贵州、内蒙古、吉林、黑龙江、四川、云南、西藏、陕西、甘肃、新疆等省区。主要任务是停止天然林采伐，恢复林草植被，建设生态公益林，并大幅度减少商品木材产量，分流安置林区职工等，以解决我国天然林的休养生息和恢复发展问题。2000 年国务院批准《长江上游、黄河上中游地区天然林资源保护工程实施方案》和《东北、内蒙古等重点国有林区天然林资源保护工程实施方案》，

这标志着全国天然林资源保护工程正式启动。

天然林资源保护二期工程（2011～2020 年）的实施范围在原有地区的基础上，增加丹江口库区的 11 个县（市、区）。工程完成后，将增加公益林 770 万公顷，其中人工造林 203.33 万公顷，封山育林 473.33 万公顷，飞播造林 93.33 万公顷；森林面积新增加 520 万公顷，森林蓄积净增加 11 亿立方米，森林碳汇增加 4.16 亿吨。工程区水土流失明显减少，生物多样性明显增加，职工转岗就业问题基本解决，林区社会实现和谐稳定。

2. 退耕还林工程

1999 年国家根据当时全国生态环境实际状况，提出了“退耕还林，封山绿化，以粮代赈，个体承包”的生态建设综合措施。在四川、陕西、甘肃 3 省开展了退耕还林试点示范，标志着退耕还林试点示范阶段的开始。退耕还林工程主要通过对陡坡耕地和沙化耕地实行有计划、有步骤地停止耕种，因地制宜地造林种草，恢复和扩大植被，以防治重点地区的水土流失和风沙危害。在试点示范的基础上，2002 年全面启动退耕还林工程，国务院下发了《国务院关于进一步完善退耕还林政策措施的若干意见》。退耕还林工程范围包括 25 个省（区、市）及新疆生产建设兵团，共计 1897 个县（市、区、旗）。退耕还林工程建设任务重点安排在西部和中部地区，在江河源头及其两侧、湖库周围的陡坡耕地以及水土流失和风沙危害严重等生态地位重要地区优先实施。同时，确定长江上游地区、黄河上中游地区、京津风沙源区以及重要湖库集水区、红水河流域、黑河流域、塔里木河流域等地区的 856 个县为退耕还林工程建设重点县。

3. 京津风沙源治理工程

2000 年京津风沙源治理工程开始实施，工程区包括北京、天津、河北、山西及内蒙古等 5 省（区、市）的 75 个县（市、区、旗）。京津风沙源治理工程区总国土面积 45.8 万平方公里，沙化土地面积

10.12 万平方公里。采取以林草植被建设为主的综合治理措施，以改善京津及周边地区生态环境，减轻风沙危害，从总体上遏制沙化土地的扩展趋势。京津风沙源治理工程区分为 4 个类型区，即北部干旱草原沙化治理区、浑善达克沙地治理区、农牧交错地带沙化土地治理区和燕山丘陵山地水源保护区。

4. “三北”地区及长江流域等重点防护林体系工程

“三北”及长江流域等重点防护林体系工程是一项系统整合工程，包括“三北”地区防护林体系工程、长江流域防护林体系工程、沿海防护林体系工程、珠江流域防护林体系工程、太行山绿化工程以及平原绿化工程共 6 项防护林工程。工程涉及范围广，包括绝大多数省（市、区），工程区面积占国土面积的 74.07%。

1978 年，“三北”防护林体系工程正式启动，以从根本上改变我国西北、华北、东北地区风沙危害和水土流失的状况。“三北”防护林体系工程建设的区域包括陕西、甘肃、宁夏、青海、新疆、山西、河北、北京、天津、内蒙古、辽宁、吉林、黑龙江等 13 个省（市、区）的 551 个县（旗、市、区）。工程区总面积达到 406.9 万平方公里，占全国陆地总面积的 42.4%。

1989 年国家实施长江流域防护林体系工程，涉及范围包括：长江、淮河、钱塘江流域的汇水区域，涉及青海、西藏、甘肃、四川、云南、贵州、重庆、陕西、湖北、湖南、江西、安徽、河南、山东、江苏、浙江、上海 17 个省（市、区）的 1033 个县（市、区）。

我国林业重点工程实行大江大河流域治理与重点区域治理相结合、统筹规划与突出重点相结合、整体推进与连片治理相结合以及造林绿化与植被保护相结合的方式，通过建设带网片点相结合的完备森林生态体系，实现全国山川秀美的目标。目前，国家决定在重点生态脆弱区继续实行退耕还林，“三北”五期工程规划获批实施，京津风沙源治理二期工程建设范围扩大到 6 个省（区、市）的 138 个县，更加突出了林业生态建设。

（二）森林生态建设的政策与制度变革

改革开放以来，在我国森林生态建设的实践中，逐步形成了一系列有利于农民参与森林生态建设的政策和制度，包括林地承包政策、“四荒”使用权拍卖和租赁政策、“谁造林、谁受益”制度等。采取集体造林、股份造林、合作造林等多种形式，实现了利益相关方的责任和权利的结合。林业生态工程建设区内的许多农民，自愿投身于森林生态建设，从“要我造林”的被动行为转变为“我要造林”的主动行为，形成有效的共同利益机制。通过绿色制度安排，激励绿色创新，缩小森林生态赤字，实现森林生态盈余，实现经济发展和资源消耗之间的“脱钩”。

1981 年国家颁布《关于保护森林发展林业若干问题的决定》，在我国集体林区以“稳定山权林权、划定自留山和确定林业生产责任制”为主要内容，实施林业“三定”政策。林地经营权由集体转向农民，形成了现有林权结构的基本框架。1995 年经国务院批准，国家体改委和林业部联合颁布了《林业经济体制改革总体纲要》，突出了林权改革的重要地位。2000 年实施修改后的《森林法实施条例》，为深化全国林业产权制度改革提供了法律保障。农民获得了林地使用权和林木所有权，出现了以家庭经营为主，兼顾联户经营、租赁经营、股份合作经营、大户经营、拍卖经营等多种林权经营形式的格局。2003 年《中共中央国务院关于加快林业发展的决定》，推动了林权制度改革，允许林地使用权、经营权自由转让。集体林权制度改革突破了农村家庭联产承包责任制的原有范围界限，把集体林产权真正落实到户，明确了农民的经营主体地位。同时，通过林权流转、抵押等方式，有效地促进了资金、科技、人力资源、组织管理等各种生产要素向森林资源保护和林业产业聚集。

我国的《森林法》明确规定，国家设立森林生态效益补偿基金，应对重点公益林管护者在林木营造、抚育、保护和管理等支出方面给予一定补助。补偿范围为重点公益林林地中的有林地，以及荒漠化和水土流失严重地区的疏林地、灌木林地、灌丛地。2001 年森林生态效益补助资金试点工作启动，率先在河北、辽宁、黑龙江、山东、浙江、安徽、江西、福建、湖南、广西、新疆等 11 个省区的 685 个县（单位）和 24 个国家级自然保护区进行试点，涉及 1333.3 万公顷的重点防护林和特种用途林。补偿标准为 75 元/公顷，每年兑现补助资金 10 亿元。在试点的基础上，2004 年中央森林生态效益补偿基金制度正式确立，在全国范围内全面实施。我国已基本形成森林资源分类经营、分区管理的格局，开始进入森林生态效益有偿使用的新阶段。目前，国家级公益林全部纳入森林生态效益补偿范围。

从生态效益补偿的角度来看，森林碳汇交易制度的实质体现在发达国家和发展中国家之间实现了森林生态效益的价值补偿，使得具有很强外部性特征的森林生态效益在发达国家和发展中国家之间通过交易手段实现了效益内部化。我国森林碳汇服务交易市场是一个具有较大发展潜力的市场，为实现森林生态效益价值市场化提供了有效途径。目前，国内开展的林业碳汇项目涉及广西、云南、四川、内蒙古、河北、山西、辽宁等省区。

2009 年我国召开的“中央林业工作会议”，进一步深化林权改革。国家林业局相继出台了《关于改革和完善集体林采伐管理的意见》、《关于切实加强集体林权流转管理工作的意见》、《国家级公益林区划界定办法》、《全国林地保护利用规划纲要（2010～2020 年）》等一系列政策和规划。把林业转型与国家经济社会转型结合起来，用国家发展规划统领林业发展规划，使林业多功能性更加凸显。

四　森林生态建设的成效与经验

（一）森林生态建设的效果

1. 森林资源数量增加、质量提高

森林资源数量和质量的衡量指标包括森林面积、森林蓄积量、森

林覆盖率等。自20世纪80年代以来，我国森林资源数量呈快速增长和质量显著提高的态势。根据第七次全国森林资源清查结果，我国森林面积达到1.95亿公顷，比第一次清查增长59.84%；森林蓄积量达到137.21亿立方米（见表1），增长57.99%；森林覆盖率达到20.36%，增加7.66个百分点。全国人工林面积达到6168.84万公顷，其整体规模和发展速度均居世界第一位。面对全球森林资源总量呈下降趋势的困境，我国化解经济持续高速增长的压力，实现了森林面积和森林蓄积双增长，森林碳汇大幅度增加。森林赤字扩大的趋势有所遏制，森林资产呈现盈余的态势。

表1　七次清查全国森林资源变化

历次清查	清查时间	森林面积(亿公顷)	森林蓄积量(亿立方米)	森林覆盖率(%)
第一次	1973～1976	1.22	86.85	12.70
第二次	1977～1981	1.15	90.48	12.00
第三次	1984～1988	1.25	91.41	12.98
第四次	1989～1993	1.34	101.37	13.92
第五次	1994～1998	1.59	116.7	16.55
第六次	1999～2003	1.75	120.7	18.21
第七次	2004～2008	1.95	137.21	20.36

资料来源：参见国家林业局《全国森林资源清查报告》。

我国森林生态建设工作稳步推进，到2011年，全国累计完成荒山荒地造林面积28171.33万公顷。其中，人工造林面积24125.41万公顷，飞播造林面积3131.75万公顷，无林地和疏林地新封山育林面积914.17万公顷。

各地区森林生态建设呈现明显的区域性特征。东部地区森林面积3760.93万公顷，人工林面积2149.42万公顷（见表2），单位造林面积投资较高。总体生态状况良好，为区域经济快速发展奠定了坚实的基础。中部地区森林面积6081.93万公顷，森林蓄积量366231.25万立方米，区内生态建设力度持续增强。西部地区森林面积11681.29万公顷，占全国森林面积的一半以上；森林蓄积量827131.56万立方米，占全国森林蓄积量的60%以上。西部地区是森林生态建设的重点地区，虽然区内森林生态建设力度逐步增强，但森林生态系统仍然较为脆弱。①

表2 各地区森林资源情况

地区	森林面积(万公顷)	人工林面积(万公顷)	森林蓄积量(万立方米)
东部地区	3760.93	2149.42	142896.65
中部地区	6081.93	1837.54	366231.25
西部地区	11681.29	2181.88	827131.56

注：各省份森林面积含国家特别规定的灌木林面积。

资料来源：参见国家林业局《中国林业统计年鉴2011》，中国林业出版社，2012。

2. 林业重点生态工程建设成效显著

全国林业重点工程建设效果显著，1979～2011年全国林业重点工程累计完成造林8978.48万公顷。"十一五"期间，林业重点工程造林面积占全国造林总面积的比例达到68.04%。重点工程建设区域森林覆盖率普遍提高，总体生态防护能力稳步增强，部分地区生态环境明显改善。同时，提高了区域农业综合生产能力，促进了农村产业结构调整和农民收入增加。

（1）天然林资源保护工程。自1998年工程实施以来，已累计完成人工造林297.04万公顷、飞播造林335.30万公顷、新封山育林778.89万公顷。1998～2011年各年造林面积见图1。2011年国家启动了天然林资源保护工程二期，工程总投资达2440.2亿元。工程区木材产量进一步调减至1114.32万立方米，比2010年减少14.25%，仅占全国木材总产量的13.68%。

（2）退耕还林工程。自1999年工程试点以来，已累计完成退耕地造林906.30万公顷，荒山荒地造林1533.97万公顷，新封山育林

① 国家林业局：《中国林业发展报告2012》。

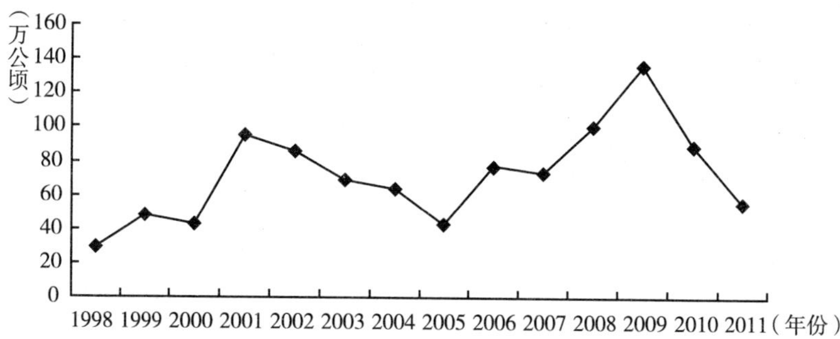

图1　天然林资源保护工程造林面积变化

246.81万公顷。1999～2011年各年退耕还林工程造林面积见图2。累计粮食补助资金总计1936.72亿元，累计生活费兑现金额总计262.44亿元。

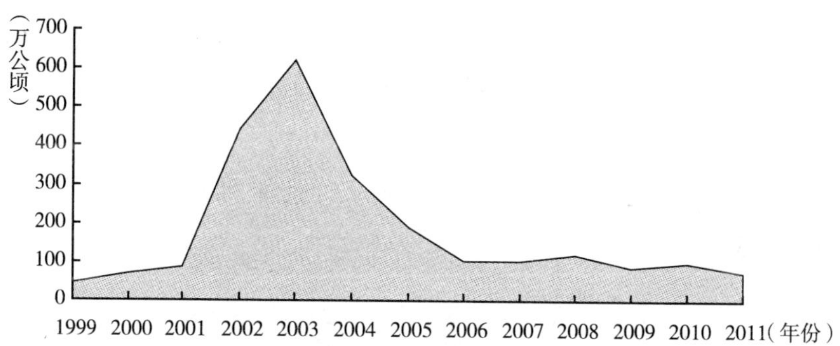

图2　退耕还林工程造林面积变化

（3）京津风沙源治理工程。自2001年京津风沙源治理工程实施以来，累计完成人工造林312.91万公顷、飞播造林88.85万公顷、新封山育林229.52万公顷。工程区内植被覆盖率普遍提高，沙尘天气逐年减少，空气质量明显好转。

（4）“三北”和长江流域等防护林体系工程。自2001年以来，全国重点防护林体系工程累计完成人工造林761.55万公顷、飞播造林29.11万公顷、新封山育林448.55万公顷。其中，“三北”防护林体系工程累计完成人工造林470.47万公顷、飞播造林10.12万公顷、新封山育林232.87万公顷。① 1997~2011年期间，“三北”防护林体系工程和长江流域防护林体系工程累计完成造林面积分别达到1065.79万公顷和280.72万公顷。

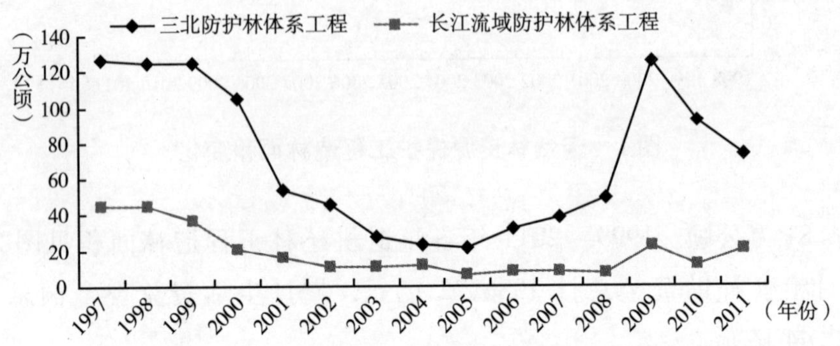

图3　“三北”和长江流域防护林体系工程造林面积变化

1997~2011年期间，沿海防护林体系工程和珠江流域防护林体系工程累计完成造林面积分别达到117.36万公顷和64.45万公顷。太行山绿化工程和平原绿化工程累计完成造林面积分别达到212.27万公顷和35.01万公顷。②

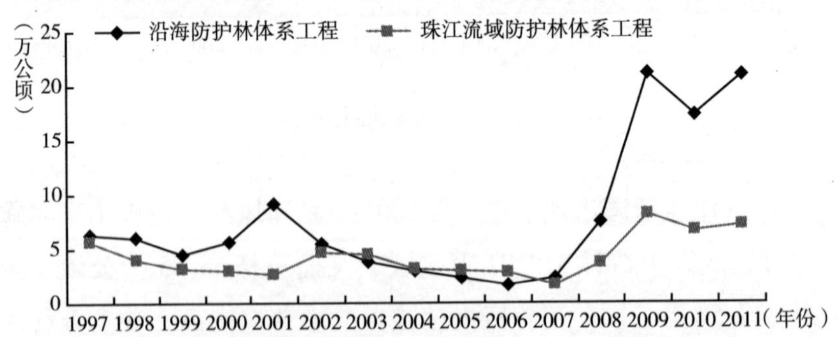

图4　沿海和珠江流域防护林体系工程造林面积变化

---

① 国家林业局：《2011年全国林业统计年报分析报告》，2012。

② 国家林业局：《中国林业统计年鉴2011》，中国林业出版社，2012。

（二）森林生态建设的经验

通过开展森林资源保护和植树造林的广泛实践，并实施多项林业重点生态工程，使我国在森林生态建设方面积累了丰富的宝贵经验，这将为未来我国深入开展森林生态建设奠定坚实的基础。

（1）根据不同地区的生态需要和森林功能，划分森林生态功能区。采取相应的措施，培育和保护不同类型和功能的森林资源。

（2）改进我国森林利用结构，提高森林资源增量。采取强制性措施，保护天然林资源。避免“重采轻造”的倾向，合理协调森林保护与采伐之间的关系。加大人工林培育，逐步实现由以采伐天然林为主向以采伐人工林为主转变。

（3）调整林业生产组织和技术措施，使森林植被建设由注重取材的经营模式向森林生态系统经营模式转变。科学配置树种结构，营造混交林，提高成林质量。

（4）在农村社区中，以农民为主体，开展社区林业建设，使社区农民直接参与造林绿化和森林资源管理，并获得直接的收益。建立有效的利益机制，鼓励农村贫困的家庭参与森林生态建设项目。

（5）依法保护森林生态建设者的合法权益和森林生态建设的成果，发挥典型示范区的带动作用。探索森林生态建设模式，包括西北风沙区的森林生态建设模式、黄河中上游地区的森林生态建设模式、长江上游地区的森林生态建设模式等。这些模式的推广应用，将提高全国森林生态建设的效益。

五　新时期森林生态建设的挑战与对策

（一）森林生态建设面临的挑战

我国与世界上发达国家相比，森林生态建设有明显差距；与新时期生态文明建设的要求相比，也有较大差距。因此，森林生态建设仍将是全面建成小康社会建设的紧迫任务。

在2009年联合国气候变化峰会上，我国提出森林资源发展的目标：逐步增加森林碳汇，与2005年相比，力争在2020年森林面积增加4000万公顷，森林蓄积量增加13亿立方米。这些林业发展战略规划和部署为我国森林生态建设赋予了新使命、提出了新要求，森林生态建设依然面临着诸多挑战，主要包括以下几个方面。

1. 森林生态建设投入不足，资金使用也不尽合理

在1950～1998年期间，我国营林投资年均仅3亿元，不能满足林业建设的实际需求。尽管进入21世纪以来，各级政府已大幅度增加投入，但目前我国森林生态建设任务重、规模大、范围广，资金投入总量仍不充足，存在较大缺口。一些林业工程规划范围内的地区因没有纳入年度计划而导致不能顺利完成森林生态建设任务。同时，在林业建设资金使用上，主要集中于造林和种苗费用，而用于后续抚育和管护的资金相对较少。这种资金使用的安排将对公益林生态效益的持续发挥产生不利的影响。

2. 森林生态建设管理制度还不完善，森林生态系统稳定性不强

目前，全国新造林地后期抚育和管护亟须加强，森林质量亟待提高。我国现有宜林地面积4400多万公顷，其中60%的宜林地分布在内蒙古和西北等干旱半干旱地区，造林难度较大。

3. 现有的森林生态补偿标准较低且是静态的，补偿方式单一，补偿范围较窄

部分地区没有根据实际情况确定合理的补偿标准体系，生态补偿未能达标，缺少多种补偿方式，不能反映森林生态效益的价值，达不到生态补偿目的。虽然森林生态补偿已将森林生态产品与服务补偿纳入政府财政体系，但要实现真正意义上的补偿还需要经过一段时间，这主要取决于国家财政支撑能力，但完全依赖于政府补偿森林生态效

益也是不现实的，必须为森林生态系统服务开拓市场，减轻政府财政资金压力，确保生态补偿资金来源的可持续性。

（二）森林生态建设的可持续发展对策

围绕新时期国家生态文明建设目标任务，森林生态建设应切实承担在生态文明建设中的重大职责，即承担保护自然生态系统、实施重大生态修复工程、构建生态安全格局的重大职责。同时，健全森林生态产品生产体系，完善维护生态安全的政策和制度体系。

1. 全面实施总体战略布局，开展分区造林

按照“西治、东扩、北休、南用”的林业建设总体布局，根据各区域自然环境和社会经济特征，综合考虑地理、地貌、光热和降水条件，造林适宜性，森林经营方式等因素，可将全国划分为东北地区、北方干旱半干旱地区、黄土高原和太行山燕山地区、华北与长江下游丘陵平原地区、南方山地丘陵地区、东南沿海及热带地区、西南高山峡谷地区、青藏高原地区等八大类型区域。依据各区域林业功能定位，分区制定造林绿化发展战略，明确各地造林绿化重点和主攻方向。

2. 继续加大重点地区林业生态工程建设力度

确保天然林资源保护、退耕还林、京津风沙源治理、“三北”防护林等生态工程顺利实施，加大公益林建设和后备资源培育力度，增强森林生态系统稳定性，并构建一批新的森林生态保护与建设工程。完善林业生态工程建设的区域布局，在东北地区、西北风沙区、西部高原区等生态脆弱地区，长江、黄河、珠江、中小河流等重点江河区，以及平原农区、城市区等生态区位重要的地区，加快构筑森林生态安全屏障。

3. 构建国民经济绿色核算体系

建立以森林资源核算为基础，以森林服务功能评价为核心的林业绿色经济评价制度，推动国家建立国民经济绿色核算体系。加强森林

综合效益监测，提高重点生态工程管理水平，巩固和扩大工程建设。充分体现森林在建设生态文明、推动绿色发展中的作用和贡献。

4. 促进市场经济在森林生态建设中的作用

明确新时期政府和市场在森林生态建设上不同的责任和义务，逐步形成市场交易机制，拓展森林外部效益内部化的市场渠道，维护市场交易的规章制度。实行森林可持续经营管理，培育健康的森林生态系统。真正建立起与市场经济发展相适应的政府财政支持体系和市场调控体系，形成适应新时期现代林业发展的新型管理体制和运行机制。

5. 多渠道增加森林生态建设投入

持续增加森林生态建设的投入，在中央财政预算内基本建设专项资金中，大幅度提高林业重点生态工程建设资金所占的比重。同时，拓宽投资渠道，完善以公共财政投入为基础、社会力量广泛参与的造林绿化投入机制。

6. 合理使用林权，推进区域林业改革

全面深化全国林业政策和制度改革，深入推进国有林区管理体制改革和集体林权制度改革，确立林业经营者的主体地位。引导农民在林地产权明晰的基础上，组建合作经济组织，促进林业规模化经营。应放宽林地使用权，对长期未造林的国有或集体林区的荒山和荒地，地方政府可通过承包、租赁、拍卖、股份合作等方式，吸引有实践经验和投资能力的个人或企业在规定期限内造林。完善林木采伐管理制度，进一步落实林权所有者对林木的处置权。

7. 优化林分结构，改进森林经营模式

采用合理的森林经营模式，调整现有的林分结构。在抚育间伐中，严格按规程执行，促进森林的快速生长。在森林主伐中，坚决杜绝皆伐、超强度、超限额采伐。在更新造林中，要注重树种的多样性和树木的年龄结构，防止出现大面积纯林，逐步演替成异龄复层、乔灌草搭配的结构。

8. 完善森林生态补偿制度

坚持实行森林分类经营，逐步建立与经济发展水平相适应的规范的森林生态效益分级补偿制度。加强我国森林生态补偿的针对性，避免在补偿对象和补偿标准上的“一刀切”现象，强调补偿的地域和类别的差异性。在制定和实施森林生态补偿制度的过程中，不仅需要考虑给予农民直接的经济补偿，还应充分考虑他们对林业生产经营的实际需求。鼓励农民以经营森林生态系统服务为主要手段来发展经济，使其从对森林生态系统的保护和培育中获得经济收益。

G.14

草原生态建设的进展与展望

草原是我国社会经济发展的重要战略资源，也是我国重要的生态屏障和发展畜牧业的基础。长期以来，由于自然和人为原因，草原生态恶化的趋势没有根本遏制，已成为我国广大牧区乃至国民经济和区域协调发展的难点。改革开放后，尤其是进入21世纪以来，我国政府为扭转草原地区自然资源和生态环境的进一步恶化，促进草原畜牧业和牧区社会经济的可持续发展，将草原生态建设作为生态文明建设的重要着力点，开展了一系列草原生态建设项目，并取得了较为显著的成效。

一 草原生态建设提出的背景

（一）草原资源状况

我国拥有草原总面积约4亿公顷，占国土总面积的41.7%，是耕地面积的3.3倍、森林面积的2.3倍，为陆地面积最大的生态系统。我国的草原总面积仅次于澳大利亚，居世界第二位。

我国的草原资源既包括天然草原，也包括南方草山、草坡以及人工草地，遍布全国各个省（区、市）。其中西藏草地面积最大，其次是内蒙古，再次是新疆。其余重点草原省（区）中，草原面积在1500万公顷以上的省（区）有青海、四川、甘肃和云南；500万～1000万公顷的省（区）有广西、黑龙江、湖南、湖北、吉林、陕西省；400万～500万公顷的有河北、山西、江西、河南、贵州；300万～400万公顷的有辽宁、宁夏等。按照草原地带性分布特点，可以将我国草原分为北方干旱半干旱草原区、青藏高寒草原区、东北华北

湿润半湿润草原区和南方草地区四大生态功能区域。

草原具有多种功能，除了经济、社会和文化等功能以外，草原还是我国大江大河的源头和水系补给区，在应对气候变化、防风固沙、固氮储碳、净化空气以及维护生物多样性等方面具有不可替代的作用，生态地位十分重要。

（二）草原利用和生态状况面临的问题

由于草原利用方式不当，我国草原生态环境持续恶化，已成为制约中国社会经济可持续发展的“瓶颈”。①

1. 草原退化面积占草原总面积的比例趋于增加

根据农业部草原监理中心的数据，我国退化草原的面积占草原总面积的比重自20世纪70年代起逐步提高，70年代约为15%，90年代提高到50%，21世纪初进一步提高到90%（见图1）。

全国几个主要草原省（区）的草原普遍存在退化问题，退化草原面积占其草原面积的比重在75%～95%之间（见图2）。

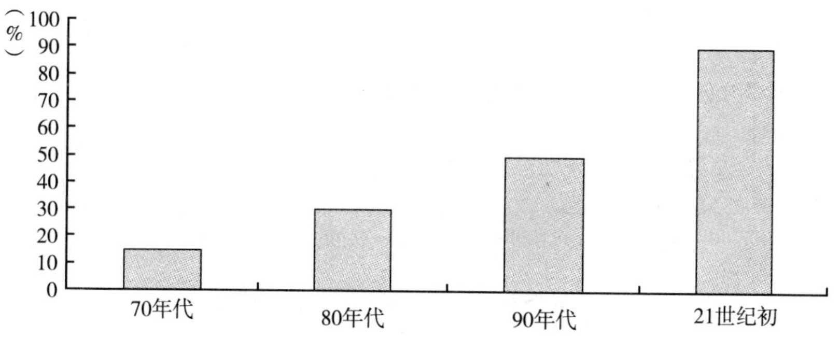

图1　全国退化草原面积占草原总面积的比重

从退化程度看，退化草原面积中，有12%严重退化，31%中度退化，57%轻度退化，中度以上明显退化的草原面积接近一半。

① 农业部草原监理中心：《2011年全国草原监测报告》。

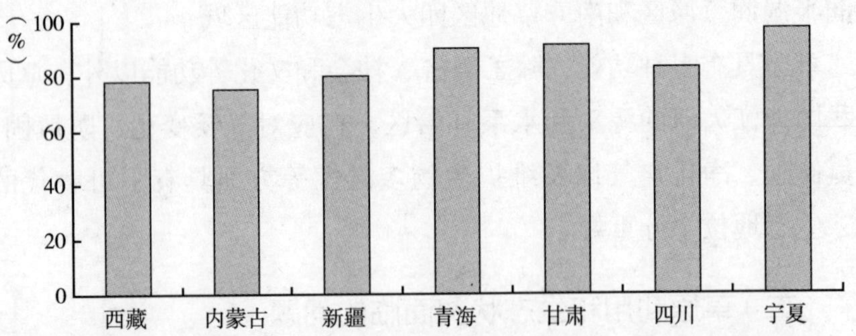

图2　主要省（区）退化草原面积占其草原面积的比重

2. 草原超载过牧开始趋于下降

草原超载过牧是导致草原退化的主要原因。根据农业部草原监理中心报告的数据，20 世纪 80 年代超载率较低，2005 年接近 35%，之后逐年下降，到 2010 年降至 30% 左右（见图 3）。

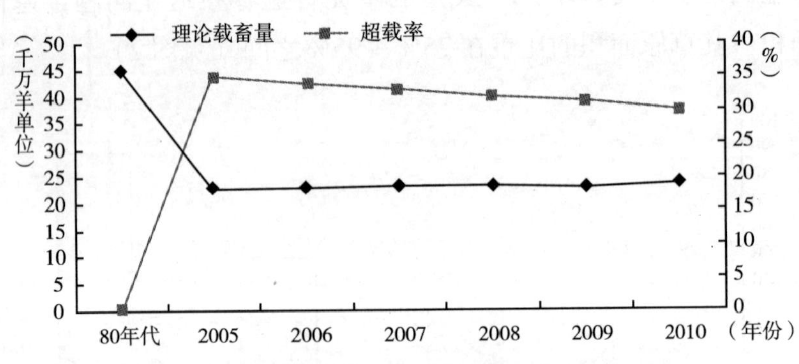

图3　草原理论载畜量和超载率的变化

（三）草原功能定位的调整

新中国成立以来，草原的功能定位逐步由生产优先调整为生态优先。

草原最初的功能定位是优先发展畜牧业。长期以来，受农畜产品

短缺时期优先发展生产的影响，强调草原的生产功能，从20世纪50年代到20世纪末，我国草原利用主要是为了饲养牲畜、提高畜产品产量。此间，国家先后实行了“两定一奖”、“三定一奖”以及其他名目繁多的鼓励增加牲畜头数的政策。[①] 长期的“重利用、轻保护，重索取、轻投入”，造成草原超载过牧日益严重，草原生态系统遭到了严重破坏。

进入21世纪后，面对严峻的草原生态功能退化，草原的生态功能开始受到重视，草原的功能定位被调整为生产和生态并重。妥善协调草原的生态功能与生产功能的关系，以实现生态、经济和社会效益“多赢”目标，开始成为草原利用政策的着力点。但是，草原生态恶化、草原畜牧业发展难以为继、牧民增收难度越来越大等问题尚未得到有效解决。

党的“十七大”提出建设生态文明的号召后，草原的生态功能引起全社会的重视，草原的战略地位开始得到提升。其功能定位也进一步被重调整为生态优先。国务院在认真总结经验和教训的基础上，进一步调整了草原的功能定位。2011年，国务院在下发的《关于促进牧区又好又快发展的若干意见》中明确提出，草原牧区发展必须树立“生产生态有机结合、生态优先”的基本方针，草原保护、利用和建设真正迈入了“生态优先”的阶段。

二　草原生态建设的思路、政策和工程的进展

（一）草原牧区发展思路的调整

改革开放以来，随着社会经济条件和草原牧区生态环境的变化，政府对草原牧区发展和建设重点进行了调整，重视草原生态环境建设

① 王晓毅：《环境压力下的草原社区》，社会科学文献出版社，2009。

的思路逐步清晰。

1. 从重视牲畜生产转向重视草原保护

20世纪80年代初，受农区推广耕地家庭承包经营的影响，内蒙古等草原牧区推行了牲畜“作价归户、户有户养”的改革，这项改革极大地调动了牧民发展畜牧业的积极性，但牧畜头数的激增，导致了草原严重的退化沙化。为了解决草原处于“公地”状态而导致的退化问题，继而实行了草畜双承包的改革。

2. 从注重草原的经济功能转向重视生态功能

经过多年探讨与实践，我国重视草原牧区生态功能目标的思路逐步清晰。为了强化草原的生态功能，先后实施了退耕还草、退牧还草、禁牧休牧政策和草原生态补偿政策。主要措施是“围封转移”、主体功能区的划分以及“减畜、增绿”，以减少对草地生态系统的物质、能量索取，补偿草地生态系统的长期亏空。

（二）草原建设的相关政策与措施①

我国《草原法》对草原建设确立的指导思想是：“保护、建设和合理利用草地资源，改善生态环境，维护生物多样性，发展现代畜牧业，促进牧区经济社会和草原生态环境的协调发展。”② 现实中采取的政策举措包括基本草原保护、草畜平衡、禁牧休牧等。

1. 落实草原承包制

从20世纪90年代开始，各地都在推行草场承包经营责任制。目前，绝大多数的草场都已经承包到组、联户和牧户经营，有些县（旗）政府与承包户签订了草原使用权和承包合同，规定了承包草场的四至界限、面积和等级、承包期限等。实践证明，推行草原承包经

① 参考宋洪远主编《中国草原改良与牧区发展问题研究报告》，中国财政经济出版社，2006。

② 《中华人民共和国草原法》，2002年12月。

营责任制，赋予广大农牧民长期稳定的草原使用权，有利于调动广大农牧民保护和建设草原的积极性，对草场的保护建设起到了巨大的促进作用，生活基本实现了定居。

2. 实行以草定畜，草畜平衡

为合理均衡利用草原资源，从2001年开始，各地先后在草原牧区推行以草定畜，来实现草畜平衡。县级以上地方政府及草原行政主管部门按照国家草原行政主管部门制定的草原载畜量标准，结合当地的实际情况，核定草原载畜量，并采取了一些防止超载过牧的措施，督促草原承包经营者保持草畜平衡。在实现草原草畜平衡的可能途径的探索方面，无论是研究部门还是政府有关部门都在进行积极的努力。草畜平衡制度是实现草原可持续发展的根本管理制度。

3. 推行禁牧休牧以及舍饲圈养

2002年9月国务院发布的《关于加强草原保护与建设的若干意见》和2003年3月1日重新修订的《中华人民共和国草原法》都明确规定："国家对草原实行以草定畜"，"对严重退化、沙化、盐碱化、石漠化的草原和生态脆弱区的草原，实行禁牧、休牧制度"。根据这些规定，结合草原生态保护和建设、畜牧业基础设施建设和产业结构调整，我国草原牧区有计划地逐步开展禁牧、休牧、划区轮牧和舍饲圈养工作。为鼓励禁牧休牧，国家通过项目的形式对牧户给予粮食和资金补助，草原禁牧休牧范围逐步扩大。

4. 实施退耕还草

1999~2001年，连续3年的严重旱灾使草场严重退化，牧民的生活遇到困难，生产几乎不能维持，传统草原畜牧业陷入了空前的困境之中。在这一背景下，国家从2002年开始在江河源区、风沙源区和农牧交错区实施了退耕还草试点。国家对参与退耕还草的农牧民无偿提供粮食、现金和草种费补助。从2004年起粮食补助改为现金补助。

5. 实行草原生态保护补偿机制

为了实现草原的持续利用，对草原资源进行保护，从而达到草原生态环境的恢复，采用经济支持政策，是发达国家通用的做法。国家已经实施的退牧还草工程、京津风沙源治理工程等具有一定的生态补偿性质。2010 年 10 月 12 日国务院常务会议决定，从 2011 年起，逐步对内蒙古、新疆、西藏、青海、四川、甘肃、宁夏和云南 8 个主要草原牧区省（区）、新疆生产建设兵团以及其他所有的牧区半牧区县中实施草原生态保护补助奖励机制政策。主要内容包括：一是对生存环境非常恶劣、退化严重、不宜放牧以及位于大江大河水源涵养区的草原实行禁牧封育，中央财政给予禁牧补助；二是对禁牧区域以外的可利用草原给予草畜平衡奖励；三是给予牧民生产性补贴，包括畜牧良种补贴、牧草良种补贴和生产资料综合补贴。这是迄今为止我国在草原生态保护方面安排资金规模最大、覆盖面最广、补贴内容最多的一项政策。

6. 推广草原新技术和新品种，提高草畜平衡点

针对我国草原畜牧业生产水平低、牧区牲畜品种退化、牧草利用转化率低等问题，近几年来，政府积极鼓励牧民引进草原新技术，改良牲畜品种，提高牲畜个体生产能力，提高草原利用效率，在一定程度上缓解草场退化和牲畜增加的矛盾。同时，政府加强了草种繁育、优良草品种和草产品加工等先进技术的引进工作，重点引进抗旱、耐寒牧草新品种，加快推广退化草原植被恢复、生物治虫灭鼠等适用技术。一些地区通过引进新品种和新技术，已经帮助牧户从中受益，而且减轻了草原的生态压力。

（三）草原保护建设项目的进展

为实施草原保护、利用和建设政策，政府加大了对草原生态和保护建设的投入力度。分析 2000 年以来国家实施的各项草原生态建设项目，可以看出政府对草原资源和生态环境恢复是以不同形式的项目

展开的。

1. 天然草原植被恢复与建设项目

2000~2003年，中央财政累计投入13亿元，在内蒙古、西藏、新疆、甘肃、青海、宁夏等21省（区、市）和新疆生产建设兵团安排建设项目216个，建设人工饲草料基地537万亩，围栏改良971万亩，基本草场25万亩，灭鼠317万亩，棚圈建设46万平方米，新建和完善草原监理站37个。

2. 草原围栏项目

2002年，中央财政投入3亿元，在内蒙古、青海、新疆和新疆生产建设兵团安排项目37个。安排围栏任务1214万亩，其中禁牧围栏835万亩，划区轮牧围栏任务379万亩，监理监测设备489台（套）。

3. 退牧还草工程

实施退牧还草是我国为保护草原生态环境、改善民生作出的重大决策，是西部大开发的标志性工程之一。这项工程自2003年在内蒙古、四川、青海等8省（区）和新疆生产建设兵团实施，旨在给予农牧民一定经济补偿的前提下，通过围栏建设、补播改良以及禁牧、休牧、划区轮牧等措施，恢复草原植被，改善草原生态，提高草原生产力，促进草原生态与畜牧业协调发展。工程实施以来，中央累计投入资金200亿元左右，共计安排围栏建设任务91165万亩（见图4），其中禁牧围栏面积占43.1%，休牧围栏面积占52.2%，划区轮牧围栏面积占4.3%；退化草原补播改良22993万亩；岩溶地区草地治理试点312万亩。

国家草原生态保护补助奖励政策出台后，2011年8月国家发展改革委会同农业部、财政部印发了《关于完善退牧还草政策的意见》，在“十二五”时期，国家将安排退牧还草围栏建设任务5亿亩，配套实施退化草原补播改良任务1.5亿亩，并将从合理布局草原围栏、配套建设舍饲棚圈和人工饲草地、提高中央投资补助比例和标

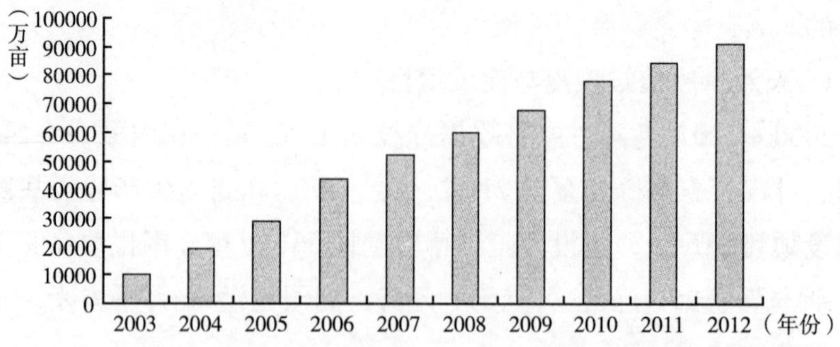

图4　2003～2012年退牧还草工程累计完成草原围栏面积

准、饲料粮补助改为草原生态保护补助奖励方式等方面入手，推进退牧还草工程有效开展。

4. 京津风沙源治理工程

2000～2012年，中央累计投入资金40多亿元，在北京、河北、山西、内蒙古等4省（区、市），共安排草原治理任务近5500万亩，工程建设内容包括人工种草、飞播牧草、围栏封育、基本草场草种基地、禁牧、棚圈建设、饲料机械。项目实施以来，共完成人工草地553万亩，飞播牧草200万亩，围栏封育4363万亩，基本草场建设341万亩，草种基地36万亩，牲畜舍饲棚圈1115万平方米，饲草料加工机械2.7万台（套）。

5. 游牧民定居工程

2009～2012年，国家累计投入100亿元，在西藏、甘肃、内蒙古、四川、云南、青海、新疆等省（区）实施游牧民定居工程项目。按照每户补助25000元的标准，补助游牧民开展定居房和牲畜棚圈建设。

6. 岩溶地区草地治理试点工程

2006年，退牧还草工程中安排一部分资金用于西南岩溶地区草地治理试点工程，从2010年开始，项目实施区域拓展到湖北、湖南、广西、重庆、四川、云南、贵州和广东。截止到2012年底，中央累计投入岩溶地区石漠化综合治理试点工程草原建设任务资金近4亿元，安排草地建设（包括人工种草和草地改良）任务5.47万公顷，棚圈建设115万平方米，饲料青贮窖27万立方米等。

此外，国家还开展过牧区开发示范工程项目、牧草种子基地项目、草种繁育基地项目（育草基金项目），以及鼠虫害防治、草原防火（隔离带建设）、飞播、保种、草原监测等项目。

三　草原生态建设的成效及评价

草原生态建设项目的实施对草原资源和生态环境恢复产生了积极的作用。

1. 草原生态工程项目成效显著，项目区内生态状况趋于好转

农业部草原监测报告对项目区的监测结果表明，草原生态建设项目已经取得了明显的效果。

以退牧还草工程为例，2011年农业部草原监理中心对内蒙古、四川、西藏、甘肃、青海、宁夏、新疆、云南等8省（区）和新疆生产建设兵团的退牧还草工程地面监测结果显示，工程区内的平均植被盖度为70%，比非工程区高10个百分点；高度、鲜草产量和可食鲜草产量分别为16.9厘米、3633.7千克/公顷和3073千克/公顷，比非工程区分别高41.4%、45.2%和49.6%。对项目区20个县（旗、团场）遥感监测显示，2005年开始实施的工程区目前草原植被盖度比实施前提高了4个百分点；鲜草产量比实施前提高了10.6%。[①]

相关的监测结果亦表明，京津风沙源治理工程的实施，有效遏制了严重沙化草地的扩张，2011年内蒙古浑善达克沙地区域的严重沙化草地约为21.6万公顷，比2000年减少31.2%。其中，镶黄旗减少

① 农业部草原监理中心：《2011年全国草原监测报告》，《中国畜牧业》2012年第9期。

了30.7%，正蓝旗减少了36.9%，新巴尔虎右旗减少了27.5%。

2. 草原生产力开始增长

根据2005年以来全国草原监测报告结果，2005～2009年期间，重点草原省（区）的草原生产力小幅下降；但自2009年之后，重点省（区）的草原生产力一直保持上升的趋势，2011年的草原生产力比2009年增长7%左右（见图5）。

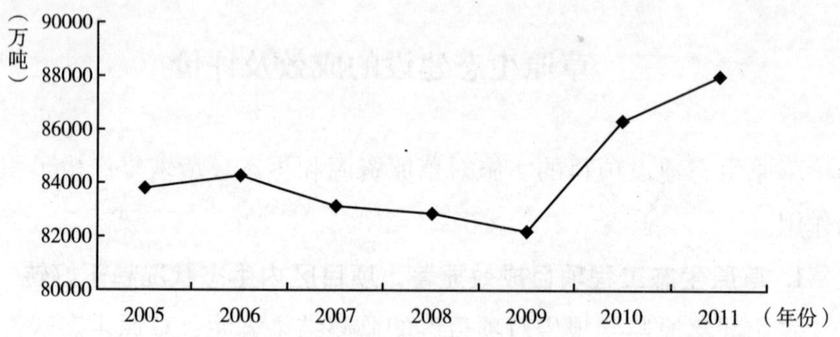

图5　2005～2011年全国重点草原省（区）草原生产力变化（鲜草产量）

中国社会科学院农村发展研究所根据1990年公布的全国第一次草原普查数据以及2005～2010年农业部全国草原监测数据，通过构建可比性草地面积系数来分析全国及重点草原省（区）社会和经济发展对草原资源压力的影响变化。测算结果表明，自1990年以来，全国20个重点草原省（区）总体可比性草地面积指数①呈现明显下降趋势，2005～2010年期间全国20个重点省（区）的可比性草地面积指数较1990年下降了42%左右，其中不同省（区）可比性草地面积下降幅度保持在12%～74%之间（见表1）。

① 可比性草地面积指数：以不同省（区）基期草原面积和产草量为基础，依据其各年的产草量数据推算出可以进行比较的草地面积，通过可比性草地面积指数变化来反映不同时期草地可持续利用状态的变化状况。

表 1　1990～2010 年间重点省（区）可比性草地面积变化程度

单位：%

下降幅度	>50%	贵州、四川、山西、吉林、湖北、云南、广西
	30%～50%	陕西、辽宁、山东、黑龙江、河北、河南
	10%～30%	青海、西藏、新疆、甘肃、内蒙古、宁夏

注：为了与 1990 年比较，重庆市数据并入四川省合并计算。

2000 年以来，随着各项草原保护工程建设的实施，部分地区的草原生产力开始增加，草原可持续利用性增强。从 2005～2010 年期间全国可比性草地面积各年变化看，2005～2007 年全国可比性草地面积指数呈现小幅度下降，但自 2008 年开始，可比性草地面积指数开始稳定小幅增长，2010 年较 2007 年增长了 6.8%（见图 6），表明草原退化状况自 2008 年开始趋于好转。

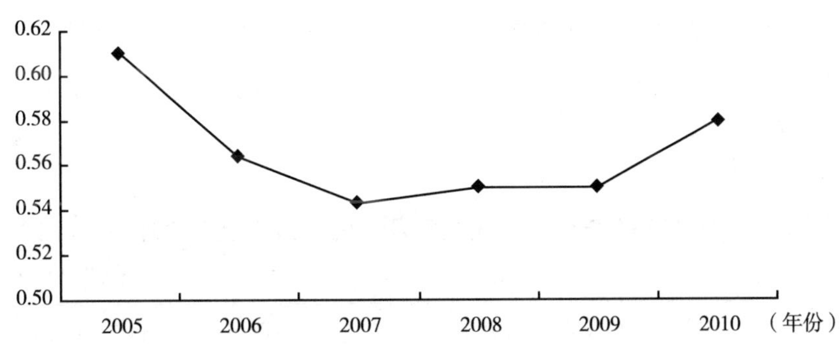

图 6　2005～2010 年间重点省（区）可比性草地面积指数变化情况

比较 2005～2010 年期间不同省（区）的可比性草地面积的变化情况可以看出，2010 年河南、辽宁、贵州、湖北、广西、宁夏、吉林、云南、四川的可比性草地面积指数比 2005 年有所增加，而西部几个主要草原省（区）如新疆、内蒙古、西藏和甘肃则表现为不同程度下降。需要强调的是，山西省 2010 年的可比性草地面积比 2005 年下降了 46%（见表 2）。

表 2　2005～2010 年间重点省（区）可比性草地面积变化程度

单位：%

上升	>100%	河南、辽宁、贵州
	60%～80%	湖北、广西
	20%～40%	宁夏、吉林
	10%～20%	云南、四川
下降	0～10%	山东、西藏
	10%～20%	新疆、甘肃、内蒙古
	20%～40%	青海、河北、黑龙江
	>40%	山西

3. 草原利用状况有所改善

我国草原牧区载畜量长期处于超负荷状况，但从 2005 年开始，全国重点天然草原的牲畜超载率开始逐年下降，2011 年，全国重点天然草原的牲畜超载率为 28%，比 2005 年下降了 7 个百分点。全国几个重点草原省（区）的牲畜超载率都呈现下降的趋势，其中内蒙古、青海和新疆的草原牲畜超载率下降幅度较大（见表 3）。

表 3　2005～2011 年全国六大牧区及全国重点天然草原牲畜超载率

单位：%

年份	西藏	内蒙古	新疆	青海	四川	甘肃	全国
2005	—	40 以上	40 以上	—	40 以上	40 以上	35
2006	38	22	39	39	40	40	34
2007	40	20	39	38	39	38	33
2008	38	18	40	37	39	39	32
2009	39	25	35	26	38	38	31
2010	38	23	33	25	37	36	30
2011	32	18	30	25	37	34	28

资料来源：参见农业部《全国草原监测报告》，2005～2011 年各年。

4. 草原围栏建设规模扩大

在退耕还林还草工程、退牧还草工程、京津风沙源治理工程等草原重大生态工程建设项目的示范推动和带动下，我国草原围栏建设规模不断扩大，2011 年底累计完成的面积已近 7500 万公顷，比 2001 年增长了 3.6 倍，占可利用草原面积的 22.57%。其中内蒙古围栏面积占全国围栏总面积的 38.8%，新疆和青海分别占 17.7% 和 11.7%，3 省（区）合计占近 70%。通过围栏，一是解决了“草场有界，放牧无界”，牲畜吃草原大锅饭的问题；二是有利于推行禁牧、休牧和划区轮牧制度，到 2011 年，全国禁牧、休牧、划区轮牧总面积已经达 15075 万公顷，比 2001 年增长了 10 倍（见图 7），实现禁牧、休牧、轮牧草原面积累计占可利用草原面积的 45.5%；三是解决牲畜混放混牧问题，并且节省了劳动力，也有利于依法对草原生态进行监测。

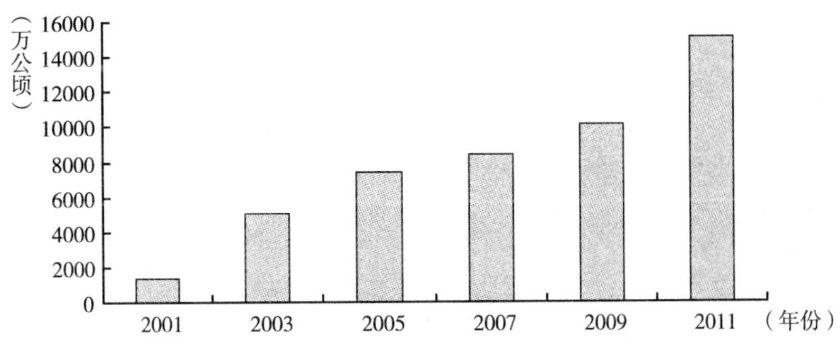

图 7　2001 ~ 2011 年全国累计完成禁牧休牧轮牧草原面积的变化

资料来源：2000 ~ 2009 年数据来自全国畜牧总站编《中国草业统计 2009》；张立中《中国草原利用、保护与建设评析及政策建议》，《农业现代化研究》2012 年第 5 期。2011 年数据来自农业部草原监理中心统计数据。

5. 草原家庭承包制进一步落实，禁牧休牧制度广泛推行

通过项目带动作用，推进了草原家庭承包经营的落实和完善。例如，退牧还草工程明确要求，围栏建设只在已承包草原上实施。

截至2011年，全国累计草原承包面积占可利用草原面积的82.9%，其中，承包到户的占80.14%，承包到联户的占17.64%；其他形式承包的占2.22%。新疆、内蒙古、青海、四川的累计草原承包面积超过90%，草原“双权”基本落实。落实草原承包经营制度，对有效保护和合理利用草原资源，促进草原地区经济发展和农牧民增收，依法保护农牧民合法权益，维护牧区和谐稳定，具有十分重要的意义。

6. 草原退化治理力度加强

通过草场封育等措施，草场生产力可增加数倍；飞播种草使很多地区植被盖度增加，流动、半流动沙丘固定；浅耕松耙结合补播、施肥、带状种植饲用灌木等措施使退化草场生产力显著提高。截至2009年，全国飞播种草保留面积1585.5万亩，改良种草保留面积12220.5万亩，人工种草保留面积17146.5万亩。

四　草原生态建设的对策建议

经过多年努力，我国草原生态环境加速恶化势头已基本得到遏制，草原生产力变化出现了由下降趋于增长的“拐点”，这表明了草原生态建设的成效，也表明目前我国草原生态建设已经到了关键节点。中央对草原生态建设和牧区发展问题日益重视，明确了草原牧区要实行“生态优先”的发展战略，并且开始实施草原生态保护补助奖励机制，草原生态建设迎来难得的发展机遇。根据《国务院关于促进牧区又好又快发展的若干意见》中确定的目标，要加快草原生态建设步伐，通过5~10年的努力，使全国草原生态整体恶化趋势实现扭转。基于对我国草原生态建设的进展、成效和实施中存在的问题分析和评价，草原生态建设应重点推进以下工作。

1. 进一步完善草原承包制度

草原承包经营是涉及草原牧区长远发展的一项根本制度，是解决

盲目开垦、乱采乱挖、过度放牧的有效政策保障。强化和落实草原承包经营权，对于有效实施草原生态建设项目、促进畜牧业生产方式转变具有重要作用。到目前为止，还有近20%的可利用草原没有落实承包权。继续落实草原承包制，解决好承包工作中出现的权属不清、承包不规范等问题，还需要做大量工作。2011年启动的草原奖补机制涉及西部8个主要牧区省（区）、新疆生产建设兵团，以及其他省（区）的牧区和半牧区县，只有切实落实草原承包制度，才能为草原补偿奖励机制的顺利实施提供基础条件。

2. 进一步做好基本草原划定和草原功能区划

把保护基本草原和保护耕地放在同等重要的位置，需要加快制定基本草原保护条例，依法推进基本草原划定，落实基本草原保护制度，实现到2015年基本草原划定面积达到本地区草原面积的80%的政府目标。根据全国主体功能区规划，加快草原功能区划工作，其中青藏高原中西部（含三江源、青海湖流域）、新疆帕米尔高原和准噶尔盆地、河西走廊、内蒙古西部等地区，坚持生态保护为主，以禁牧为主要措施，促进草原休养生息；青藏高原东部、内蒙古中部、新疆天山南北坡、黄土高原等地区，坚持生态优先、保护和利用并重，严格以水定草、以草定畜，适度发展草原畜牧业；内蒙古东部、东北三省西部、河北坝上、新疆伊犁和阿勒泰山地等地区，坚持保护、建设和利用并重，加大建设力度，全面推行休牧和划区轮牧，实现草畜平衡。

3. 进一步增加草原生态保护和建设投入

我国经济已保持了多年快速增长的态势，国家财力和综合实力不断增强，已经具备了大幅度增加对草原牧区投入的实力。而大部分草原牧区地处西部，地方财政困难，牧民收入水平不高。在这种情况下，国家对草原保护建设的资金不足，就会影响到各项政策的实施。

国家还应进一步增加对草原生态保护和建设的投入力度。一是加快落实列入《全国草原保护建设利用总体规划》的草原生态建设项目的资金投入。二是加大对草原保护建设的支持力度，尤其是要增加对草原监理、监测、科研、推广、灾害防治等公益性事业的投入。三是增加对草原生态建设项目区后续产业开发的资金扶持，使草原生态建设的成果能巩固下来，实现后续产业发展促进草原保护建设的良性发展机制。

4. 进一步细化和完善草原生态保护补偿机制

草原生态补偿机制，主要是对实施禁牧休牧、草畜平衡的牧民给予补偿，在实现维护国家生态安全目标的同时，确保牧民收入不减少、生活水平不下降。国家在退牧还草工程、京津风沙源治理等工程实施中，已经开始推行生态补偿，尤其是 2011 年开始国家决定实施草原生态保护补助奖励机制后，将逐步改变单纯的、无条件经济补偿为有约束有条件的补偿。因此，需要逐步细化草原生态保护补助奖励机制实施方案。如在不同草原地区要结合实际，研究制定禁牧补助、草畜平衡奖励、牧民生产性补贴等具体措施。对禁牧区划定明确界限，设立明显标志，公示责任人。其他草原牧区要科学核定适宜载畜量，制定明确的减畜计划，杜绝超载过牧，实现草畜平衡。建立绩效考核目标责任制，把禁牧效果和草畜平衡落实情况纳入考核体系，强化监督检查，确保政策执行效果。

5. 进一步提高草原政策的持续性和有效性

我国的草原政策的目标已由增加产出转向生态保护，政府工作要逐步适应这个转变。因此，按照国务院提出的统筹牧区发展的一揽子政策措施要求，政府除了要切实抓好草原各项政策落实，促进牧区又好又快发展外，还要重视建设项目可持续性研究，加快出台项目衔接办法、后续政策，加强项目管理，完善项目实施措施，处理好项目的实施与稳定和提高农牧民生活水平之间的关系，真正实现“投资一片、保护一片、改善一片、带动一片”的目标，[①] 使得草原生态不再

---

① 杨邦杰等：《中国草原保护与建设——内蒙古调查报告》，《中国发展》2010 年第 2 期。

退化而实现可持续发展，真正能发挥草原的生态屏障作用。

6. 进一步增加牧民对草原政策的参与性

从草原生态治理的成功国际经验看，在规划、政策设计到实施过程中，都离不开公众的参与。牧民群众参与到草原利用、保护和建设政策制定中，可以弥补政府决策的有限理性，因为草原牧区的牧民能够长期与其生存的环境保持协调关系，并能够通过有效的畜牧生产方式来适应草原生态环境的变化。我国草原政策制定和项目执行过程中，虽然进行过一些调查研究并通过试点进行推广，但总体来说，是一种“自上而下的”的模式，主要依靠政府直接参与制定，由于不能充分考虑牧民的利益，不能充分考虑生态治理的必要性、适用性、可行性和可持续性，大部分政策和项目难以达到设计的预期效果。所以，草原生态建设中应鼓励牧区的社区公众积极参与草原生态建设的规划、执行和监督过程，只有广大牧区群众积极参与，草原生态建设的任务才能真正落实。

G.15

湿地生态建设的进展与展望

湿地与森林、海洋并称为全球三大生态系统，被誉为“淡水之源”、“地球之肾”、“气候调节器” 和 “生物基因库”。湿地生态系统是国家生态安全体系的重要组成部分，是实现经济社会可持续发展的重要基础。受历史上不合理的开发利用和工农业污染的影响，我国的天然湿地面积不断减少，质量不断下降。从 20 世纪 70 年代起我国开始建立湿地自然保护区，以 1992 年正式加入《湿地公约》为标志，我国进入了湿地生态建设的新阶段。

一 湿地生态建设的背景

（一）湿地保护与恢复是保障国家生态安全的需要

湿地是人类社会赖以生存和发展的重要自然资源和生态支持系统，具有保持水源、净化水质、蓄洪防旱、调节气候和维护生物多样性等多种重要生态功能。据估算，中国 96% 的可利用淡水资源贮存在各类湿地中，1 公顷湿地每年可去除 1000 多公斤氮和 130 多公斤磷。占陆地总面积 8.6% 的湿地储存着地球陆地生态系统 35% 的碳，为 20% 的已知物种提供了生存环境。①

我国湿地绝对数量大，类型齐全。第一次全国湿地资源调查（1995～2003 年）结果表明，我国有 100 公顷以上的各类湿地总面积 3848.55 万公顷（不含香港、澳门和台湾），包括滨海、河流、湖泊、

① 赵树丛：《加强湿地保护建设美丽中国——纪念中国加入〈湿地公约〉20 周年》，《中国绿色时报》2012 年 12 月 14 日。

沼泽等自然湿地，以及库塘等人工湿地。占世界总湿地面积的10%，居亚洲第一，世界第四。《湿地公约》列出的31类自然湿地和9类人工湿地在中国均有分布。但是从相对量看，我国的天然湿地面积仅占国土面积的3.77%，低于全球6%的平均水平。在天然湿地中，未遭到人类强烈开发的湖泊、沼泽和河流，基本位于中西部生态脆弱地区，这些湿地一旦遭到破坏，将导致我国西北内陆干旱区湖泊的迅速萎缩、碱化等，加剧该区域的生态环境恶化。全面保护我国天然湿地，特别是中西部生态脆弱和环境恶劣地区的湿地资源，“不仅是我国生态环境建设的重要任务，更是维护国家生态安全的强制性义务”①。

（二）湿地保护与恢复是履行国际公约的需要

为了保护湿地免遭破坏，保护水禽、动植物以及人类赖以生存的生态系统，加强国家政府间合作保护和合理利用湿地，18个国家在1971年共同签署了《湿地公约》。随着对湿地重要性认识的加深，《湿地公约》的保护范围从以水禽为主的野生动物扩展到整个湿地生态系统，湿地保护逐渐成为国际社会关注的优先领域。为了提高公众的湿地保护意识，1996年《湿地公约》常务委员会第19次会议决定，从1997年起，将每年的2月2日定为世界湿地日。联合国秘书长潘基文指出，湿地的消失速度超过了任何其他生态系统，保护湿地比任何时候都显得更为迫切和重要。② 湿地已经与生物多样性、气候变化、生物安全、能源安全、人类健康等紧密相连，成为实施可持续发展战略的重要组成部分。作为缔约国和一个负责任的大国，中国有义务为此作出贡献。

① 国家林业局：《中国湿地保护行动计划》，2000年。

② 《马广仁在全国湿地保护管理工作处长会议上的讲话》，湿地中国网，2008年12月29日。

（三）湿地保护与恢复已经成为我国生态建设的重要内容

在我国六大林业重点工程中，湿地保护是重要内容之一。2004年，国务院办公厅下发的《关于加强湿地保护管理的通知》指出，保护湿地，对于维护生态平衡，改善生态状况，实现人与自然和谐，促进经济社会可持续发展，具有十分重要的意义。随着一系列湿地保护政策的出台和工程的实施，湿地生态建设在生态文明建设中的地位变得越来越重要了。党的十八大报告在“大力推进生态文明建设”部分有多处论述与湿地相关，明确提出要扩大湿地面积。湿地保护已成为国家生态文明和美丽中国建设的重要内容。

（四）湿地生态系统持续退化，加强湿地生态建设具有紧迫性

由于过度围垦、泥沙淤积和污染，我国自然湿地面积急剧缩减，质量不断下降。从新中国成立之初至20世纪末，我国沿海湿地总面积的50%已经消失；全国湖泊因为围垦而丧失的容积高达350亿立方米，相当于我国五大淡水湖的总蓄积量，近1000个中小湖泊因围垦而消失。湿地面积减少最多的是长江中下游和东北三江平原地区。三江平原的天然湿地由从新中国成立之初的500万公顷减少到20世纪初的104万公顷，减少了78%。[①] 长江中下游的通江湖泊，由102个减少到洞庭湖、鄱阳湖、石臼湖3个。[②]

21世纪以来，尽管我国加大了湿地生态建设的力度，但是湿地、尤其是天然湿地数量减少、质量下降的趋势仍在继续。第二次全国湿地资源调查（2009~2013年）已经完成调查的21个省（自治区、直

---

① 国家林业局：《中国湿地保护行动计划》，2000。

② 《长江中下游湿地破坏令人忧——100通江湖泊只剩3个》，人民网，2003年11月16日。

辖市）的统计数据显示，近10年来，按可比口径湿地面积减少了2.9%。[①] 东北三江平原湿地总面积在2001～2007年间上升了21.8%，但是天然湿地面积却下降了28.4%；[②] 黄河三角洲湿地总面积在1996～2006年间上升了19.2%，但是天然湿地面积却降低了9.4%。[③]

若不采取强有力的保护措施，湿地生态系统的退化将不仅严重威胁当地经济发展和居民的生存环境，也会对我国生态安全和经济社会发展造成严重影响。保护湿地及其生物多样性已是刻不容缓。

二　湿地生态建设的进展

整体上看，我国湿地生态建设还处于起步和发展阶段。虽然起步较晚，但发展很快。1992年中国加入《湿地公约》是中国湿地保护的里程碑，可据此分两个阶段来考察中国的湿地生态建设。

（一）以野生动物尤其是水禽为主的零星湿地保护：1992年以前

20世纪50年代以后，我国有关部门和科研、教学院所进行了多次针对特定湿地的调查，并在湿地分类、形成与演化、生态保护、污染防治、合理开发利用与管理等领域开展了多方面的科学研究。我国从20世纪70年代开始建设湿地自然保护区，对湿地野生动物尤其是珍稀濒危水禽及其栖息地进行保护。我国最早设立的国家级湿地保护区是1978年的九寨沟湿地保护区，最早设立的省级自然湿地保护区

---

① 《我国湿地萎缩危及3亿人生存专家建议划红线》，新华网，2013年2月3日。

② 姜琦刚等：《东北三江平原湿地动态变化研究》，《吉林大学学报（地球科学版）》2009年第6期。

③ 宗秀影等：《黄河三角洲湿地景观格局动态变化分析》，《地球信息科学学报》2009年第1期。

是1980年的鄱阳湖河蚌保护区、鄱阳湖鲤鲫鱼产卵场、镜泊湖保护区、西沙东岛白鲣鸟保护区、新疆天池保护区等。[①] 在国际合作方面，先后与日本、澳大利亚政府签订了中日（1981年）、中澳（1986年）候鸟保护协定，提出要采取必要和适当的措施保护及改善候鸟的栖息地。

1979～1992年是湿地保护立法的启蒙时期。从国家层面看，与湿地保护有关的立法主要包括《水产资源繁殖保护条例》（1979年）、《中华人民共和国海洋环境保护法》（1982年）、《中华人民共和国森林法》（1983年）、《中华人民共和国水污染防治法》（1984年）、《中华人民共和国草原法》（1985年）、《中华人民共和国渔业法》（1986年）、《中华人民共和国野生动物保护法》（1988年）、《中华人民共和国水法》（1988年）、《中华人民共和国环境保护法》（1989年）、《中华人民共和国水土保持法》（1991年）等。从地方层面看，有《上海市滩涂管理暂行规定》（1986年）、《吉林省查干湖自然保护区管理办法》（1989年）。但在这些法律和法规中还没有出现“湿地”的用语，湿地保护隐含在各湿地资源要素的相关条文之中。

（二）湿地生态建设的起步和发展：1992年以后

1992年中国加入《湿地公约》以后，湿地保护的力度逐渐加大，效果也逐步提高。根据湿地生态建设的特点，可以分3个阶段考察。

1. 湿地履约相关机构设立和湿地保护与国际接轨的起步：1992～1999年

1992年，国务院授权林业部代表中国政府履行《湿地公约》；1995年，林业部成立了湿地监测中心，中国科学院成立了湿地研究中心；1998年特大洪水灾害后，湿地在保护生态、环境和国土安全

① 《中国湿地自然保护区概况》，湿地国际·中国，2009年9月24日。

中的重要作用逐步得到社会的关注和政府的重视，“平垸行洪，退田还湖”等治水与湿地恢复相结合的综合治理方针开始纳入政府工作的议事日程。国务院决定由国家林业局负责组织、协调全国湿地保护和有关国际公约的履约工作。

这一时期，我国颁布了多部包含湿地保护内容的法规，其中《中华人民共和国水生野生动物保护实施条例》（1994 年）强调了保障和维护重点保护的水生野生动物生息繁衍的水域、场所和生存条件；《中华人民共和国自然保护区条例》（1994 年）首次采用了湿地的用语。其后，“湿地”正式进入了国家立法和一些部门规章中。此外，我国还发布了一系列与湿地相关的政策性文件，如《中国 21 世纪议程——中国 21 世纪人口、环境与发展白皮书》（1994 年）、《中国生物多样性保护行动计划》（1994 年）等。为了摸清家底并为湿地保护提供依据，1995 年启动了中国第一次湿地资源调查。

1992 年，以第一批 6 个湿地列入《国际重要湿地名录》为契机，中国的湿地保护开始与国际接轨。1996 年，中国加入“亚太地区迁徙水鸟保护委员会”，在北京成立中国第一个专门从事湿地保护的国际性环保组织，即“湿地国际——中国办事处”，并与俄罗斯政府签订了中俄共同保护兴凯湖湿地的协定等。

2. 湿地保护与管理体系的初步形成和国际合作的深入开展：2000 ~ 2005 年

2000 年，《中国湿地保护行动计划》编制完成并颁布实施，湿地保护工作终于有了自己的行动指南。2003 年，国务院批准了《全国湿地保护工程规划（2002 ~ 2030 年）》；2004 年，国务院办公厅发出了《关于加强湿地保护管理的通知》；2005 年，国务院批准了《全国湿地保护工程实施规划（2005 ~ 2010 年）》。这几个湿地生态建设的重要文件，提出了抢救性湿地保护政策，阐述了我国湿地保护工程长期（2002 ~ 2030 年）和中期（2005 ~ 2010 年）的指导思想、目标任务、建设重点和主要措施，标志着湿地保护进入了国家议事日程和新的历史阶段。

多种形式保护湿地的方式初步形成。2004 年，我国已经有 40% 的自然湿地被纳入自然保护区，国际重要湿地也达到 30 个。2005 年，我国第一个国家湿地公园——杭州西溪国家湿地公园试点工作启动。

中国湿地保护国际合作不断深入。2000 年国家林业局加入湿地国际，成为其政府部门会员；2005 年首次当选《湿地公约》常委会成员国。中国政府与世界自然基金会、湿地国际、联合国开发计划署、国际自然保护联盟等国际组织在湿地保护和能力建设等领域进行了广泛合作。实施了由全球环境基金通过联合国开发计划署资助 1200 万美元的“中国湿地生物多样性保护与可持续利用”（2000 ~ 2009 年）等多个国际合作项目。该项目涉及黑龙江三江平原、江苏盐城沿海滩涂、湖南洞庭湖以及四川和甘肃交界处的若尔盖沼泽等 5 省 4 个项目区，是迄今为止我国湿地领域执行的最大国际合作项目，为我国湿地生态建设提供了可贵的经验、技术和理念。

湿地生态教育行动逐步展开。其中，从 21 世纪初开始的“湿地使者行动”、“保护母亲河行动”产生了较大的社会影响，促进了公众对我国湿地的了解。

3. 以工程和项目带动湿地生态建设的快速发展阶段：2006 ~ 至今

随着《全国湿地保护工程实施规划》在 2006 年的启动，我国湿地生态建设进入了主要依靠工程和项目开展的时期。“十一五”期间，中央累计投入 14 亿元、地方配套 17 亿元，在我国 8 个湿地类型区重点开展了湿地保护、湿地恢复、可持续利用示范和能力建设等 4 个方面的生态建设。全国共实施各类湿地保护项目 205 个，其中湿地保护项目 138 个、湿地恢复项目 24 个、湿地可持续利用示范项目 43 个，恢复湿地近 8 万公顷，新增湿地保护面积 150 万公顷。①

① 《加快湿地保护脚步中国刻不容缓！——我国湿地保护工程建设综述》，《中国绿色时报》2012 年 12 月 13 日。

湿地保护政策和制度不断完善。2010 年，中央财政首次设立湿地保护补助专项资金，2011 年财政部联合国家林业局颁布了《湿地保护补助资金管理暂行办法》，“湿地生态效益补偿”政策的启动成为我国湿地保护的又一个重要保障。2012 年，国务院批准了《全国湿地保护工程“十二五”实施规划》，这是“十二五”时期全国湿地保护工作的纲领性文件。湿地保护也被纳入了生态建设、水资源保护、土地利用等行业规划。第二次全国湿地资源调查（2009 ~ 2013 年）在这一期间完成。

相关湿地保护条例和管理办法不断出台。2003 ~ 2012 年，先后有 14 个省份出台了湿地保护条例。2008 年，国家林业局形成了《中华人民共和国湿地保护条例》（草案）。2011 年，国家林业局发布了《国家湿地公园验收办法（试行）》和《中国国际重要湿地生态状况公报》。这些法规的形成、颁布和实施，使中国湿地保护朝着法制化、规范化管理的方向迈出了重要一步。

湿地保护管理机构和宣传网络也在不断健全。继 2005 年“国家林业局湿地保护管理中心”（“中华人民共和国国际湿地公约履约办公室”）成立之后，2007 年，经国务院批准，成立了由国家林业局担任主任委员单位、16 个部委局共同组成的“中国履行《湿地公约》国家委员会”。此后，各地湿地保护管理专门机构纷纷成立。2010 年，国家湿地保护与修复技术中心成立。此间，中国第一个生态湿地气象站在黑龙江扎龙湿地建成（2007 年）；中国第一个流域性湿地保护网络“长江中下游湿地保护网络”在上海崇明东滩成立（2007 年）；中国第一个保护湿地的基金会“湖北湿地保护基金会”在武汉成立（2008 年）；2008 年“湿地中国网”建成运行。

三　湿地生态建设的成就

20 多年来，我国湿地保护事业蓬勃发展，初步探索出了一条

“以改善生态和改善民生为目标，以规划为先导，以自然湿地保护为重点，以国家重大项目为抓手，以立法和制度建设为保障，以科学技术研究为支撑，以宣传教育为手段，以履约和国际合作为动力”的道路，取得了很大成就和明显效果。

（一）湿地生态建设的主要成就

1. 建立了湿地保护管理机构，推进了湿地保护立法，健全了湿地保护制度

国家和地方各级专门的湿地保护与履约管理机构从无到有，逐步建立，为我国湿地保护提供了组织保障。由有关自然资源和生态环境保护的法律法规和省级湿地保护条例构成的现有湿地保护法律法规体系，为我国湿地保护和管理提供了法律依据。抢救性湿地保护政策、湿地生态效益补偿政策、湿地保护中长期规划和各种与湿地相关的行业规划，以及湿地资源评价指标等的出台和实施，为我国湿地保护提供了制度保证。

2. 形成了湿地保护管理体系和多种湿地恢复与合理利用模式

经过多年的探索，我国湿地生态建设形成了由湿地保护、湿地恢复、湿地可持续利用和能力建设四个不可或缺的方面构成的管理体系。其中，在自然湿地保护上，形成了以自然保护区为主体，国际重要湿地、湿地公园、湿地保护小区和多功能利用区等多种保护管理形式并存、互为补充的保护体系。在湿地恢复上，总结出了生态补水、植被恢复、栖息地恢复、退田（耕）还湿、退养还滩、退（禁）牧还湿、污染防控、有害生物防治等有效措施。在湿地可持续利用方面，总结出了生态种植、生态养殖等有效措施。

3. 提高了湿地管理的科技支撑水平

我国在国家和地方建立起了专门的湿地科研机构和调查监测网络，一批科研成果在湿地保护与恢复中得到推广应用，湿地调查监测和生态系统健康评价也逐渐展开，湿地保护的科技基础不断夯实。

4. 履约机制不断完善，国际合作顺利开展

我国建立了中国履约国家委员会和湿地履约跨部门协调机制，加强了对国际重要湿地的监管并于近年开始发布相关公告，履约机制不断完善；同时，顺利开展了湿地保护双边和多边政府间合作项目，取得了积极成果，获得了国际广泛赞誉。

5. 持续开展的社会宣教活动，提高了整个社会的湿地保护意识

在各种湿地保护工程项目、湿地保护行动和“湿地日”等活动中，通过开展持久的湿地宣传教育和技能培训，很多人，尤其是项目区的农牧民、渔民能够自觉地投入到湿地保护中；广大科学家、企业家、媒体等主动关心湿地保护并为之献策，扩大了湿地保护的社会基础。

（二）湿地生态建设的效果

1. 湿地保护和恢复的面积增加

从湿地保护面积看，1992 年，我国只有国际重要湿地 6 个，到“十一五”期末，我国建成国际重要湿地 37 个，面积 391 万公顷；自然保护区 550 多个；湿地示范区面积 251 万公顷；国家湿地公园从 2005 年的 1 个（西溪湿地）起步增加到 145 个；天然湿地覆盖比例达到 50. 3%（见表 1）。完成了中国湿地保护“十一五”规划目标。2011 ~2012 年，国际重要湿地又增加了 4 个，国家湿地公园增加了 153 个，达到近 300 个。近年来，全国每年新增湿地保护面积超过 30 多万公顷，恢复湿地近 2 万公顷，自然湿地保护率平均每年增加 1 个多百分点。①

---

① 《加快湿地保护脚步中国刻不容缓！——我国湿地保护工程建设综述》，《中国绿色时报》2012 年 12 月 13 日。

表 1　我国湿地保护的变化

年份	湿地自然保护区数(个)	国际重要湿地数(个)	国际重要湿地面积(万公顷)	湿地示范区面积(万公顷)	国家湿地公园(个)	覆盖天然湿地比例(%)
1992	—	6	—	—	—	—
2003	—	21	303.0	—	—	—
2004	—	30	357.5	183.1	—	40.0
2005	237	30	357.5	208.0	—	—
2006	—	30	357.5	321.5	6	—
2007	470	30	—	—	18	47.0
2008	550	36	381.0	221.0	28	49.0
2009	—	37	391.5	248.0	100	—
2010	550	37	391.0	251.0	145	50.3
2011	550	41	—	—	213	—

资料来源：根据 2000～2012 年历年《中国林业发展报告》整理。

2. 自然湿地面积减少的速度减缓

牛振国等人根据遥感制图结果统计得出，1978～2008 年间，中国湿地面积总体上减少了约 33%，其中 1990 年之前丧失的湿地占全部丧失湿地的 65%。[①] 换言之，1990～2008 年丧失的湿地面积占全部丧失湿地面积的 33%，减少的数量较之前明显下降；郑姚闽等人的研究结果也显示，1978～2008 年间中国 91 个国家级自然湿地保护区内湿地面积的下降趋势也在减缓：1978～1990 年湿地面积减少量占总湿地面积减少量的 49%，该比例在 1990～2000 年、2000～2008 年分别降为 27% 和 24%。[②]

① 牛振国等：《1978～2008 年中国湿地类型变化》，《科学通报》2012 年第 16 期。

② 郑姚闽等：《中国国家级湿地自然保护区保护成效初步评估》，《科学通报》2012 年第 4 期。

3. 局部湿地生态功能增强

青海三江源湿地目前每年可为江河供水600多亿立方米；鄱阳湖、洞庭湖及长江干流湿地增加蓄洪容积130亿立方米；红树林湿地的大量恢复增强了沿海地区防灾减灾能力。更多自然湿地的生物多样性伴随湿地面积的恢复而增长。如甘肃尕海湿地面积增加3倍多之后，保护区黑颈鹤数量由2004年的13只增加到2009年的86只，同期黑鹳从不足10只增加到319只。

4. 湿地可持续利用的经济效益可观

湿地保护和恢复项目促进了湿地种养业的发展。如湖北洪湖自然保护区的相关项目增加了近8000公顷湿地经济作物种植面积和10多个鱼类品种，经济效益显著。湿地生态旅游也成为湿地可持续利用的重要方式。据不完全统计，2010年，我国国家湿地公园的游客数量达2000万人次，旅游收入近50亿元。

（三）湿地生态建设的经验

1. 政府主导与社会参与相结合

国家和地方各级湿地主管部门是推动湿地保护的主导力量，同时政府也注重利用各种方式吸引社会力量广泛参与湿地保护事业。

2. 生态保护优先与可持续利用相结合

我国湿地保护的指导方针是“保护优先、科学恢复、合理利用、持续发展”。在保护的前提下合理利用湿地，对于维护生态平衡和实现经济社会可持续发展具有十分重要的意义。很多年来，湿地就是周边人民生存和发展的重要资源，改善民生才能够真正持久保护湿地。

3. 规划、区划与工程项目带动相结合

我国湿地保护的主要实施方式是“工程带动、项目突破和规划区划相结合”，将湿地保护纳入水土资源保护和污染防治等各种重要区划和规划，在主要湿地区和湿地集中分布区开展湿地保护示范工程项目建设，是我国湿地保护取得快速进步的重要经验。

4. 大力开展国际合作

我国多项湿地保护国际合作项目的实施，引进了国外资金、技术和先进管理理念，创新了湿地管理模式，提高了湿地保护的管理水平。同时还促进了国内湿地保护管理的科学化、规范化和法制化，促进了跨学科研究。

四 湿地生态建设的展望

（一）目标

《全国湿地保护工程规划（2002～2030 年）》提出了我国湿地保护的长远目标：全面维护湿地生态系统的生态特性和基本功能，使我国自然湿地的下降趋势得到遏制。建立比较完善的湿地保护、管理与合理利用的法律、政策和监测科研体系。形成较为完整的湿地保护、管理、建设体系，使我国成为湿地保护和管理的先进国家。具体而言就是，到 2030 年，使全国湿地保护区达到 713 个，国际重要湿地达到 80 个，使 90% 以上天然湿地得到有效保护。完成湿地恢复工程 140 万公顷，建成 53 个国家湿地保护与合理利用示范区。

为了实现湿地保护工程规划的长期目标，建设生态文明和美丽中国，政府提出了“要按照党的十八大精神，把湿地保护作为生态文明建设的重要内容和生动实践，坚持节约优先、保护优先、自然修复为主的方针，以改善生态、改善民生为目标，大力实施重点生态工程，继续完善湿地保护制度，不断优化湿地保护空间布局，努力扩大湿地面积，增强湿地生态系统稳定性”的总体要求。

从近期看，“十二五”规划期末有望初步缓解湿地面积减少和功能退化的趋势。“十二五”时期湿地建设总的指导思想是：以邓小平理论、“三个代表”重要思想、科学发展观为指导，按照党的十八大关于大力推进生态文明和美丽中国建设的总体要求，严格保护自然湿

地，科学修复退化湿地，积极推进示范工程，大力夯实基础工作，着力推动法制建设，逐步理顺体制机制，继续完善保护体系，全面加强国际合作，充分发挥湿地生态系统的多种功能，为全面建成小康社会和实现中华民族永续发展作出新的贡献。①

（二）挑战

我国湿地保护事业虽然取得了显著成效，局部地区湿地生态状况有了明显改善，但是整体上湿地面积减少、功能退化的趋势还未得到根本遏制，这将直接威胁到湿地生物多样性和我国水资源的安全。对气候变化有重要影响的泥炭湿地的破坏，则成为气候变暖的新“碳源”。

1. 从外部看，我国湿地保护和恢复面临的挑战

（1）湿地围垦。湿地围垦严重威胁着湿地资源。湿地围垦的主要原因有农业开发、水利设施兴建和工矿业开发等。最近几年，又新增了房地产开发、城市和工业园区建设占用等多种原因。

（2）湿地污染。湿地污染是中国湿地面临的严重威胁之一。工业废水、生活污水排放，以及农业面源污染，使内陆和沿海很多湿地水质恶化，水体富营养化加剧，生物多样性受到严重危害。

（3）湿地生态缺水、泥沙淤积和资源的不合理利用。我国多个国际重要湿地面临生态缺水威胁，状况不容乐观；水土流失带来的泥沙淤积使湿地面积缩小，降低了其调蓄洪水的能力；对湿地水资源和其他生物资源的过度利用问题依然存在；上游对水资源的过度截留和一些水利工程的兴建也加剧了湿地退化。

2. 从湿地生态建设本身看，我国湿地保护面临的挑战

（1）湿地立法和执法不力。湿地涉及多项资源要素，国土、林

① 《湿地保护工程十二五规划出台，生态概念有望高飞》，中国网，2012 年 12 月 4 日。

业、农业、环保等多部门的职能均涉及湿地。目前的湿地保护条款分布在如《森林法》等各项不同的法律中。尽管国家林业局努力多年，至今仍然没有一部专门的国家层面的湿地保护法律法规。就目前的湿地保护法律法规而言，执法力度需要加强。

（2）湿地保护体制机制性障碍依然严重。我国尚未建立起完善的、涉及湿地各要素资源保护管理的多部门工作机制，各相关利益者的权属不明。同时，缺乏限制无序开发和倡导科学合理利用的政策和法规。

（3）湿地保护投入严重不足，科技支撑体系尚不健全。湿地保护“十一五”规划投资高达 90 亿元，但最终落实只有 31 亿元。这种经费不足的状况将制约湿地保护的长远发展。由于现存天然湿地大都地处经济不发达地区，地方政府财力有限，配套资金不稳定。深层次原因还在于湿地保护未能真正进入地方政府有关部门的重要议事日程。湿地保护的科研基础相对薄弱也影响了资金投入。如我国目前尚缺乏具体、有力的数据为科学合理保护湿地提供技术支撑，地方领导也因此难以直观了解湿地的价值。

（4）湿地公园低水平重复建设，人工化倾向明显。湿地公园是发展最快的湿地保护形式，但是建设特色不明显，呈现模式化、园林化趋势。由于很多湿地公园是人们旅游的好去处，比较注重人文景观和与之配套的旅游设施的建设，从而影响了湿地公园生态保护功能的发挥。

（三）对策

我国开展湿地生态建设之后，尤其是 1998 年之后，天然湿地面积减少的速度明显小于之前的速度。这说明我国目前的湿地生态建设体系是有效的。为了实现生态建设目标，还需要从以下方面进一步加强湿地生态建设。

一是强化湿地立法和执法建设。继续积极推动湿地立法，争取出

台全国湿地保护条例，争取更多省份出台地方湿地保护条例；完善湿地生态补偿政策；从规划、考核指标、经费等多方面建立健全湿地生态补水长效机制和湿地生态用水协调机制；建立湿地征用占用许可管理制度和湿地破坏赔偿等制度；加大现有湿地法律法规的执法力度。

二是强化行政效能。逐步建立分工明确、责任落实的工作机制，健全湿地保护的管理协调机制；在流域和区域层面强化部门协作，按照自然规律推行流域和生态系统综合管理；争取将湿地保护纳入国民经济和社会发展评价体系，明确和落实湿地保护责任；继续加强宣传教育，提高全民湿地保护意识，营造保护湿地的良好社会风气。

三是继续完善湿地保护体系建设，指导自然保护区和湿地公园完善保护管理制度，巩固保护优先、科学修复的建设格局；继续以工程措施为载体，认真实施各类湿地保护项目。

四是加大湿地保护投入，多渠道筹集湿地保护资金，积极吸引社会资金。

五是健全湿地研究和监测机构，深入开展湿地科学研究和技术推广，大力推进湿地监测评价工作，全面提高湿地保护科技支撑水平。

六是以履约为平台，继续深化湿地保护国际合作。不断引进湿地保护的国际项目，既要引进资金，还要引进先进的技术和管理经验，并逐步开展对外援助。在国际上广泛宣传我国湿地保护的成就与经验，树立我国良好的国际形象，也为推动全球湿地保护与合理利用作出应有贡献。

随着中国湿地生态建设力度的不断加大，中国天然湿地下降的速度可以得到遏制，丧失的湿地面积可以逐步恢复，湿地生态系统可以步入良性循环，并为我国和全球生态系统安全作出贡献。

G.16

荒漠生态建设的进展与展望

一　荒漠、荒漠生态系统及其在我国生态安全中的地位

（一）荒漠

荒漠系指气候干旱、植被稀疏矮小、荒凉贫瘠且地域广袤的自然地带。气候极端干旱是荒漠形成的主要因素，植被稀疏、土地裸露、地力贫瘠、风沙肆虐，则是荒漠的外在景象。

气象学上通常按气候由湿润到干旱的变化将陆地依次划分为森林、草原、荒漠3个气候类型带。荒漠是陆地上气候最为干燥、植被最为稀少、环境最为严酷的区域。

自然界的气候是渐变的，从一个气候类型区到另一个气候类型区也是渐变的。因此，相邻两个气候类型区之间都有一个过渡带。森林草原是森林向草原的过渡带，荒漠草原是草原向荒漠的过渡带。荒漠草原不是典型的草原，也不是典型的荒漠，常将其称为半荒漠。在本文中，将荒漠与半荒漠统称为荒漠。

按地表面的物质类型可将荒漠划分为：沙质荒漠、砾质荒漠、石质荒漠、泥质荒漠和盐质荒漠等5个类型，分别简称为沙漠、砾漠、岩漠、泥漠和盐漠。按荒漠所处的气候类型则可将其划分为热带荒漠、温带荒漠、高寒荒漠等。我国的荒漠主要分布在北纬30度以北的温带地区，所以我国的荒漠主要是温带荒漠。位于青藏高原的荒漠，气候以干旱高寒为主，属于高寒荒漠。

（二）荒漠生态系统及其特点

从生态学的角度看，荒漠也是由非生物环境与生物环境构成的有机统一体，也是由生产者、消费者和分解者构成食物链的生态系统，并通过生物与环境及生物与生物之间持续不断的能量传输和物质交换得以维持和稳定。荒漠生态系统是陆地生态系统的重要组成部分。

与其他陆地生态系统相比，荒漠生态系统具有独有的特质，主要表现如下。

非生物环境最为干旱，水分匮缺成为其能量流动和物质转换的瓶颈，也是导致系统生产力低下的主要原因。系统结构比较简单、能量流动低下、物质转换不畅，分解功能较弱。

荒漠生态系统中的第一性生产者，主要是以旱生或超旱生的草本植物、灌木、半灌木或小乔木占优势的植物构成，短命植物也是系统的初级生产者。因此，荒漠生态系统生产力很低，往往仅为同纬度森林生态系统的几十到几百分之一，也远低于同纬度的草地生态系统。

荒漠生态系统中的消费者是以食草为主的野生或驯养动物，包括藏羚羊、野骆驼、野驴及雪豹、棕熊、猎隼等，多为我国的珍稀或濒危动物。由于初级生产力很低，所以各级消费者的生产力也相当低下，系统的食物链环较为简单。

由于系统内水分匮缺，限制了某些分解者的生存和发展，物质还原性差，阻碍了系统的物质循环和还原。通常所说沙漠中的胡杨“活着千年不死，死了千年不倒，倒了千年不腐”，就是这个道理。

（三）我国荒漠的形成及分布

我国大陆降水主要受太平洋和印度洋暖湿气流控制。我国山脉纵横交错，特别是高高耸立的青藏高原，阻隔了来自两洋的暖湿气流，加上深居内陆、远离海洋，形成了大片的干旱区。这里气候极为干旱，植被稀疏矮小，地表土壤裸露，强劲频仍的大风刮走了表层土壤，留下了沙粒、砾石和粗质土壤，造就了我国的荒漠。

我国的典型荒漠主要分布在年均降水量低于150毫米的地区，半荒漠主要分布在年均降水量150～200毫米的地区。其范围大体在内蒙古二连浩特东侧—河套平原东缘—贺兰山一线以西、祁连山—喀喇昆仑山以北的广阔地域。此外，青藏高原的北部和西北部也分布着大片的荒漠，这里的海拔多在4000米以上，气候寒冷多风，故为高寒荒漠。我国荒漠的总面积在250万平方公里左右。

绿洲是荒漠的组成部分，荒漠绿洲生活着数千万各族人民。例如，新疆的绿洲面积仅占全区面积的4%多一点，却集中了全区90%以上的人口和财产。荒漠就像一头奶牛，以自身的荒瘠养育了富饶的绿洲和绿洲中的人民。

（四）荒漠在我国生态安全中具有重要地位

荒漠具有丰富而疏松的沙物质，是我国境内的沙尘源区。每年冬春季节，来自西伯利亚和蒙古高原的冷空气卷起荒漠中的沙尘，长驱直入，东进南下，一波又一波地肆虐中华大地，不仅对当地的农牧业生产和人民群众的生活带来危害，而且对我国东部和中、南部地区的大气质量造成严重影响。因此，在我国生态安全中荒漠的生态区位极为重要。

荒漠中的石油、天然气、煤炭、有色金属等资源极为丰富，是我国战略资源的宝库。荒漠中有许多特有的野生动、植物物种，是极为珍贵的生物种质资源库。

二　荒漠生态系统的演变及荒漠生态建设提出的背景

（一）我国荒漠生态环境的演变

我国荒漠几百万年以前就形成了，此后随着大的气候变化，经历

过若干次的收缩与扩张。目前我国的荒漠格局与范围，主要形成于大暖期结束之后，近两三千年来总体上处于相对稳定的状态。短期降水的丰歉波动不会导致荒漠格局和范围发生明显变化，但却会对荒漠生态系统内部的能量传输和物质交换产生影响，导致系统平衡失调甚至系统结构的损伤。

由于荒漠生态环境的极端脆弱性以及破坏后难于修复的特性，不合理的人类活动往往成为影响荒漠生态系统平衡的主要因素。20世纪后半叶的50年间我国荒漠生态环境总体上处于退化趋势，就是不合理人类活动影响的结果。

新中国成立初期，出于屯垦戍边的需要，荒漠地区的许多绿洲被开垦为耕地，荒漠植被受到破坏。从20世纪50年代后期起，政策导向上的多次偏差和失误，在一定程度上导致了土地退化、沙化的扩展。

1958年的大炼钢铁，导致荒漠灌木资源遭到很大破坏。随后又发生了连续数年的旱灾，群众为了生存而兴起的大规模开荒与狩猎，不仅造成荒漠草原的严重破坏，也造成珍贵荒漠野生动物资源的破坏。

20世纪60年代中期至70年代中期，在“以粮为纲”方针的指导下，大面积的草原和林地被开垦为耕地，其中有相当部分后来变成了沙化土地；“文化大革命”中后期，为了解决生活物质匮乏问题，在政府的号召下，许多部门和单位纷纷到沙区或草原地区建立粮食或副食基地，以改善职工生活，又一次造成了大面积的植被破坏。

改革开放初期的包产到户把农村牧区被体制压抑的生产力释放出来了，但一些地方出现了毁林毁草开荒、超载过牧的现象。草原退化导致植被覆盖程度降低，裸露地表比例增加，土壤沙化面积不断扩展。退化、沙化草原成为新的沙尘源地，助长了沙尘天气的危害。

水资源的滥用导致许多内陆河流断流，下游绿洲严重衰退。从20世纪70年代起，塔里木河下游河道间或乃至完全断流，尾间台特玛湖干涸，下游天然胡杨林由于缺水而衰退、干枯死亡，长达数百公里的绿色走廊濒临消亡。黑河中游的河西走廊的工农业用水的无休止扩张，致使下游的额济纳绿洲急剧衰退，大片胡杨、红柳和梭梭林干枯死亡。河西走廊东部的石羊河下游也遭受了同样的命运，由于上游农业用水的不断增加，输往下游民勤绿洲的水量急剧减少，不得不过量抽取地下水，导致绿洲地下水位大幅度下降，地表沙枣、红柳林大面积死亡，地下水矿化度不断升高，土地沙化、碱化持续扩展。工农业用水的不断增加，还造成许多内陆湖泊水位持续下降，湖水矿化度不断增高。新疆的艾比湖、内蒙古的岱海等都是由于周边过度用水而导致湖面持续下降、水质变差的典型例证。

土地沙化是干旱荒漠区土地退化和荒漠生态系统退化的主要标志，土地沙化的动态变化常被作为评价荒漠生态环境状况的重要指标。图 1 是 20 世纪 50 年代以来我国土地沙化变化状况。

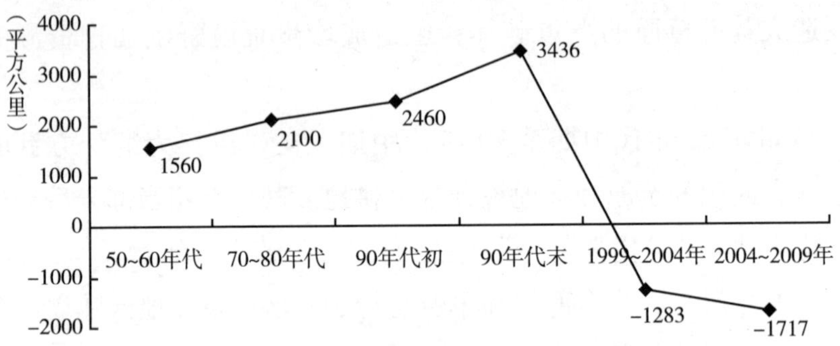

图 1　近 60 年来中国沙化土地的动态变化趋势
（年均增加或年均减少面积）

说明：20 世纪 90 年代初至 2009 年的数据来自全国荒漠化和沙化监测成果，监测采用人工地面调查和卫星影像判读相结合的方法；50 年代至 80 年代的数据是有关研究机构根据区域研究成果推算而来的，虽非全面调查所获，但因 90 年代前国家尚未开展监测，故将其摘引于此，以便读者对土地沙化趋势有个连续的判断。

从图1可以看出，在不合理的人为活动的影响下，先天脆弱的荒漠生态环境受到严重损害，具体表现为草原退化、内陆河流断流、绿洲衰退、湖泊水位下降及土地沙化持续扩展，局部区域特别是部分内陆河流下游绿洲的生态环境受到毁灭性破坏，荒漠生态系统的内部结构及能量传输和物质交换几乎完全中断。从20世纪50年代至20世纪末的50年间，我国荒漠生态环境总体上处于持续退化的状态。

从21世纪开始，我国荒漠生态环境出现好转趋势。

（二）荒漠生态建设成为中华民族的共同心声

荒漠生态环境的恶化，给当地人民群众生活和生存环境造成了严重的危害。草原退化、耕地沙化导致的草原载畜量降低、粮食减产甚至颗粒无收，给农牧民的生计带来了严重影响，许多民众因为风沙危害而陷入贫困，乃至家园丧失而流离失所。因此，治理风沙危害、恢复退化土地的生产力、保卫家园，成为沙区群众最为迫切的要求。

土地荒漠化导致的内陆河流断流，林木干枯，绿洲衰退甚至濒临消亡，地下水位下降，水质矿化度不断提高等，不停地蚕食着中华民族的生存空间，直接危害到我国的生态安全和国土安全。而每年冬春季节来自荒漠地区的沙尘常常笼罩了大半个国土的天空，成为亿万国民心头挥之不去的阴影，深深地刺痛着中华民族的心。

因此，行动起来，保护和修复衰退的荒漠生态环境成了中华民族的共同心声。而国家经济实力的不断增强，也为大规模开展生态建设提供了必要的财力基础。加快荒漠生态建设成为历史发展的必然。

三　荒漠生态建设发展的阶段

从我们的先民在风沙区定居起，就掀开了与风沙抗争的历史。然而，在20世纪50年代之前，中国的防沙治沙，主要是风沙区居民以保护家园和耕地为目的的零星的、小规模的个体行为，效果非常有限。以中央和地方政府有组织、有计划、大规模开展的防沙治沙活动始于新中国成立之后。

近60年来，中国荒漠生态建设既与国家的政治生态密切相关，也与国家的经济发展状况紧密相连。在相同的荒漠生态环境状况下，国家的政策导向、人们对环境保护的认识不同，荒漠利用或生态建设的做法不同；而在相同的认识水平下，国家经济发展的水平决定了荒漠生态建设的力度。20世纪50年代初，中国也曾积极应对风沙危害，但受当时国力所限，防治活动只能限定在有限的区域内。

在进入21世纪之前，生态建设项目的投入主要依靠当地群众的投工投劳，中央财政投入极为有限，地方财政又没有投入能力，其结果是声势很大、效果较差。

进入21世纪后，我国荒漠生态建设开始发力，法制建设、自然保护及工程治理都得到了快速发展。

荒漠生态建设大体可以分为20世纪50年代初期~70年代中期、70年代末期~20世纪末、21世纪3个阶段。

（一）20世纪50年代初~70年代中期的荒漠生态建设

为阻止风沙对农牧业生产和人民群众生活的危害，新中国一成立，就在乌兰布和沙漠东缘、东北西部沙地及陕北榆林等地营造防风固沙林（带），以减轻风沙危害，改善当地居民的生产生活环境。这一时期的治沙工作虽局限于风沙危害严重的沙漠边缘地带，规模不大，但目标明确，工作扎实，因而成效十分显著。当时营造的部分林带保存到80年代甚至90年代。

经过几年的政治稳定与经济恢复，新中国逐步走上了以经济建设为主的轨道，以防沙治沙为核心的荒漠生态建设正式纳入国家的议事日程。1958年国务院成立治沙领导小组，并于同年组织召开了西北及内蒙古6省（区）治沙会议，商议和部署以北方地区为主的全国防沙治沙工作，提出了向沙漠进军的口号。这是有史以来，在中国大地上第一次以国家政权名义组织召开的防沙治沙会议，它的重要意义在于，把此前零星的、个体为主的小规模防沙治沙行动提升为国家和民族层面的行动。

虽然50年代民众对防沙治沙的呼声很高，国家对防沙治沙的决心很大，但当时国家财力有限，治理规模仅限于某些危害严重的有限区域。

（二）70年代末~20世纪末的荒漠生态建设

70年代后期，我国从多年的政治运动及10年“文化大革命”的噩梦中解脱出来。而后，国家的中心任务转向经济建设，决策层逐渐认识到生态退化对经济建设及人民群众生活的严重制约。70年代末北方部分地区持续干旱，生态状况愈来愈差，特别是沙尘暴的反弹，引起人们对土地沙化形势的强烈担忧。1978年，国家启动了以防沙治沙为主要目标的“三北”防护林建设工程，工程范围涵盖了除西藏部分区域外的我国整个干旱、半干旱及荒漠区。工程范围和建设规模都是空前的。

进入80年代，一系列与生态环境保护相关的法律法规相继出台，填补了我国生态环境立法的缺失。这一时期出台了《中华人民共和国草原法》、《中华人民共和国环境保护法》和《中华人民共和国森林法》3部重要法律。

这一时期，针对许多珍稀动植物物种遭到严重破坏甚至濒临灭绝的现状，国家和各级地方政府加大了自然保护的力度。80~90年代，荒漠地区共建立各级自然保护区61处（80年代之前仅有2处），其中国家级30处、省级22处、市县级9处。这些自然保护区对于有效保护各种珍稀野生动植物资源，恢复扩大部分濒危动物种群，加强其他特有生态系统的保护发挥了积极的作用。

要大规模开展荒漠生态建设，首先需要确切掌握退化土地的面积、分布、类型、程度、形成原因及动态变化趋势等。只有这样，才

能确保荒漠生态建设决策建立在科学可靠的基础上。因此，90 年代初我国启动了国家荒漠化监测项目，这是我国荒漠生态建设的基础性项目。到 1999 年，先后完成了两期监测，监测结果对国家立法决策和治理决策发挥了积极作用。

20 世纪末，国家启动了退耕还林工程。该工程虽非完全针对荒漠地区，但其工程范围涵盖了荒漠区，非常适合荒漠生态建设的实际需要。由于退耕还林工程采用中央财政支持为主的方针，因此效果较好。

（三）21 世纪的荒漠生态建设

1998 年，北方地区连续发生大范围强沙尘暴等重大生态环境事件，特别是全国荒漠化监测结果显示，全国沙化土地扩展面积由 90 年代初每年 2460 平方公里增加到 1994 ~ 1999 年间的每年 3436 平方公里，整个社会感到震惊，促使国家下决心进一步加大荒漠生态建设的力度。

21 世纪以来是我国荒漠生态建设形势最好、发展最快、效益最好的时期。主要体现在以下三个方面。

一是有关的法律法规得到进一步完善。2001 年全国人大审议通过了主要针对风沙危害的《中华人民共和国防沙治沙法》，2005 年审议通过了《中华人民共和国畜牧法》；同时根据形势发展的需要，先后对 20 世纪 80 年代以来制定的 5 部法律进行了修订，使之更适应新形势的需要。据不完全统计，最近 10 多年间，国家及北方沙化重点省（区）出台的与防沙治沙相关的法律、法规及政策在 50 部以上，市、县级政府出台的法规及政策更多。

二是各级自然保护区建设得到进一步发展。自然保护区是荒漠生态环境建设的主要组成部分。进入 21 世纪以来，整个荒漠区新建各种自然保护区 46 处，其中国家级 2 处，省级 38 处，市、县级 6 处。此外，面积超过 20 万平方公里的藏北羌塘自然保护区、青海三江源自然保护区等特大自然保护区由省级升为国家级。保护区升级后，管

护经费、管理力量及保护效果都得到明显提升。

三是启动一系列重点生态治理工程，加大治理规模，加快治理速度。面对不断扩展的沙化态势，国家根据不同区域荒漠生态环境修复的需要，启动了一批重点生态工程。例如，为遏制西部草原的严重退化趋势，恢复草原生产力，启动了西部草原退牧还草工程；为遏制内陆河流断流及下游绿洲的衰退，先后启动了塔里木河流域综合治理项目和黑河流域综合治理应急工程；为缓解京津及华北地区风沙危害，启动了京津风沙源治理工程。这些续建和新建的重点生态工程或者全部或者部分覆盖了荒漠区，成为我国荒漠生态环境修复的骨干工程。

四 荒漠生态建设的行动、项目与成就

（一）荒漠生态建设的行动

荒漠生态建设主要包括有关荒漠生态保护的法律法规建设、自然保护区建设和生态修复工程 3 个部分。

1. 与荒漠生态环境相关的法律法规建设

“文化大革命”结束后，国家的政治生态逐渐归于正常，法制建设开始步入快车道。20 世纪 80 年代和 90 年代，《中华人民共和国森林法》、《中华人民共和国草原法》、《中华人民共和国野生动物保护法》、《中华人民共和国水土保持法》、《中华人民共和国环境保护法》等与荒漠生态环境相关的法律相继出台。

90 年代中期以后，我国法制建设进入了新阶段。2001 年 8 月全国人大常委会通过了《中华人民共和国防沙治沙法》，2005 年颁布了《中华人民共和国畜牧法》，并对《中华人民共和国森林法》、《中华人民共和国草原法》、《中华人民共和国野生动物保护法》、《中华人民共和国水土保持法》和《中华人民共和国环境保护法》进行了修订。表 1 是 20 世纪 80 年代以来出台的相关法律及修订情况。

表1　20世纪80年代以来出台的相关法律

名称	通过时间	修订时间
中华人民共和国森林法	1984. 9. 20	1998. 4. 29
中华人民共和国草原法	1985. 6. 18	2002. 12. 28
中华人民共和国环境保护法	1989. 12. 2	2012. 8. 31
中华人民共和国水土保持法	1991. 6. 29	2010. 12. 25
中华人民共和国野生动物保护法	1988. 11. 8	2004. 8. 28
中华人民共和国防沙治沙法	2001. 8. 31	
中华人民共和国畜牧法	2005. 12. 29	

根据有关法律的规定，国务院颁布了一些与荒漠生态建设相关的政策法规（见表2）。

表2　国务院颁布的有关条例、规定、决定（部分）

名称	颁布时间	备注
中华人民共和国野生动物保护法实施条例	1992. 2. 12	国务院批准，林业部于1992年3月1日发布
中华人民共和国水土保持法实施条例	1993. 8. 1	
中华人民共和国野生植物保护条例	1996. 9. 30	
中华人民共和国森林法实施条例	2000. 1. 29	
国务院关于禁止采集和销售发菜制止滥挖甘草和麻黄草有关问题的通知	2000. 6. 14	
国务院关于加强草原保护与建设的若干意见	2002. 9. 16	
退耕还林条例	2002. 12. 6	
关于进一步加强防沙治沙工作的决定	2005. 9. 8	

各级地方政府也相继制定了相关的实施办法。如《内蒙古自治区实施〈中华人民共和国防沙治沙法〉办法》、《新疆维吾尔自治区实施〈中华人民共和国野生植物保护条例〉办法》、《青海省冬虫夏草采集管理暂行办法》等。一些市、县政府也制定了地方法规或实施办法。

此外，一些行业部门结合行业的需要制定了相关的政策法规，如2005年农业部针对草原超载过牧制定了《草畜平衡管理办法》。

2. 荒漠区自然保护区建设

设立自然保护区是荒漠区生态建设的重要内容，这是荒漠气候类型带生态建设内容与其他地区气候类型带生态建设内容的最大区别。其一，荒漠区有许多特有的珍稀动植物资源，是我国珍贵的荒漠生物种质资源的宝库，需要建立各类自然保护区；其二，荒漠区生态环境极为脆弱，修复受损或破坏了的生态环境，常规保护措施已不适应；其三，荒漠地区人口密度很小，为自然保护区的建立提供了有利条件。正是这些原因，使得荒漠地区自然保护区建设得到迅速发展。到2011年底，我国荒漠区设立的各类自然保护区达109处，总面积85.6万平方公里，约占荒漠区总面积的1/3。荒漠区成为我国自然保护区面积占国土面积比例最高的区域。表3是截至2011年底荒漠区各类自然保护区的分布情况。

表3　荒漠地域各类自然保护区分布

单位：处，平方公里

类型	国家级		省　级		市、县级		小计	
	数量	面积	数量	面积	数量	面积	数量	面积
荒漠生态	12	363307	15	37172	5	1549	32	402028
野生动物	6	137512	13	55200	1	8	20	192720
野生植物	1	4747	6	3200	1	0.3	8	7947
内陆湿地	5	156276	12	22065	3	1136	20	179477
森林生态	7	43612	6	22026	1	23	14	65661
草原草甸	1	5800	2	873	1	168	4	6841
地质遗迹			1	104	4	38	5	142
古生物遗迹	1	464	5	1878			6	2342
合　计	33	711718	60	142518	16	2922	109	857158

注：70年代、80～90年代和21世纪分别建立2处、61处和46处荒漠类自然保护区。3个时期国家级保护区建立的数目分别为1处、30处和2处，省级分别为0处、22处和38处，市县级分别为1处、9处和6处。

（二）荒漠生态建设的工程和项目

荒漠生态建设工程实际上是对受损或被破坏的荒漠生态环境进行修复的规模行动，通常也叫治理工程。本文中的治理工程包括全部布局在干旱荒漠区或实施范围部分涵盖干旱荒漠区的国家级重点生态建设工程，未包括荒漠区地方政府投资建设的生态建设工程及带有研究性质的项目或工程。生态环境监测是生态建设的基础工作，只有准确把握生态环境的真实状况及其变化趋势，才能确保生态建设的政策决策和修复措施建立在科学可靠的基础上，所以监测也是生态建设的重要组成部分。鉴此，本文将荒漠生态环境监测项目作为荒漠生态建设工程之一予以列出。

1. 荒漠化监测项目

1993 年国务院召开的全国防沙治沙会议决定开展全国沙化土地监测，1994 年全国土地荒漠化和沙化监测（简称全国荒漠化监测）项目开始实施。

项目监测内容包括荒漠化和沙化土地的面积、类型、程度、分布和动态变化，以及荒漠化和沙化土地分布区的植被、土壤、土地利用类型等与干旱区生态环境相关的基础信息。项目以荒漠化和沙化土地集中分布的东北西部、华北北部和西北地区以及青藏高原干旱荒漠区为重点监测区域。项目实行每 5 年一次的定期监测、成果定期发布的制度。监测依靠专门监测机构和技术队伍，采用人工地面调查与卫星遥感影像判读相结合的方法，技术指标连续且相对稳定，以确保监测结果的可信和可靠。

荒漠化监测项目纳入国家财政预算，每年拨付 2000 万元。1994 ~ 2009 年，全国荒漠化和沙化监测已经连续开展 4 次，监测成果以国务院主持的新闻发布会形式公开发布。

2. “三北”防护林建设工程

“三北”防护林建设工程于 1978 年 11 月启动，是改革开放后在北方干旱区最先启动的生态建设工程，也是当时我国最大的生态工程。工程通过在万里风沙线上建立防护林体系，达到防风固沙、减小风沙危害、改善生态环境等目标。

3. 天然林保护工程

天然林保护工程的重点是国有天然林区，但新疆、内蒙古、甘肃、青海等省（区）的干旱荒漠地带的荒漠灌丛也纳入保护范围。

4. 公益林保护工程

全国重点公益林实际认定面积 1.05 亿公顷，其中包括荒漠化和水土流失严重地区公益林 4900 万公顷。

5. 京津风沙源治理工程

20 世纪末北方草原由于过牧造成了严重退化，牧草覆盖度及产草量急剧下降，加之华北北部连续严重干旱，导致沙尘天气频发，对我国东部地区特别是京津地区的大气环境造成严重污染，直接干扰到人民群众的身体健康甚至航空运输等社会经济活动。为减少沙尘天气对京津地区的袭扰，2000 年国务院批准启动京津风沙源治理工程。工程范围包括北京、天津、河北、山西及内蒙古等 5 省（区、市）的 75 个县（旗）。工程区总人口 1958 万人，总面积 45.8 万平方公里。

具体措施是通过对现有植被的保护，封沙育林、飞播造林、人工造林、退耕还林、草地治理等生物措施和小流域综合治理等工程措施，恢复京津地区上风向沙尘源区的植被覆盖，减少裸露土地，遏制扬沙起尘，削弱沙尘天气。

工程实施的 10 年间，国家累计安排资金 412 亿元，累计完成退耕还林和造林 9002 万亩，草地治理 1.3 亿亩，小流域综合治理 1.18 万平方公里，生态移民 17 万多人。工程区可治理的沙化土地得到基本治理，生态环境明显好转，风沙天气有所减弱。

自 2013 年起，京津风沙源治理工程二期开始实施，工程区范围增扩了陕西北部的部分区域，范围扩至 6 个省（区、市）的 138 个县（旗、市、区）。

6. 西部地区退牧还草工程

为遏制西部地区天然草原加速退化的趋势，促进草原生态修复，2003年国家启动了西部地区退牧还草工程。工程范围涉及内蒙古、新疆、青海、甘肃、四川、西藏、宁夏、云南8省（区）和新疆生产建设兵团的174个县（旗、团场），主要通过禁牧封育、补播草种等方式恢复和提高草原生产力。工程中的退牧还草任务主要安排在内蒙古东部、内蒙古、甘肃、宁夏西部、青藏高原及新疆等四大片草原退化严重地区。

截至2010年，国家累计投入136亿元，共实施草原禁牧面积8066.7万公顷，推行草畜平衡面积17066.7万公顷，享受生产资料补贴牧户198.7万户；享受中央财政补偿资金的农牧民达到1056.74万户。

据农业部2010年监测，退牧还草工程区平均植被盖度为71%，比非工程区高出12个百分点，草群高度、鲜草产量和可食性鲜草产量分别比非工程区高出37.9%、43.9%和49.1%。生物多样性、群落均匀性、土壤理化性质均有提高，草原涵养水源、防止水土流失、防风固沙等生态功能增强。

7. 塔里木河流域综合治理项目

塔里木河是我国最大的内陆河流，历史上孕育了许多璀璨文明。塔里木河断流导致了下游绿色走廊的严重衰退。2001年初，国务院批准塔里木河流域综合治理方案。工程总投资107亿元。

工程实施以来，连续10次向塔里木河下游应急输水，输水累计已达23亿立方米，至2011年底，实现连续20个月不断流，塔河下游生态正逐步恢复，两岸濒临灭绝的胡杨林重现生机，下游河道300公里绿色长廊逐渐恢复。

8. 黑河流域综合治理工程

黑河是我国第二大内陆河，发源于祁连山脉，横穿甘肃河西走廊，汇入居延海，孕育了额济纳绿洲。由于河西走廊过度用水，输向下游的水量逐年减少甚至断流，导致黑河尾闾的东、西居延海相继干涸，下游绿洲不断衰退，大面积胡杨、红柳林干枯死亡。进入世纪之交，额济纳绿洲形势愈发严重，助长了北方地区沙尘天气的加剧。

总投资 23.6 亿元的黑河流域综合治理工程于 2001 年启动。主要通过全流域水资源的统筹管理，实现国务院批准的黑河分水方案，遏制下游生态环境恶化趋势。

工程启动以来，累计向下游输水近 110 亿立方米，占总来水量 192.1 亿立方米的 57.3%。黑河实现连续 8 年不断流，下游的居延海东海形成稳定水面，2012 年 5 月底水面达 36 平方公里。工程建设取得了明显的生态、社会和经济效益，规划确定的输水目标基本实现。

9. 青海湖流域生态环境保护与综合治理项目

为保护和恢复青海湖流域林草植被，遏制土地退化的趋势，维护湿地、草原、森林、野生动物构成的流域生态系统的稳定，增强水土保持等生态功能，2008 年青海湖流域生态环境保护与综合治理项目正式启动。项目规划总投资 15.67 亿元。

项目范围包括青海湖流域的刚察、海晏、天峻、共和等 4 个县，总面积 2.96 万平方公里。项目主要措施是湿地保护、退化草地治理、草原鼠虫害防治、沙漠化土地治理、生态保护林建设、退牧还草以及生态移民等。

项目实施期为 10 年，前 5 年以恢复和建设为主；后 5 年以继续建设和巩固建设成果为主。目前，项目正在顺利实施。

（三）荒漠生态建设的成就

经过 30 多年特别是近 10 多年来的不懈努力，荒漠生态建设的综合效果已开始显现。

1. 法律法规不断完善，民众的生态环境保护意识不断提高，不合理人为活动得到约束，荒漠生态建设初步走上了依法防治的轨道

我国从20世纪80年代起开始重视环境保护的立法工作，特别是90年代以来出台的一些与荒漠生态建设直接相关的法律法规，对我国荒漠生态保护与建设发挥了极为重要的作用。

第一，提高了全民族特别是荒漠区民众自觉保护荒漠生态环境的意识。

第二，通过严格执法和宣传教育，限制了不合理人为活动对沙区环境的破坏，巩固了防沙治沙的现有成果。

第三，通过基于法律要求制定的政策或管理办法，从科学的角度提出了土地和生物资源利用强度的限制指标（如以草定畜、季节性休牧及禁牧等），对荒漠环境和荒漠植被的保护与恢复起到了积极作用，对治理效果的提高和治理成果的保护都产生了重要的作用，长期以来存在的“边治理，边破坏，治理赶不上破坏”现象得到一定遏制。

2. 荒漠生态持续退化的局面从世纪之交起得到初步遏制，荒漠生态环境出现整体好转的趋势

一是荒漠化和沙化面积逐渐减少。全国荒漠化监测结果显示：2000～2004年监测期，我国荒漠化、沙化土地面积首次出现净减少，5年间荒漠化土地年均减少7585平方公里、沙化土地年均减少1283平方公里；2005～2009年监测期，荒漠化和沙化土地面积呈现继续减少的局面，分别年均净减少2491平方公里、1717平方公里。

二是土地荒漠化和沙化程度持续减轻。2000～2004年的5年间，植被盖度在20%～50%间的沙化土地面积增加了1240万公顷，盖度大于50%的面积增加了230万公顷。中高盖度植被面积的增加主要是从小于20%的低盖度植被转化而来的，而低盖度植被的沙化土地主要分布在干旱荒漠区。2005年以来植被状况进一步改善，平均盖度由2004年的17.03%提高到2009年的17.63%，5年间提高了0.6个百分点，对于干旱荒漠区来说这已是很大的成绩。

荒漠化和沙化面积持续减缩，植被状况不断改善，说明我国荒漠生态环境恶化的局面得到初步遏制，荒漠生态环境已经趋于好转。

三是内陆河流下游绿洲退化状况有所改善。通过应急输水和治理，至2011年底，塔里木河自20世纪60年代以来首次实现连续20个月不断流，台特玛湖最大水面达340平方公里，塔河下游天然植被正逐步恢复，下游河道300公里绿色长廊重现生机，局部范围植被开始恢复。黑河流域通过连续多年持续输水，实现连续8年不断流，植被衰退、绿洲萎缩的态势得到一定缓解，昔日居延海水面部分恢复，2012年5月底东居延海水面达36平方公里。青藏高原的许多湖泊水位持续上升。青海湖水位近年持续回升，前些年因水面下降，湖面东部露出的沙丘链将湖面分割出一个孤立小湖，近年来因湖面水位上升，又将沙丘链淹没，被分割的小湖又与大湖湖面连为一片，湖周湿地正在恢复。

四是荒漠生态系统特有的珍稀野生动物生境改善、种群数量增加。受益于荒漠区各类自然保护区的快速发展，以及部分生态区位重要的特大自然保护区由省级升为国家级，保护经费、设施建设、技术力量和保护能力都得到显著提高，偷猎、滥杀等人为干扰活动得到遏制，荒漠生态系统和野生动物的生存环境得到很大改善，保护区的植被状况也在逐渐改善，一些重点保护的珍稀野生动物种群稳步增加。最新统计显示，普氏野马种群不断扩大，放归自然的行动稳步进行，截至目前，放归野外的普氏野马种群数量已突破100匹。2003年以来，随着可可西里保护区植被状况的改善和保护力度的加强，保护区藏羚羊数量已扩展到5万只左右。野骆驼、藏野驴的生存环境也得到了改善。

五　生态文明理念下荒漠生态建设的挑战与展望

（一）荒漠生态建设的形势仍不容乐观

荒漠生态建设虽然取得了很大成绩，但仍存在问题和挑战。

一是荒漠生态环境总体虽趋于好转，但仍有部分区域的退化趋势尚未扭转或者没有明显变化。如川西北部分草原及石羊河下游的民勤绿洲。部分内陆河流输水偏重恢复尾闾末端的水面，两侧衰退植被的缺水退化问题尚未完全解决。

二是治理成果还比较脆弱，尚需进一步巩固。例如，一些地区恢复的植物群落还不稳定，建立的人工群落还很脆弱，所恢复的植被总体质量还需提高。

三是不合理的人为干扰因素仍然存在，在利益驱动下不少违反自然规律以至违法的现象仍未完全遏制，偷猎、滥杀野生动物现象时有发生。

四是生态建设主要依靠国家财政支持，一旦停止支持，仍有前功尽弃的可能。

此外，气候也是一个不可忽视的因素，今后如遇持续的极端干旱气候，反复的可能仍然存在。

因此，虽然我国荒漠生态建设的成绩很大，但面临的问题和挑战也不少，形势仍不容乐观。

（二）影响未来荒漠生态环境趋势的主要因素

一是理念及政策因素。包括国家和民众对处理经济发展与环境保护关系的认识水平，这种认识水平决定了国家及地方政府在制定相关法律法规和政策时的价值取向。此外，政策的稳定性及其延续性对土地沙化的走势也极其重要。

二是国家对于荒漠生态保护和建设的投入力度。投入力度对荒漠生态修复的速度和质量有决定性影响。当然，投入力度既取决于国家经济发展的水平，也取决于决策层对环境保护、生态建设的理念和政策的导向。

三是气候因素的影响。气候对干旱荒漠区生态建设有重大影响，它直接影响着荒漠生态建设的质量与成效。

（三）有利于荒漠生态建设的因素

1. 有利于荒漠生态建设的政策保障因素

党的十八大做出了建设生态文明的重大决策，并将“森林覆盖率提高，生态系统稳定性增强，人居环境明显改善”作为生态文明建设的重要目标。因此，今后无论是中央政府还是地方政府，重视生态建设的政策都不会改变，历史不可能再倒退回去。

随着科学发展观的深入人心，科学决策、科学发展将越来越成为我国社会经济活动的主流。建立人与自然的和谐、人类活动与野生动物生存环境的和谐将成为大家的共同愿望。

2. 有利于荒漠生态建设的经济支持因素

“文化大革命”刚刚结束，国家在百废待兴的情况下就启动了“三北”防护林建设工程，建立了一大批自然生态保护区，10 多年前又相继启动了一系列重大生态建设工程。目前这些重点生态建设工程陆续进入续建阶段，不少工程的实际投入标准和投入总额都有较大幅度的增加。可以肯定，随着综合国力的不断增强，国家对重点生态建设工程的投入还会越来越大，这是比较确定的大趋势。

3. 有利于荒漠生态建设的气候因素

在全球气候变暖的背景下，20 世纪 80 年代中期以来，我国干旱荒漠区也出现了持续升温的趋势，特别是贺兰山以西及青藏高原的部分地区的降水出现了较大幅度的增加，而风力和蒸发力则出现明显下降趋势。降水量增加及风力、蒸发力减弱的正效应抵消了升温带来的负面影响。在这些气候因子变化的综合影响下，干旱荒漠区气候明显趋向暖湿，多数河流的实际流量有所增加，这对荒漠生态建设是个非常有利的因素。

气候变暖加速了冰川的消融，从长远看也许是个坏事，但在短期内增加了河川径流，为荒漠生态建设的植被恢复及其成果的巩固，提供了有利的条件，对目前的荒漠生态建设是一个有利因素。

在今后相当长的一段时期，我国干旱荒漠降水偏多的趋势仍会持续，尽管降水增加的绝对量不会很大，干旱荒漠区缺水少雨的基本特征也不会改变，但对荒漠生态建设毕竟是有利的。我们应该充分利用气候变化中有利的因素，推进荒漠生态建设。

（四）荒漠生态建设前景展望

在生态文明理念和科学发展观的指导下，荒漠区居民保护植被和野生动物的意识会进一步提高；在有利的政策保障、强大的经济条件支持及相对有利的降水条件的配合下，我国荒漠生态建设一定会取得更为显著的进步，人与自然的关系会趋于和谐。

自然保护区面积占荒漠区总面积的比例会进一步提高，保护力度会进一步增强，野生动物的生存环境会进一步改善，珍稀濒危野生动物的种群数量会进一步增加。

干旱荒漠区的植被状况会继续改善，植被覆盖率、第一性生产力和生物多样性指数以及新建植被的稳定性都会有所提高。

荒漠化和沙化面积在保持目前持续减少的基础上仍会继续缩减，荒漠化和沙化程度会继续减轻。

随着荒漠生态建设的深入开展，工程建设的经济效益和社会效益也会进一步提高，荒漠区群众的生存和生活条件会有显著改善。

总之，荒漠生态环境的总体趋势会继续向好。

G.17

耕地生态建设的进展与展望

中国的耕地资源状况、人口特征和经济社会发展阶段，决定着耕地生态建设的进展和方向。耕地生态建设提出的背景始终是：提高耕地粮食产出水平、稳定和增加耕地数量、提高耕地质量和防止耕地退化。自新中国成立以来，耕地生态建设可以分为3个阶段：20世纪50年代初期到70年代末期，开垦荒地增施肥料以提高粮食总产量；80年代初期到90年代初中期，调整农业用地结构，促进自然资源保护和利用；90年代中期到21世纪前10年，管控耕地数量，保障国家粮食安全战略。通过建立和不断完善相应的法律法规和制度政策，以及实施不同的项目工程，中国耕地生态建设取得了全国粮食总产量和单位耕地面积产量在波动中增长、耕地数量稳定和土地退化治理力度不断加大的成效。目前，在生态文明方针的提出和城市化与农业现代化发展步伐加快的背景下，耕地生态建设已开始步入一个重视耕地质量和生态功能与价值的崭新时代，并将面临着耕地农业利用与非农占用的冲突、耕地生态系统服务价值实现机制创新和耕地土壤环境问题的挑战。

一　耕地生态建设的提出

耕地的生态建设，是指按生态学原理使耕地利用和保护达到经济效益和生态效益的优化。我国耕地生态建设的提出，与耕地的自然属性和各时期农业发展政策相联系，直接的目的是：提高耕地粮食产出水平，稳定耕地数量，改善耕地质量，防治耕地退化。

（一）提高耕地粮食产出水平

为了提高粮食产出水平，必须开展耕地生态建设，尽管不同的社会经济发展阶段，耕地生态建设的内容存在差异。自新中国成立以来，中国的耕地生态建设始终以提高粮食产出水平为目标，保护耕地始终是增产粮食的基础，解决“粮食问题”和实现“粮食安全”始终与耕地利用相联系。1949～1978 年，全国粮食总产量从 11318 万吨增加到 30776.5 万吨，人均粮食占有量从 209 公斤增加到 319 公斤；尽管这一时期粮食总产量有很大增长，但并未扭转中国粮食长期严重短缺的局面。1979～2012 年，全国粮食总产量从 33212 万吨增加到 58957 万吨，人均粮食占有量从 343 公斤增加到 424 公斤；满足了快速增长的人口吃饱饭的问题，粮食总产量和人均粮食占有量均呈波动中增长态势（见图 1）。立足国内资源，实现粮食基本自给，是中国解决粮食供需问题的基本方针。

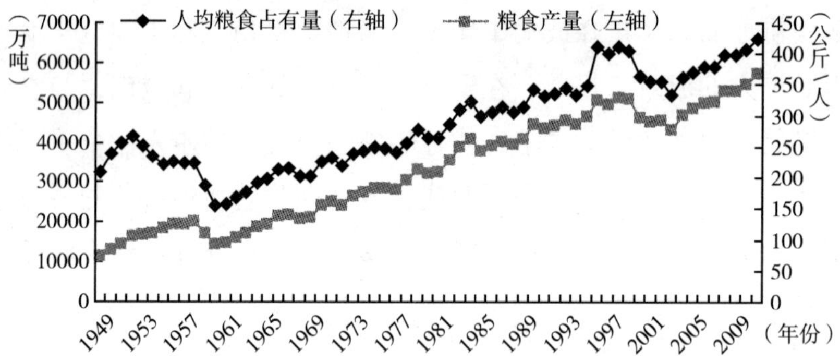

图 1　1949～2012 年全国粮食总产量和人均粮食占有量

资料来源：历年《中国统计年鉴》。

（二）增加和稳定耕地数量

耕地的基本特征是数量的有限性，耕地数量是粮食总产量的决定

性因素，在我国粮食安全战略中具有重要意义。增加耕地数量和控制耕地数量减少是不同时期耕地生态建设提出的重要背景。尽管从理论上讲，粮食安全可能与耕地数量脱钩，但面对中国庞大的人口规模，耕地保护不能放弃粮食安全的战略目标，耕地数量保护始终具有重要地位，切实保护耕地数量始终是我国耕地生态建设中的重要方面。

1998 年以前，我国来自统计口径、农业和土地部门的耕地数量数据存在着很大差异。为了弄清耕地变化的真实情况，自然科学与社会科学领域的专家学者利用不同渠道的、可获得的数据，对 1949 ~ 1998 年我国耕地面积数据进行了修正和重建。①

20 世纪 50 年代到 60 年代初期，全国统计口径和重建数据的耕地数量变化趋势基本一致，均为前期增加而后期下降趋势；60 年代到 70 年代末期，全国统计口径和重建数据的耕地数量变化为相反趋势：统计口径为波动下降趋势，而重建数据为增加趋势；80 年代到 90 年代中期，两种来源的耕地变化趋势相同，均为波动下降；90 年代中期到 21 世纪的前 10 年中，经历了快速下降到逐步趋于稳定的过程（见图 2）。

（三）改善耕地质量

耕地质量变化对粮食单产具有重大影响，改善耕地质量的核心是改善耕地的土壤质量，包括提高土壤肥力水平和改善土壤理化性质，这是耕地生态建设的重要内容。为了提高土壤肥力水平和粮食产出水

① 我国 1953 年耕地面积数量是 1952 ~ 1953 年农村查田定产后的数字，比较可靠；1953 ~ 1957 年统计工作比较正常，其统计数据也被认为比较可靠；1957 年以后因为浮夸风和大搞“帮忙田”，耕地报减不报增，统计上出现连年减少的现象。1980 ~ 1984 年第二次全国土壤普查，通过 1∶50000 地形图实地调查，查得全国耕地面积 1.39 亿公顷，才弄清 1957 ~ 1984 年我国耕地面积是增加而不是减少的，年递增率为 1.01%。随后开展土地利用现状调查，查得 1996 年耕地面积为 1.3 亿公顷。见王元等《土地资源保护和合理开发利用问题研究》，摘自刘江主编《21 世纪初中国农业发展战略》，中国农业出版社，2000。

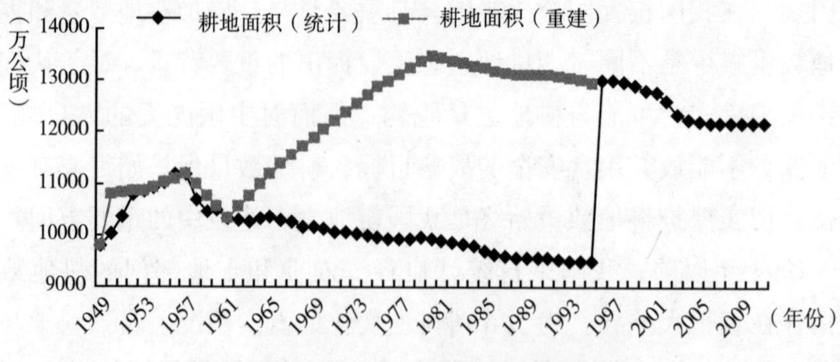

图 2　1949～2011 年中国耕地数量变化

资料来源：a. 1949～1997 年的耕地数据来自国家统计局历年《中国统计年鉴》，耕地重建数据来自封志明等《中国耕地资源数量变化的趋势分析与数据重建：1949～2003》，《自然资源学报》2005 年第 1 期。b. 1998～2011 年数据来自《中国国土资源年鉴》等。1996 年后数据为统计数据。

平，我国自 20 世纪 50 年代起，化肥的推广施用发挥着重要的作用。农业化肥施用量从 1952 年的 7.8 万吨增加到 2011 年的 5704 万吨，单位耕地面积化肥施用量从 1952 年的每公顷 0.6 公斤增加到 2011 年的每公顷 469.9 公斤，呈现持续增加趋势（见图 3）。虽然化肥的施用促进了粮食增产，但最近十几年来出现了过量施用现象，对农业生态系统和环境造成了负面影响。

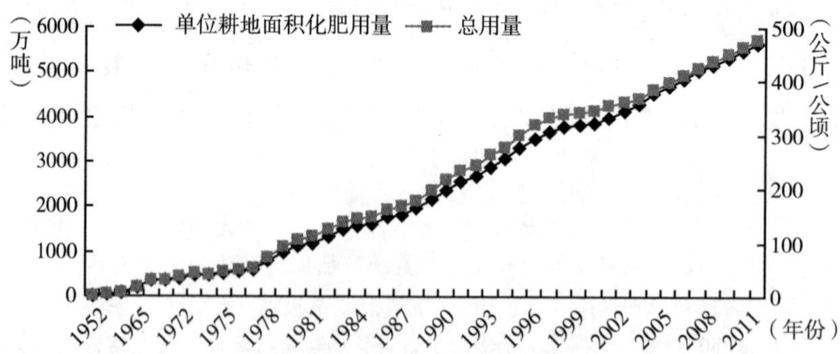

图 3　1952～2011 年农业化肥施用量和单位耕地面积施用量

资料来源：《中国统计年鉴 2012》；《新中国 50 年（1949～1999）》，中国统计出版社，1999；耕地面积为重建数据。

（四）防治耕地退化

耕地退化包括耕地沙化、盐渍化、潜育化和水土流失。20 世纪 50 年代，全国水土流失面积约为 150 万平方公里，从 50 年代到 80 年代的 30 年中，虽然开展了大量的治理工作，但水土流失仍呈扩大和加剧的趋势，到 80 年代末期受水土流失危害的耕地约占总耕地面积的 1/3。[①] 2010 年底，我国水土流失面积为 356.92 万平方公里，其中：亟待治理的面积近 200 万平方公里，全国现有水土流失严重县 646 个。[②]

以防治土地沙化、治理水土流失、治理耕地碱化等为主要内容的耕地生态建设从未停止。自 20 世纪 90 年代末期我国启动天然林保护工程、退耕还林（还草）和京津风沙源治理等重大生态建设工程以来，我国耕地生态建设已经融入国土生态安全建设之中。

二　耕地生态建设发展的阶段

长期以来，我国耕地生态建设以提高耕地产出水平为中心任务，并通过扩大耕地面积、平整土地、改善耕地的物理特征和化学性状而实现，与社会经济发展的阶段性特征和技术进步相一致；直到最近，耕地的生态功能和价值才受到重视。新中国成立以来的耕地生态建设可以分为 3 个阶段：第一阶段（20 世纪 50 年代到 70 年代末期），通过开荒和增肥来提高粮食产量；第二阶段（20 世纪 80 年代初期到 90 年代中期），通过农业结构调整以合理利用农业自然资源；第三阶段（20 世纪 90 年代中期到 21 世纪前 10 年），通过耕地数量管控坚守耕

---

① 《中国自然保护纲要》，中国环境科学出版社，1987。这里需要说明的是，20 世纪 80 年代我国水土流失面积中没有包括 120 万平方公里的风蚀和沙漠戈壁面积。

② 《依法防治水土流失，全民共建秀美山川》，中国政府网，2010 年 12 月 27 日。

地“红线”以服务于粮食安全战略。从“开荒增粮”到“农业用地结构调整”再到“坚守耕地红线”的发展过程中，稳定耕地数量始终是国家的重要目标；耕地生态建设按照发挥生产功能、经济功能和社会发展功能的脉络演进；目前，耕地的生态功能和价值得到重视，耕地生态建设进入了一个崭新阶段，同时面临着新的挑战。

（一）开荒增肥提高农业产量

改革开放前，耕地生态建设以“以粮为纲”为中心任务，以开垦荒地、农田水利建设、增施肥料、改善耕地平整状况为实现途径。

1. 垦荒种地

1955 年毛泽东在《关于农业合作化问题》的报告中，提出了“大规模的移民垦荒”和“三个五年计划期内垦荒四亿亩至五亿亩”的安排。由此，开启新中国成立后的开荒种地的行动。1956 年 3 月 6 日《人民日报》发表社论：《开垦荒地》。1956 年 3 月农垦部成立，由此开始了中国农业发展史上大规模开垦荒地的篇章。1959 年底，中央批准在内蒙古呼伦贝尔盟开荒四百万亩，由此进入牧区开荒阶段。1970 年 7 月 15 日，《人民日报》刊登新华社专文：《牧民不吃商品粮》，进一步加大了牧区开荒力度。草原被视为“荒地”，随意被开垦成农田，造成草原面积锐减和草原退化。在强调“以粮为纲”的政策诱导下，有的地方提出“向水面要粮”；有的地方把围湖土地产的粮食算作原耕地产量，补其上“纲”，称为“补纲田”。盲目围湖造田、毁塘种粮，致使湖泊的水面逐年缩小。据统计，改革开放前 30 年中全国围湖造田减少湖泊水面达 2000 万亩以上。

盲目开荒的后果是，耕地的自然景观和生态环境遭到了空前破坏，土壤侵蚀不断加剧。由于对自然规律认识的历史局限性和生态目标的缺失，为了粮食产量，损失了经济效率和生态安全，对国家的粮食安全构成了严重威胁。

2. “大跃进”期间的农田基本建设

1958年发动的“大跃进”是从农业开始的。1957年9月24日中共中央和国务院发出《关于今冬明春大规模开展兴修水利和积肥运动的决定》，得到了我国农民的积极响应。投入水利的劳动，10月份两三千万人，11月份六七千万人，12月份八千万人，1958年1月份1亿人。主要措施有水利建设、耕地深翻改土、养猪积肥等。

3. “农业学大寨”期间的农田基本建设

大寨全村800亩土地散布在七沟八梁一面坡上，1952年建立初级社后，大寨人开始依靠集体的力量进行大规模的农田基本建设，1958年人民公社化后，又进一步加大了建设力度，逐渐把4700块土地连成了2900块，将跑水、跑土、跑肥的“三跑田”变成了保水、保土、保肥的“三保田”，彻底改变了生产条件。1964年全国提出了“农业学大寨”这一号召。“农业学大寨”运动是在特定的历史条件下，由几亿干部群众参加的一场全国性的持久而复杂的运动。从技术的层面看，这样的农田基本建设模式对提高土地生产有积极的作用。

在“农业学大寨”的号召下，全国梯田面积大幅度增加。例如，20世纪50～80年代，陕西省修水平梯田805.5万亩，四川省修梯田900万亩。到80年代中期，全国梯田面积达到约1亿亩。但是，由于长期毁林开荒和陡坡地开荒，形成了边治理、边破坏的局面。

（二）农业结构调整以合理利用农业自然资源

改革开放初期，我国政府就开始重视开荒种粮对生态环境破坏的问题。

1981年3月，中共中央、国务院转发国家农委《关于积极发展农村多种经营的报告》通知中，对我国以往将绝大部分的注意力集中在有限的耕地资源和粮食生产上的问题给予了高度重视，指出：“长期以来，不少地区为发展粮食作物而不讲具体条件，不计生产成本，不问经济效益，不顾负担能力，制定不切实际的大计划，追求无法实现的高指标。结果，粮食虽然在一个短时期内增了产，但致使农业内部比例失调，自然资源受到破坏。”并提出了“决不放松粮食生产，积极开展多种经营”的方针。在土地利用方面，主要是将本来不宜于种粮食，而适宜种其他作物的耕地逐步改为合理种植；积极发展多种经营，重点放在山区、水域、滩涂、草原和发展家庭养殖业方面。向农业生产的深度和广度进军。同时注意不破坏水土保持和生态平衡。

在这一阶段，耕地生态建设的主要措施是合理开发可利用的农业自然资源、调整农业生产结构和布局、改造低产田等，具体为：第一，通过农业资源调查和农业区划来摸清家底，在此基础上通过合理开发利用，达到同时追求经济效益和生态保护的目标。第二，调整农林牧用地比例，实现农林牧结合；在毁林毁草开荒而使农林牧业用地比例严重失调、生态环境恶化的地方，调整林草用地比例，有计划地退耕还林还草。第三，在技术层面上改进耕作制度和栽培技术、科学施肥、合理用水和研制新高效低毒农药。

（三）坚守耕地红线保障粮食安全

20 世纪 90 年代中期以来，我国开启了高速工业化、城市化的进程，非农建设占用耕地成为这一时期耕地保护和生态建设中的关键性制约因素。《1997 ~2010 年全国土地利用总体规划纲要》中提出了农用地特别是耕地的保护目标和建设用地控制目标，耕地总面积目标为：2010 年保持在 12801 万公顷（19.20 亿亩）以上，其中基本农田面积 10856 万公顷（16.28 亿亩）以上。但全国耕地面积从 1998 年的 12964 万公顷下降到 2010 年的 12172 万公顷；2010 年底基本农田保护面积稳定在 15.6 亿亩左右。现实情况与原规划目标有 4% 以上的差距。2006 ~2010 年，全国每年建设用地需求在 1200 万亩以上，而每年土地利用计划下达的新增建设用地指标只有 600 万亩左右，缺口达 50%。①

① 徐绍史：《落实节约优先战略加强资源节约和管理》，国土资源部网站，2010 年 12 月 7 日。

面对非农占用造成的耕地面积减少的现实，稳定耕地数量以满足国家粮食安全战略目标成为耕地生态建设的出发点。2008 年，党的十七届三中全会审议通过的《关于推进农村改革发展若干重大问题的决定》提出："坚持最严格的耕地保护制度，层层落实责任，坚决守住 18 亿亩耕地红线。划定永久基本农田，建立保护机制，确保基本农田总量不减少，用途不改变，质量有提高。"

三　耕地生态建设的行动和成效

（一）行动

1. 相关的法律法规和组织制度建设

多年来，我国制定和完善了与耕地生态建设的相关法律法规，包括《土地管理法》（1986 年）、《水土保持法》（1991 年）、《农业法》（1993 年）。20 世纪 90 年代中期以来，我国一方面继续颁布新的法律和法规，另一方面对 80 年代出台的法律进行修订，并对一些法律制定了实施细则，使它们更具有可执行性。例如，两次修订《土地管理法》（1998 年和 2004 年）、修订《水土保持法》（2010 年）；分别颁布《基本农田保护条例》（1994 年）和《退耕还林条例》（2002 年）。

新中国成立后，农村的土地归农业部下属的土地利用局、土壤肥料局等主管。1986 年正式成立了国家土地管理局，并成为土地资源的行政主管部门，土地资源管理从农业管理中分离出来，耕地保护是土地管理局的重要工作之一。1998 年国家机构改革时成立国土资源部，设立了耕地保护和土地利用等职能部门。同年颁布新修订的《土地管理法》，首次以立法形式确认了"十分珍惜、合理利用土地和切实保护耕地是我国的基本国策"，确立了耕地总量动态平衡、土地用途管制、耕地补偿和基本农田保护等制度。

2. 耕地数量管理的政策和做法

在改革开放初期的20世纪80年代，在经济水平较高的农村，出现农民建房的热潮，曾经引起滥占耕地，为此，1982年1月中共中央、国务院转发《关于切实解决滥占耕地建房问题的报告》。到80年代中期，随着乡镇企业的发展，农村工业占用耕地问题开始出现，1986年3月国务院发出《关于加强土地管理，制止乱占耕地的通知》；1987年6月农牧渔业部、国家土地管理局发布了《关于在农业结构调整中严格控制占用耕地的联合通知》。从90年代中期开始，随着城市化和工业化进程的加快，非农建设占用耕地的问题日益突出。1995年2月，农业部发布了《关于立即制止乱占耕地的通知》；1997年中央发出了11号文件《中共中央国务院关于进一步加强土地管理切实保护耕地的通知》。

“占补平衡”是1998年新《土地管理法》确定的耕地保护的基本制度，在此项制度实施的初期，这个平衡是把通过各种途径新增的耕地都算作建设占用耕地的补充，是耕地数量的平衡，质量并没有得到保证。2004年，为严格执行占用耕地补偿制度，防止占多补少、占优补劣，确保耕地占补平衡，国务院下发了《国务院关于深化改革严格土地管理的决定》，该决定指出：补充耕地数量和质量实行按等级折算。2006年，国土资源部颁布《耕地占补平衡考核办法》。2010年1月，国土资源部耕地保护司出台《关于切实加强耕地占补平衡监督管理的通知》，强调6项管理措施。

3. 实行基本农田保护制度

自1990年起，我国开始以划定基本农田保护区为主要形式，展开基本农田保护工作，并建立基本农田保护区制度。20多年来，农田基本保护制度逐步建立和完善，重要进展包括：第一，1994年，国务院颁布《基本农田保护条例》，首次明确基本农田概念和分等定级方法等内容，意味着把基本农田保护工作进一步纳入法制化管理的轨道；第二，2008年党的十七届三中全会《关于推进农村改革发展

若干重大问题的决定》中提出“划定永久基本农田，建立保护补偿机制，确保基本农田总量不减少、用途不改变、质量有提高”，意味着基本农田保护进入数量、质量和生态综合管理的新阶段。2009 年，国土资源部发布了中国耕地质量等级调查与评定成果。这是我国第一次全面摸清全国耕地等级与分布状况，实现全国耕地等级的统一可比。耕地等级的评定，为实现相同等级的耕地占补平衡、基本农田调整划定等提供了科学基础。

4. 坡耕地水土流失治理

坡耕地水土流失使生态环境恶化，山区岗地坡耕地成“三跑田”，土层薄，有机质减少，养分流失。河床抬高，水旱灾害加剧，对农业生产造成严重的现实威胁和隐患，也是农作物低产的重要原因之一。

坡耕地治理通常以小流域为基本单位，措施包括修建梯田和开展保护性耕作。据陕西省水保站资料，一般梯田可拦蓄坡面径流 70% ~ 90%，保土 90% ~100%。[①] 1973 ~1990 年期间我国修水平梯田在 7379 万 ~12421 万亩之间。随着退耕还林还草工程的启动，耕地水土流失治理已经成为国土生态建设的重要内容。

5. 盐碱土改造

我国在盐碱土改良方面取得很大进展。第一，从新中国成立到 20 世纪 80 年代初期，新疆新开垦的 4000 余万亩耕地，一般先经平整地面、压盐洗盐垦种和改良利用培肥。第二，黄淮海平原旱涝盐碱综合治理取得重大成效，黄淮海平原的盐渍土地 60 年代初曾达 4800 万亩，经过治理，70 年代初减少到 2100 万亩。

黄淮海平原包括冀、鲁、豫、皖、苏 5 省和京津两市的 298 个县，有耕地 2.8 亿亩，由于受季风多变气候影响，曾长期遭受盐、

---

① 中国农业科学院农业自然资源和农业区划研究所、农业部全国土壤肥料总站编著《中国耕地资源及其开发利用》，测绘出版社，1992。

碱、旱、涝危害，粮食不能自给，严重依赖“南粮北调”，每年吃掉国家 10 多亿斤返销粮。为扭转这一局面，从 1973 年开始，由农业部主持，中科院、水利部、原林业部和冀、鲁、豫、皖、苏 5 省参加，设立 12 个试验区，组织 204 家科研单位和大专院校开展了跨部门、跨行业、多专业、多学科的大型协同科技攻关。科技大会战历经 20 多年，成功实现了对黄淮海平原盐碱地的治理，使我国粮食产量由 8000 亿斤增长到 9000 亿斤，为解决我国粮食安全问题作出了重大贡献。12 个试验区粮食亩产由治理前的 30 ~ 70 公斤，提高到 1989 年的 425 ~ 900 公斤。①

6. 高标准农田建设

2012 年 3 月，国务院批准实施的《全国土地整治规划（2011 ~ 2015）》提出，到 2015 年，新建 4 亿亩旱涝保收高标准基本农田，经整治后耕地质量平均提高 1 个等级，粮食亩产增加 100 公斤以上。在此基础上，国土资源部发布《关于提升耕地保护水平全面加强耕地质量建设与管理的通知》，首次构建我国耕地质量管理的整体框架，并在全国范围内启动 500 个高标准基本农田示范县建设。明确提出高标准基本农田是指“通过土地整治建设形成的布局合理化、农田规模化、农业科技化、生产机械化、经营信息化、环境生态化的基本农田。”

（二）成效

1. 耕地生产力趋于提高

新中国成立以来，我国每亩耕地面积粮食产量呈现波动增加的趋势，从 1952 年的每亩 115 公斤增加到 2010 年的每亩 438 公斤（见图 4），耕地生态建设对单位耕地面积粮食产量增加的贡献不能低估。

---

① 《黄淮海平原综合治理为我国粮食安全作出重大贡献》，《农民日报》2012 年 8 月 7 日。

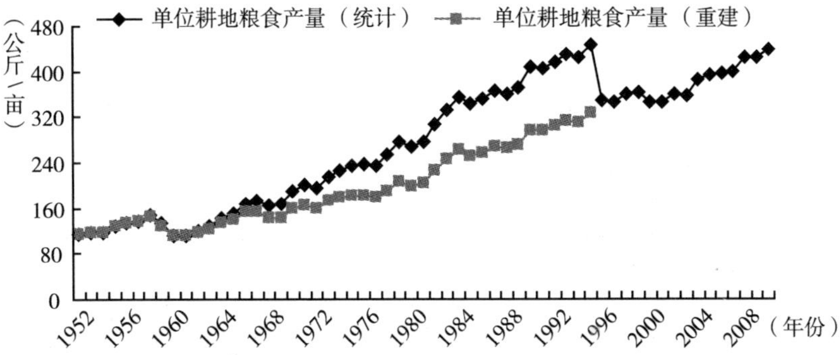

图4　1952～2010年单位耕地面积的粮食产量

资料来源：《中国统计年鉴2012》；《新中国50年（1949～1999）》，中国统计出版社，1999。

2. 耕地数量趋于稳定

通过分析耕地面积数量和耕地面积变动率可以发现，全国耕地面积从1998年的194463.15万亩，下降到2008年的182573.84万亩；耕地面积年度变化率在2003年达到高峰值，为2.01%，以后开始逐年下降，2007年和2008年分别为0.03%和0.02%（见图5）。全国耕地面积数量趋于稳定，耕地数量变动率已经很小。

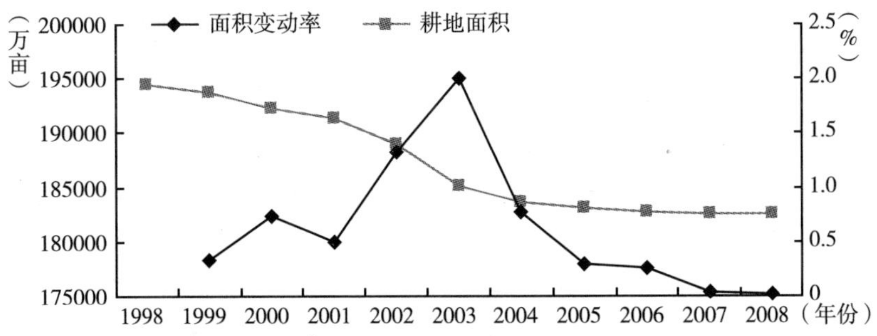

图5　1998～2008年耕地面积和耕地面积变动率

资料来源：《中国国土资源年鉴》，1998～2008年各年。本研究的最新数据之所以截止到2008年，是因为2009年、2010年官方使用的全国耕地面积数据与2008年相同。

3. 耕地质量趋于改善

我国防治耕地退化的主要措施是水土流失综合防治和盐碱耕地改良。1973～2005年期间盐碱耕地改良面积逐年增加，1973～2010年期间水土流失治理面积稳步增加（见图6），对于我国粮食产出水平的稳步提高有着重要的贡献。

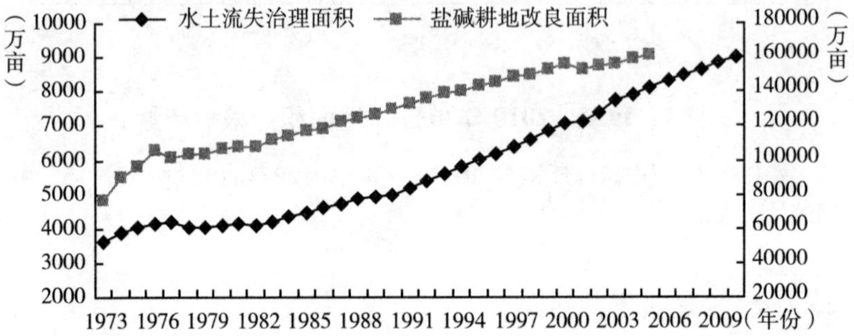

图6　1973～2010年水土流失治理面积和盐碱耕地改良面积

注：来自《中国统计年鉴》的数据，缺失1991年、1992年和1999年的数据，采用内插法进行了补充。

资料来源：《中国水利年鉴1991》，历年《中国统计年鉴》。

四　生态文明理念下耕地生态建设的挑战与展望

（一）挑战

2012年党的十八大报告中高屋建瓴地阐述了生态文明建设的意义，提出了进行生态文明建设的措施；同时，我国经济社会发展进入加速实现城镇化、工业化和农业现代化的新时期。在这样的背景下，耕地生态建设面临着三大挑战：耕地的农业利用和非农占用之间的冲突，耕地生态功能和价值的实现，耕地土壤环境问题。

1. 耕地的农业利用和非农占用之间的冲突

在今后相当一段时间内，耕地仍承载着国家粮食安全战略保障和经济社会发展中土地供给保障的双重重任，在耕地非农利用的经济利益远高于耕地农业生产的经济收益的情况下，非农占用耕地的冲动依然强烈。尽管目前已经有了相关制度和政策保证耕地的“占补平衡”，但由于制度本身及制度实施过程中均存在不够完善的地方，保护耕地资源农业用途的政策和制度仍待加强。

2. 耕地生态功能和价值的实现

在生态文明建设的背景下，耕地的数量、质量和生态管理被提到同等重要的地位，耕地的生态功能得到重视，包括耕地景观功能和生态系统服务价值，这些功能和价值实现的必要条件是必须保证耕地的农业用途，为此，耕地生态补偿是实现的重要途径，这就要求通过试点创新管理的机制和体制。

3. 耕地土壤环境问题

我国的土壤环境问题是土壤退化，即由于人类不合理开发利用造成的土地生产力衰减，表现为耕地的水土流失、沙化和土壤污染。目前，中国土壤污染的总体形势不容乐观，土壤污染是耕地生态建设中面临的难点，表现为：第一，耕地面积的约束，如果将已经受到污染的农田全部都不耕种，则遇到粮食安全的挑战；第二，土壤环境质量标准是工作难点之一，尽管 1995 年环境保护部出台了中华人民共和国国家标准“土壤环境质量标准”，2007 年出台了“温室蔬菜产地环境质量标准”等，但是土壤环境保护中还涉及更加复杂的问题，例如土壤中元素超标不一定是污染，同样的污染物浓度在不同地区影响不同等。

（二）展望

展望未来，在经济社会持续发展和农业现代化建设的进程中，我国耕地生态建设开启了一个崭新的阶段——重视耕地质量建设和提升耕地生态功能和价值的阶段，通过高标准农田建设提高耕地综合生产力和耕地生态补偿制度创新将是重要的实现途径，在生态文明方针和强调国家“粮食安全”战略的背景下，耕地生态建设承载着更艰巨的经济社会发展使命和生态安全保障重任。

中国皮书网

发布皮书研创资讯，传播皮书精彩内容
引领皮书出版潮流，打造皮书服务平台

栏目设置：

- □ 资讯：皮书动态、皮书观点、皮书数据、 皮书报道、皮书新书发布会、电子期刊
- □ 标准：皮书评价、皮书研究、皮书规范、皮书专家、编撰团队
- □ 服务：最新皮书、皮书书目、重点推荐、在线购书
- □ 链接：皮书数据库、皮书博客、皮书微博、出版社首页、在线书城
- □ 搜索：资讯、图书、研究动态
- □ 互动：皮书论坛

www.pishu.cn

中国皮书网依托皮书系列“权威、前沿、原创”的优质内容资源，通过文字、图片、音频、视频等多种元素，在皮书研创者、使用者之间搭建了一个成果展示、资源共享的互动平台。

自2005年12月正式上线以来，中国皮书网的IP访问量、PV浏览量与日俱增，受到海内外研究者、公务人员、商务人士以及专业读者的广泛关注。

2008年10月，中国皮书网获得“最具商业价值网站”称号。

2011年全国新闻出版网站年会上，中国皮书网被授予“2011最具商业价值网站”荣誉称号。

权威报告 热点资讯 海量资源

当代中国与世界发展的高端智库平台

皮书数据库 www.pishu.com.cn

皮书数据库是专业的人文社会科学综合学术资源总库，以大型连续性图书——皮书系列为基础，整合国内外相关资讯构建而成。包含七大子库，涵盖两百多个主题，囊括了近十几年间中国与世界经济社会发展报告，覆盖经济、社会、政治、文化、教育、国际问题等多个领域。

皮书数据库以篇章为基本单位，方便用户对皮书内容的阅读需求。用户可进行全文检索，也可对文献题目、内容提要、作者名称、作者单位、关键字等基本信息进行检索，还可对检索到的篇章再作二次筛选，进行在线阅读或下载阅读。智能多维度导航，可使用户根据自己熟知的分类标准进行分类导航筛选，使查找和检索更高效、便捷。

权威的研究报告，独特的调研数据，前沿的热点资讯，皮书数据库已发展成为国内最具影响力的关于中国与世界现实问题研究的成果库和资讯库。

皮书俱乐部会员服务指南

1. 谁能成为皮书俱乐部会员？

- 皮书作者自动成为皮书俱乐部会员；
- 购买皮书产品（纸质图书、电子书、皮书数据库充值卡）的个人用户。

2. 会员可享受的增值服务：

- 免费获赠该纸质图书的电子书；
- 免费获赠皮书数据库100元充值卡；
- 免费定期获赠皮书电子期刊；
- 优先参与各类皮书学术活动；
- 优先享受皮书产品的最新优惠。

社会科学文献出版社 SOCIAL SCIENCES ACADEMIC PRESS (CHINA) 皮书系列

卡号：8948904691810317

密码：

（本卡为图书内容的一部分，不购书刮卡，视为盗书）

3. 如何享受皮书俱乐部会员服务？

（1）如何免费获得整本电子书？

购买纸质图书后，将购书信息特别是书后附赠的卡号和密码通过邮件形式发送到pishu@188.com，我们将验证您的信息，通过验证并成功注册后即可获得该本皮书的电子书。

（2）如何获赠皮书数据库100元充值卡？

第1步：刮开附赠卡的密码涂层（左下）；

第2步：登录皮书数据库网站（www.pishu.com.cn），注册成为皮书数据库用户，注册时请提供您的真实信息，以便您获得皮书俱乐部会员服务；

第3步：注册成功后登录，点击进入“会员中心”；

第4步：点击“在线充值”，输入正确的卡号和密码即可使用。

皮书俱乐部会员可享受社会科学文献出版社其他相关免费增值服务

您有任何疑问，均可拨打服务电话：010-59367227 QQ:1924151860

欢迎登录社会科学文献出版社官网(www.ssap.com.cn)和中国皮书网（www.pishu.cn）了解更多信息

“皮书”起源于十七、十八世纪的英国，主要指官方或社会组织正式发表的重要文件或报告，多以“白皮书”命名。在中国，“皮书”这一概念被社会广泛接受，并被成功运作、发展成为一种全新的出版形态，则源于中国社会科学院社会科学文献出版社。

皮书是对中国与世界发展状况和热点问题进行年度监测，以专家和学术的视角，针对某一领域或区域现状与发展态势展开分析和预测，具备权威性、前沿性、原创性、实证性、时效性等特点的连续性公开出版物，由一系列权威研究报告组成。皮书系列是社会科学文献出版社编辑出版的蓝皮书、绿皮书、黄皮书等的统称。

皮书系列的作者以中国社会科学院、著名高校、地方社会科学院的研究人员为主，多为国内一流研究机构的权威专家学者，他们的看法和观点代表了学界对中国与世界的现实和未来最高水平的解读与分析。

自 20 世纪 90 年代末推出以经济蓝皮书为开端的皮书系列以来，至今已出版皮书近 800 部，内容涵盖经济、社会、政法、文化传媒、行业、地方发展、国际形势等领域。皮书系列已成为社会科学文献出版社的著名图书品牌和中国社会科学院的知名学术品牌。

皮书系列在数字出版和国际出版方面成就斐然。皮书数据库被评为“2008~2009 年度数字出版知名品牌”；经济蓝皮书、社会蓝皮书等十几种皮书每年还由国外知名学术出版机构出版英文版、俄文版、韩文版和日文版，面向全球发行。

2011 年，皮书系列正式列入“十二五”国家重点出版规划项目；2012 年，部分重点皮书列入中国社会科学院承担的国家哲学社会科学创新工程项目；一年一度的皮书年会升格由中国社会科学院主办。

法律声明

“皮书系列”（含蓝皮书、绿皮书、黄皮书）由社会科学文献出版社最早使用并对外推广，现已成为中国图书市场上流行的品牌，是社会科学文献出版社的品牌图书。社会科学文献出版社拥有该系列图书的专有出版权和网络传播权，其 LOGO（ ）与“经济蓝皮书”、“社会蓝皮书”等皮书名称已在中华人民共和国工商行政管理总局商标局登记注册，社会科学文献出版社合法拥有其商标专用权。

未经社会科学文献出版社的授权和许可，任何复制、模仿或以其他方式侵害“皮书系列”和 LOGO（ ）、“经济蓝皮书”、“社会蓝皮书”等皮书名称商标专用权的行为均属于侵权行为，社会科学文献出版社将采取法律手段追究其法律责任，维护合法权益。

欢迎社会各界人士对侵犯社会科学文献出版社上述权利的违法行为进行举报。电话：010－59367121，电子邮箱：fawubu@ssap.cn。

社会科学文献出版社